国家社会科学基金研究专项项目（批准号：19VSZ146）

新时代
军队院校思想政治理论课
话语体系建设研究

李　斌　等◎著

ᛋᴴ 中国言实出版社

图书在版编目（CIP）数据

新时代军队院校思想政治理论课话语体系建设研究 /
李斌等著. -- 北京：中国言实出版社，2024.3
    ISBN 978-7-5171-4766-4

Ⅰ.①新… Ⅱ.①李… Ⅲ.①军队院校—思想政治教
育—教学研究—中国 Ⅳ.①E251.3

中国国家版本馆CIP数据核字（2024）第050862号

新时代军队院校思想政治理论课话语体系建设研究

责任编辑：王战星
责任校对：代青霞

出版发行：中国言实出版社
   地 址：北京市朝阳区北苑路180号加利大厦5号楼105室
   邮 编：100101
   编辑部：北京市海淀区花园北路35号院9号楼302室
   邮 编：100083
   电 话：010-64924853（总编室） 010-64924716（发行部）
   网 址：www.zgyscbs.cn 电子邮箱：zgyscbs@263.net

经 销：新华书店
印 刷：北京虎彩文化传播有限公司
版 次：2024年5月第1版 2024年5月第1次印刷
规 格：787毫米×1092毫米 1/16 15.5印张
字 数：180千字

定 价：75.00元
书 号：ISBN 978-7-5171-4766-4

本书作者

李　斌　周　阳　高　攀

王欣瑜　张家喜

前　言

习近平总书记指出，思想政治理论课是落实立德树人根本任务的关键课程。军队院校思想政治理论课（以下简称"军校思政课"）是弘扬和传播马克思主义理论的重要途径，是推进和增强习近平新时代中国特色社会主义思想和习近平强军思想武装的重要渠道，是培育和塑造青年学员世界观、人生观、价值观的有效载体。话语体系是军校思政课的核心构成，加强军校思政课话语体系建设是关系党和国家前途命运的重大问题，是培养造就能够担当强军重任新型军事人才的基础性工作。因此，遵循"八个相统一"原则，积极探索符合新时代中国特色社会主义伟大实践场域特征、符合教育教学客观规律、符合当代青年学员特点的话语体系建设，是当前亟待解决的重要理论和现实问题。

加强新时代军校思政课话语体系建设，一是为落实立德树人根本任务提供重要支撑。军队院校是党培养德才兼备的高素质、专业化新型军事人才的主渠道，军校思政课是学员德育的主干课程、关键课程，肩负着培养绝对忠诚、绝对纯洁、绝对可靠胜战人才的重大责任。深入探索军校思政课话语体系高质量发展，是有效发挥思政课立德树人关键作用、铸牢党对军队绝对领导军魂的必然要求；二是为推进军校思政课改革创新提供重要支撑。中国特色社会主义进入新时代，国防和军队建设站在新的历史起点，面对新情况、新挑战、新问题，迫切要求军校思想政治教育要应势应时而变、提升教育教学质效。深入探索军校思政课话语体系高质量发展，是持续推进军校思政课教学改革创新的内在需要。三是为深化军队哲学社会科学话语体系理论研究提供重要支撑。推进军校思政课话语体系建设，深化理论研究是必要的前提和基础，而军校思政课话语体系作为军队哲学社会科学话语体系建设的重要组成部分，其理论的探究必然加快军队哲学社会科学话语体系建设的理论进程。

本书系统答解了推动新时代军校思政课话语体系高质量发展中具有结构性意义的理论基础、现状分析、作用机理、建设策略、促进机制、质效评估六个基本问题，按照从理论到实践、从一般到特殊、从共性到个性、从实施到检验的原则架构，形成一个互相作用的逻辑整体。第一章，在本体论意义上对军校思政课话语体系作出界定，搭建研究的基础理论框架。第二章，分析新时代军校思政课话语体系建设面临的机遇与挑战、存在的主要问题及原因。第三章，阐释新时代军校思政课话语体系的生成机理。第四章，提出新时代军队院校思想政治理论课话语体系建设策略。第五章，构建新时代军队院校思想政治理论课话语体系建设促进机制。第六章，明确新时代军队院校思想政治理论课话语体系质效评价的原则方法和具体指标。

本书为加强军地院校思政课改革创新以及提高思想政治教育实效性提供了有益借鉴和参考。在理论方面，一是结合军校思政课的自身特点，创造性地对其话语体系的基本内涵、构成要素、逻辑结构、主要特征、功能定位等基本问题进行系统的理论阐释，初步搭建一个相对系统完整的理论框架，为实践探索和工作创新奠定理论基础。二是从新时代中国特色社会主义场域的"历时性"中把握军校思政课话语的现代转换，从"现实人"的生活世界出发，全方位、立体化、多角度推进话语体系建设，建构当代军校思政课话语的平等主体关系、和谐对话语境、主体利益关系、话语场域延伸关系。三是基于中国特色社会主义发展、强军实践发展对"人"的关注、对学员主体地位的关切，从提高学员获得感出发，依照话语的属人性，引导军队院校思政课话语体系建设，这一视角突破了传统思政课话语体系"概念化观点、文本式宣讲、程序化演进"造成的学员主体性遮蔽，

体现了现代教育对"人"的意义的回归，体现了坚持主导性与主体性相统
一。在应用方面，一是通过话语体系建设促进军校思政课改革创新，使思
政课"有情有义、有滋有味、有虚有实、有棱有角"，契合了"增强思想
性、理论性和亲和力、针对性"的要求，有利于满足学员成长成才期待和
军队建设发展需求，有利于充分发挥"重要阵地""主干渠道""核心课程"
的职责和使命。二是从六个维度着手，以"话语理念为先导、话语内容为
核心、话语表达为关键、思政教员素养为基础、话语实践为途径、话语质
效评价为牵引"整体推进话语体系建设，为加强军队院校思想政治教育提
供了有益参考。三是通过探究话语体系建设质效的评价原则方法和具体指
标，构建话语体系建设的完整链条，有助于科学评价和反馈强化，回应了
军校思政课话语体系建设的实践检验问题。

　　由于我们的水平有限，本书难免有不足之处，敬请批评指正！

— 目录 —

第一章
军队院校思想政治理论课话语体系的理性分析

任何哲学社科的研究，都必然经过从"认清事实"到"探索规律"的过程，这是一个由初级向高级的跃升。研究军校思想政治理论课话语体系，也必须"认清事实"——对什么是军队院校思想政治理论课话语体系有个清晰明确的认知，也就是在本体论意义上做出解答，这就需要我们正确揭示军队院校思想政治理论课话语体系的基本内涵、构成要素、逻辑结构、主要特性、功能定位等基本问题，从而在理论方面提供合理性支撑和合法性依据。

一、军队院校思想政治理论课话语体系的基本内涵

正确界定军队院校思想政治理论课话语体系的基本内涵，也就是解决"是什么"的问题，是搭建相关理论框架的认识起点和逻辑起点，也是推进军队院校思想政治理论课话语体系高质量发展的前提和基础。而正确认识"军队院校思想政治理论课话语体系"，就需要遵循从一般到特殊、从共性到个性规律，按照"话语""话语体系""军队院校思想政治理论课话语体系"的逻辑线条，层层明晰地解答这些概念的本质属性。

（一）话语的基本内涵

极其复杂的符号系统——"话语"，是话语体系的细胞单元，在此基础上进而构建话语体系的逻辑谱系。"话语"可以说是近年来的一个关注热点和理论热词，学者们从符号学、语言学、传播学、社会学、哲学等不同角度进行了解读，也正是因为如此，到目前为止，学者们对"话语"一词的阐释不尽相同，还在不断地深入探索当中。有的学者认为，话语是按照一定规则构建起来的各种语言符号的集合；有的学者认为，话语是一个言语过程，是社会实践领域的交往活动；有的学者认为，话语是可识别的传递信息、观点，表达情感、价值，对社会发展取向具有一定作用的意识形态性事件；等等。不同语境下的"话语"研究，解读也是千差万别。从这些来自各种理论和学科的具有个性色彩的解读中，可以从跨学科的意义上分析出、抽象出一些共性认识。课题组认为，话语是指在特定语境中，人们用于相互交流的具体语言活动，既是一种表达方式，也是一种行为方式，反映一定社会的文化意识和价值立场。全面理解"话语"的基本内涵，需要厘清以下三个方面：

一是话语有赖于语境而存在。话语是某种构建的结果，这种构建离不开特定的具体条件，即语境。"语境模式是对交流情境的主观界定"[①]，语境是话语得以形成的客观范畴之一，离开了语境的话语，相当于无源之水、无本之木，是没有办法去理解的。学术语境下的话语，比如，哲学社会科学的学术话语与自然科学的学术话语，体现的均是符合各自相关领域专门的学术规范的语言和理论；政治语境下的话语，是基于一定政治目的的特定意识形态的外在表达方式，强调特定的社会阶层为话语受众，终极价值追求是维护自身或者本阶级的根本利益。由此可见，不同语境下，话语的目的、内容、形式、媒介、范畴等都不相同，需要具体问题具体分析。

[①] [荷]图恩·梵·迪克：《话语研究：多学科导论》，周翔译，重庆大学出版社 2015 年版，第 353 页。

二是话语属于一种关系范畴，包含话语主体和话语客体。话语作为人们社会交往的表达工具，具有交互性，必然需要话语发出者和话语接收者对应性存在，只有发出者、没有接收者，或者只有接收者、没有发出者，都无法形成闭环，话语也就无法达到目的、发挥作用。因此，对话语的研究既要关注话语主体，也要关注话语受众，两者不可偏废，只有适合的主体通过适当的方式、媒介作用于特定的受众，才会实现话语的有效传播。

三是话语既具有工具理性，也具有价值理性。话语是语言符号性和价值功能性的统一体，一方面，语言学规范语言符号包括词句、语法、概念等要素，"话语"成为人们交流交往、阐述理论、表明观点的工具，表现出话语的实践性和社会属性；另一方面，话语是在社会实践中产生的，总是与之前、同时期和之后的话语相联系，是人们社会实践活动的产物，也是一个迭代发展的过程，具有阶级性、历史性、具体性，承载了历史经验、反映了现实需求、开启了新知探索，表现出话语的价值理性。

（二）话语体系的基本内涵

随着对"话语"研究的逐渐展开和愈发深入，引申出的"话语体系"概念也开始进入研究视域。体系，是指"若干有关事物或某些意识相互联系而构成的一个整体"①。可见，体系可大可小，不同视域下有不同的体系，如工业体系、管理体系、理论体系、作战体系，等等。从学科角度来看，每一门学科，甚至学科里蕴含的各分支都是体系性的，每一项理论研究也都是基于相对应的体系展开的。相应地，话语体系，就是指由若干具有内在联系的话语要素，即话语主体、话语内容、话语表达、话语客体等按一定的逻辑结构组合而成的有机话语整体。需要注意的是，话语体系与话语系统不能通用。有学者认为话语体系等同于话语系统，如《论课堂教学话语系统及转换》《高校思想政治教育话语系统的生成》等，但课题组认为，

---

① 中国社会科学院语言研究所词典编辑室编：《现代汉语词典（第6版）》，商务印书馆2012年版，第1281页。

两者不能通用。系统，是"指同类事物按一定的关系组成的整体"①。与之前提到的"体系"相比较，"体系"需要"构成"，意味着需要人为地按照一定的方式构建；而"系统"则是"组成"，是客观存在的，也就是不管构建与否，系统都是存在的。既然如此，那么跟思维、思想、观点等有关的整体，蕴含着人为的因素，也就必然是用"体系"，而非"系统"，如中国特色社会主义理论体系，而不能说中国特色社会主义理论系统。而以话语为基础构建的整体，必然基于人的认识理解，离不开人的思想活动和精神创造，故而，用话语体系来表述更为合适。

首先，话语体系建立在特定的立场之上。话语体系是一种具有目的性的存在，是话语主体将一系列由概念范畴理论等构成的话语单元进行体系化的表达，并通过一定的传播方式方法手段，作用于话语客体，对话语客体产生影响。这个过程当中，话语主体是具有一定认识能力和实践能力的人，话语主体对话语客体实施的是主动性影响，必然内在地包含着话语主体的立场，而立场的不同，自然决定着话语的不同。当然，话语体系中的立场，不是一种个体的行为，而是集体或群体行为，比如，资产阶级站在资本家的立场上，而无产阶级站在劳动人民的立场上。从这个意义上讲，话语体系也是某种观点、思想、理论或一定需求、情感、价值的外化表现形式。正是因为如此，不同的话语体系，必然在意识形态上存在一定的差异性。

其次，话语体系属于社会的上层建筑。根据马克思主义唯物史观，话语体系一定是社会生活中的话语体系，是社会演变的产物，因此需要从社会层面加以具体研究，并在社会关系的维度中加以理解。话语体系具有社会的上层建筑性质，本质上反映的是社会经济基础，总体上受制于社会的经济基础和同属于上层建筑中其他比较重要的因素，但在特定情况下，也可以超前或滞后于经济基础和同属于上层建筑中其他比较重要的因素。换言之，话语体系既具有相对独立性，也是被制约的上层建筑。

---

① 中国社会科学院语言研究所词典编辑室编：《现代汉语词典（第6版）》，商务印书馆2012年版，第1399页。

再次，话语体系是相对稳定的整体性存在。话语体系化存在才能被称之为"话语体系"，也就是说，如果呈现的是一堆随意堆砌的话语，它们之间没有任何意思关联、逻辑关系，这种"话语群"是不能被称之为"话语体系"的。因此，对于结构性、整体性存在的话语体系就必须注重从整体上进行把握、从联系中深化认知，关照话语体系内部的各要素以及各要素之间的相互作用、相互影响，"如果事实是零碎的和随意挑出来的，那么它们就只能是一种儿戏，或者连儿戏都不如。"[①]话语体系中的各要素是变化发展的，它们之间的相互关联、相互作用也随着变化发展，话语体系也就不是一成不变的，但话语体系之所以成为"话语体系"，意味着在主要方面、关键环节上是稳定的，否则所谓的"话语体系"是无法成立的，因此，话语体系是相对稳定的。

（三）军队院校思想政治理论课话语体系的基本内涵

军队院校思想政治理论课，主要是指军队院校教学大纲规定的军官本科教育通用基础课程，包括《军人思想道德与法治》《马克思主义基本原理概论》《毛泽东思想和中国特色社会主义理论体系概论》《习近平新时代中国特色社会主义思想》《中国近代史纲要》《人民军队历史与优良传统》《军队基层政治工作》《党对军队绝对领导》等多门课程及各院校自主开设的传统文化类、心理学类、情感教育类等相关选修课。军队院校思想政治理论课话语体系（以下简称军校思政课话语体系）作为"话语体系"这个大家庭的成员之一，既有与其他话语体系相同之处，也有自身的独特之点。综合"话语""话语体系"的具体界定，课题组认为，军校思政课话语体系涉及的内容面广、层次纵深，是一个复杂的系统工程，是指军校思政课话语主体根据党和国家的意志，以立德树人、为战育人为目的，以学员爱听、理解、接受为指向，以增强思政课理论性、思想性和亲和力、针对性进而

---

① 列宁：《列宁选集》第 25 卷，人民出版社 1990 年版，第 364 页。

巩固话语权为标志，遵循一定的理论指导和方法原则而形成的相互关联、相互作用的有机话语结构整体。

军校思政课话语体系以马克思主义为指导。马克思主义是我们立党立国的根本指导思想，是社会主义意识形态的旗帜。习近平总书记强调指出，"坚持以马克思主义为指导，是当代中国哲学社会科学区别于其他哲学社会科学的根本标志，必须旗帜鲜明加以坚持。"[①]军队历来都是敌对势力渗透、拉拢、策反的重点目标，军校更是重点中的重点。因此，军校思政课话语体系作为我国哲学社会科学话语体系建设的重要组成部分，是与敌对势力交锋斗争的重要阵地、前沿阵地，必须坚持以马克思主义为指导，坚持马克思主义中国化时代化的构建方向。特别是中国特色社会主义进入新时代，面对世界百年未有之大变局，人民军队建设正在向质量效能型、科技密集型快速转变，对军事教育、人才培养提出了更高要求。军校思政课话语体系必须以马克思主义中国化时代化最新理论成果——习近平新时代中国特色社会主义思想为指导，深入贯彻习近平强军思想，全面贯彻新时代军事教育方针，才能确保正确的政治方向，确保思政课始终成为立德树人的主阵地、成为确保党绝对领导的坚强阵地。

军校思政课话语体系以当代革命军人核心价值观为引领。对国家、民族来说，最持久、最深沉的力量是全体社会成员共同认可的核心价值观，核心价值观是产生向心力和凝聚力的根源。革命军人是一个特殊的群体，因为承担使命任务的特殊性，决定了职业的特殊性，也决定了要有更高的职业操守。当代革命军人核心价值观是社会主义核心价值观在军事领域的具体展开，培塑当代革命军人核心价值观是我军强基固本、凝魂聚气的基础工程。军校思政课话语体系，作为政治传播的工具，不可能是中立的，必然带有明确的价值指向性，并且能够在不同话语博弈过程中建构自身的理论范式和价值追求，这就必然要把主导的价值观赋予话语传递之中，因

---

① 习近平:《在哲学社会科学工作座谈会上的讲话》，人民出版社 2016 年版，第 12 页。

此，必须以当代革命军人核心价值观为引领。只有在当代革命军人核心价值观的引领下，军校思政课话语体系才能在强化学员的情感认同、职业认同、信仰认同方面发挥作用，才能有利于学员在各种社会思潮和价值取向的影响下，坚决听党指挥、树立远大理想，厚植爱民情怀、自觉践行宗旨，牢记军人职责、投身练兵备战，为学员把握人生方向，筑牢精神支柱，解决好世界观、人生观、价值观保驾护航。

军校思政课话语体系以中国特色社会主义话语体系为依托。中国特色社会主义话语体系坚持以人民为中心的根本立场，以什么是中国特色社会主义、怎样建设中国特色社会主义为核心内容，以中国特色社会主义理论体系为基础，以提升国家话语权为目的。它是综合当代中国的国家意志、国家梦想、国家价值观在世界舞台上的展示形式，是中华文化在全球语境下的表达形式。军校思政课话语体系从属于中国特色社会主义话语体系，既是学科话语体系，也是政治话语体系，具有战略属性。军校思政课话语体系，既是国家意志与国家价值的体现，也是军队整体利益与学员个体利益的表达；既是中华优秀传统文化、中国共产党革命文化成果的当代转换，也是中国国家建设、党的建设的集中概括，必然要以中国特色社会主义话语体系为依托，以系统理念为指导，为增强学员政治意识、大局意识、核心意识、看齐意识，坚定学员中国特色社会主义道路自信、理论自信、制度自信、文化自信奠定思想和认识基础，最终能够落实在坚决做到"两个维护"，贯彻军委主席负责制的行动上。

二、军队院校思想政治理论课话语体系的构成要素

话语体系是基于某种联系构成的有机整体，军校思政课话语体系同样也是由若干话语要素相互关联而构成的有机整体。课题组从"话语"特性出发，认为构成军校思政课话语体系包括话语主体、话语内容、话语表达、

话语客体、话语语境五个基本要素。其中，话语主体回应的是"谁在说"的问题，话语内容回应的是"说什么"的问题，话语表达回应的是"怎么说"的问题，话语客体回应的是"对谁说"的问题，话语语境回应的是"在什么情境下说"的问题。这五个基本要素自身又可以细化为不同的子体系，在横向与纵向之间互相影响、互相制约、互相作用，构成了军校思政课话语体系这个有机整体。

（一）话语主体

首先，需要明确的是话语主体与话语述说者是两个概念。在哲学范畴，具有思考、学习和实践能力的人被称之为主体，并且认为作为主体的人是实践活动中的主动者，担负着设计实践目的、具体实践操作、改造实践客体的任务。由此，可以得出结论，军校思政课话语体系的话语主体，是指军校思政课话语体系的设计者、运用者和实施者，是具有层次性的子体系。军校思政课话语主体泛指军校思政课话语体系的所有参与者，可以是个体、群体，也可以是部门、组织，它既包括各层次的组织者、教育者，也包括受教育者，其主体要素可分为四个层次：领导决策层，即党中央、中央军委和军种党委；管理筹划层，即军委和军种机关思政课教育主管部门、全军统编教材编审专家组；组织实施层，即院校及其主管机关；执行落实层，即思政课教研室，按照一定的话语表达方式、运用一定的媒介载体、把话语体系中的话语内容进行有效传播的思政课教员，被话语体系影响的、通过意见反馈促进思政课话语体系逐步优化完善的学员。

话语主体主导着军校思政课话语体系的性质。"在社会历史领域内进行活动的，是具有意识的、经过思虑或凭激情行动的、追求某种目的的人；任何事情的发生都不是没有自觉的意图，没有预期的目的的。"[①] 军校开设思政课，是党中央和中央军委的决定，目的就是引领、塑造、强化学员的党

---

① 马克思、恩格斯：《马克思恩格斯文集》第 1 卷，人民出版社 2009 年版，第 552 页。

性原则、价值取向、思想道德、行为方式、战斗精神，为强国兴军培育英才。军校思政课话语体系的话语主体则是完成这一任务的具体承担者，通过施加有目的、有组织、有计划、有深度的影响，使培养的学员能够成为中国特色社会主义的坚定举旗人、成为执干戈以卫社稷的忠诚践行者。在这个过程之中，话语主体是具有历史性、社会性、目的性特征的客观存在，话语主体所阐释的思想理论、所传递的价值情感建立在其自身的阶级属性和政治立场之上，因而所构建的话语体系也必然贯穿着同样的阶级属性和政治立场。因此，军校思政课话语体系也必然坚持党对军队的绝对领导，贯彻政治建军要求，以党的意志为意志、以党的方向为方向，阐释党的理论，传递党的声音，助力党的事业。

话语主体推动着军校思政课话语体系的发展。在军校思政课话语体系中，话语主体是最主要、最活跃的构成因素，是推动话语体系高质量发展的中坚力量。话语主体不仅要遵循军校思政课的内在逻辑设计理论框架，还要观照社会现实和理论热点的最新发展；不仅体现党和国家的意志，还要服务学员的全面发展；不仅要准确阐释分析马克思主义，还要推进马克思主义中国化时代化；不仅要关注本领域的思想理论，还要参考借鉴心理学、社会学等其他学科的思想理论，实现交叉融合、同向发力；不仅要促使抽象的理论、科学的思想入脑入心，还要将其外化为具体的行动准则。可见，军校思政课话语体系由话语主体来构建、传播、优化、评估，话语主体是思政课话语体系的设计者、发动者、操作者、承担者，直接进行着具有能动作用的话语实践。话语主体的水平层次直接决定着军校思政课话语体系的效用发挥，也直接引领着军校思政课话语体系的发展趋向。

（二）话语内容

内容是事物内部各种要素的总和，它必然通过一定的形式表现出来。话语内容是为表达内容、阐述观点和传递价值服务的，是与特定的政治、社会功能相互对应的理论和实践系统。军校思政课话语体系的话语内容具有思想政治教育话语的特定性内容，是指根据党的意志、军队建设发展的需求和话语客体的思想实际，经话语主体选择后组合而成的具有一定逻辑结构的蕴含政治立场、思想理论、价值观念和道德规范因素的具体话语的总和，主要分为理论性话语、政治性话语、思想道德性话语、文化性话语四个方面。

首先，理论性话语是军校思政课话语体系的核心性内容。习近平总书记指出，话语的背后是思想，是"道"。"思想"和"道"，指的就是理论。理论内核是话语体系不可或缺的重要构成，是占社会主导地位的理论体系，是特定时代背景下国家民族核心利益和根本目标的集中体现。马克思主义作为我们国家的指导理论，揭示了事物发展的普遍规律，是实现人类社会更好发展的思想武器。军校思政课话语体系背后的理论就是马克思主义，既包括马克思主义基本理论，也包括中国特色社会主义理论体系，特别是习近平新时代中国特色社会主义思想和习近平强军思想。军校思政课话语体系承载的目标之一就是要使话语对象在掌握马克思主义的同时，还要学会其中蕴含的世界观、方法论，并将其运用到社会实践环节，正确地观察问题、分析问题、解决问题，正确认识世界、改造世界。

其次，政治性话语是军校思政课话语体系的基础性内容。军校思政课是军校开展思想政治教育的主要渠道，具有思想政治教育属性，必然离不开政治性话语。政治性话语是指国家、党、军队通过制定反映无产阶级的政治立场、以人民为中心的价值判断标准制定的规范性表达，比如党的理论和路线方针政策、党中央和中央军委的重大决策部署、法律法规、条令条例等。掌握这些政治性话语，是话语对象坚持党对军队绝对领导，同党中央、中央军委和习主席保持高度一致的前提和基础，因此政治性话语也就是整个思政课话语体系的基础性话语。

再次，思想道德性话语是军校思政课话语体系的主导性内容。思想道德性话语是指以社会主义核心价值观、当代革命军人核心价值观等为主要内容的关于提高思想道德水平、培养思想道德情操、提高思想道德境界的话语。军校思政课的教学对象是学员，思政课以促进学员的全面发展为价值目标，以培养忠诚于党的能够担当强军重任的军事人才为政治使命，话语体系中的思想道德性话语的目标定位就是帮助学员建立起一整套的思想观念体系，解决主观与客观相符合、道德认知与道德行为相统一的问题，使学员坚定理想信念、厚植爱国情怀、高尚品德修养，能够正确辨别和处理是非、善恶、美丑、得失、荣辱，因此发挥着主导性作用。

第四，文化性话语是军校思政课话语体系的拓展性内容。文化是一个民族的精神基因，是一支军队的灵魂支撑，是每个人的心灵滋养。话语是文化的重要表现形式、承载形式之一，文化是话语的底蕴所在，话语与文化两者密不可分、辩证统一。军校思政课话语体系同样承载着弘扬强军文化、赓续红色血脉的历史使命，文化性话语也就自然成为不可或缺的话语体系的拓展性内容。文化性话语既包括宏观层面的中华优秀传统文化、革命文化、社会主义先进文化方面的话语群，也包括具体的我党我军的光辉历程和优良传统方面的话语群。文化性话语赋予学员中华民族和人民军队的文化营养，既有生死苦乐的探寻，又有信仰信念的叩问，还有人生价值的觉醒，帮助学员解码历史、对照现实，激发学员的历史共情，描绘学员的思想底色，从本源上让学员更加深刻地认识到为谁当兵、为谁打仗，为学员认识世界、改造世界提供精神指引和实践动力，自觉为强国兴军提供力量支撑。

（三）话语表达

军校思政课话语体系的话语表达，是指军校思政课话语主体传播具体而特定的思政课话语所运用的具体的形式、方法，蕴含了话语主体思考问题、判断问题、分析问题的方式方法，具有客观性、科学性、主体选择性。话语表述作为沟通交流工具的同时，也是思想文化的载体。"语言是一种实践的，既为别人存在因而也为我自身而存在的、现实的意识"①，也就是说，话语是向别人表达自己的意见观点，既要考虑他人，也要表达自身，即具有通约性。如果没有通约性，就好比是"对牛弹琴"，根本无法实现对话交流。军校思政课话语表达自然也强调通约性，既要紧紧围绕话语内容，又要考虑与学员的匹配程度，只有恰当地进行话语表达，才能最大限度地使话语体系被理解、认同、接受和吸收。

军校思政课话语体系中的话语表达纷繁复杂，包括修辞方法、句型结构、语体风格、传播媒介等要素，根据不同的标准、不同的维度，可以进行不同的分类。依据话语表达方式的不同，可分为说理型表达、引领型表达、诠释型表达等。说理型表达是指按照某种逻辑规则，运用具体明确的概念、科学的范式、实证的方法进行的表达方式，多用在理论阐释方面；引领型表达是指从时代背景出发，促使学员按照党和国家的意志去实现自身价值的最大化、社会化的引导和劝诫，多用在思想灌输、价值塑造方面；诠释型表达是指以理论疑惑点、社会热点、学员个体关注点为中心展开的说明、分析和答解，多用于解决具体问题。依据话语表达性质的不同，可分为理性表达和感性表达。理性表达注重摆事实、讲道理，用真理的力量教育引导学员，强调以理服人；感性表达注重动真情、怀真爱，激发学员的情感共鸣，强调以情感人。依据话语表达载体的不同，可分为书面表达、口头表达、媒介表达、身教表达等。书面表达是指以文字、图片、表格等书写符号为载体的表达方式，比如教材、文件、教案等；口头表达是指以说和听为载体的表达方式，比如课堂教学、课后交流等；媒介表达是指运用新媒体技术形成的非接触的表达方式，比如微课、慕课、官方媒体、强军网、校园网等；身教表达是指话语主体通过自身言行举止进行引导教化的潜移默化型的表达方式。当然，各种不同的话语表达具有相对独立性，而不是永恒的绝对性，在一定条件下可以相互转化。

---

① 马克思、恩格斯:《马克思恩格斯文集》第1卷，人民出版社2009年版，第533页。

　　话语表达在整个军校思政课话语体系中发挥"穿针引线"的作用，只有把话语体系中的各要素联结在一起，话语体系才得以存在。不同的话语表达，在军校思政课话语体系中发挥着不同作用，它们不是互相排斥、互相对立的，而是相辅相成、相得益彰的，都是为实现话语体系传播的质效最大化、实现思政课教育教学目的而服务的。话语表达实质上是军校思政课话语体系的话语内容在话语主体、话语客体之间双向运行的过程，同样的话语内容，通过不同的表达传递给话语客体，产生的话语效果也必然迥异，因此它并不是话语主体随意选择的，而是在与话语内容协调一致的基础上，要秉承关照集体共同点与个体个性化相统一、继承传统与时代创新相统一、宏大叙述与情感沟通相统一，这是话语表达科学合理的关键。

（四）话语客体

　　话语客体与话语主体相对应，是指话语的接收者、话语体系作用的对象。军校思政课话语体系的话语客体就是指军校思政课的教学对象，即学员。由于话语主体与话语客体具有目标、作用上的一致性，所以二者可以分离，也可以重合。学员在话语体系中就处于一种特殊的地位，角色是动态的，既作为话语客体存在，又作为话语主体存在。当学员作为话语主体作用对象的时候，必然要受到话语主体的主导、调控，接受话语主体施加的作用和影响，从这个角度上看，学员就是话语客体，处于从属地位。当学员在接收话语体系的时候，会将其与自身实际相关联、相结合，对话语体系进行评价，并将评价结果反馈给话语主体，作为话语主体查漏补缺、调整优化话语体系的重要依据。同时，学员也会结合自身的感性或理性认识、喜欢的表述方式，主动对军校思政课话语体系进行再优化，使其更贴近生活、贴近实际，从这个角度上讲，学员就是话语主体，具有主体地位，也可以说是发挥主体性作用的客体。

　　话语客体具有差异性。军校学员来自五湖四海，他们不是一张"白纸"，而是有着一定的阅历积累、知识积累的具有独立思考能力的个体，具有明显的差异性。从个体角度看，每个人的思维层次、认知水平、能力素质都不尽相同，体现着差异性。从群体角度看，可以把学员划分成不同的群体，比如，以入学前履历为标准，可分为地方学员和部队学员；以民族为标准，可分为汉族学员和少数民族学员；以地域为标准，可以按省份划分；以在校时间为标准，可以按年级划分；等等，不管怎么划分，每个群体之间都具有差异性。因此，在构建军校思政课话语体系的过程中，不能一视同仁、同一而论，在把握共性特征的基础上，要注重调查研究，充分尊重话语客体的差异性，遵循思想品德规律和教育规律，真正了解他们的所思所想所盼，做到话语客体关注什么就回答什么、疑惑什么就解决什么，增强话语客体的获得感，真正把马克思主义的理论与话语客体的思想实际、军队建设的实际和社会发展的实际联系起来，不断解决政治理论教育教学"供给"和学员"需求"之间的矛盾。

话语客体具有建设性。话语客体在军校思政课话语体系面前，并不是完全被动、无能为力的，只要激发其参与热情，便会焕发取之不尽、用之不竭的智慧和力量，是推动话语体系高质量发展不可或缺的重要组成。构建军校思政课话语体系，目的说到底是做人的工作，需要解决话语客体的理论困惑和思想问题。这个过程是一个你来我往、思想碰撞的过程，也是"教"与"学"合作融合的过程，"教"与"学"是一个过程的两个方面。外因必须通过内因起作用，因此，军校思政课话语体系建设要取得良好的效果，就必须最大限度地调动话语客体的积极性、主动性、参与性，坚持以话语客体赞不赞成为根本尺度，以话语客体满不满意为根本标准，在程序上坚持问计于话语客体，在形式上坚持服务于话语客体，在效果上坚持求证于话语客体，不断推动"教"与"学"实现良性高效的互动、推进军校思政课话语体系建设优化思路、完善机制、改进方法、守正创新，让军校思政课话语体系彰显生机活力。

（五）话语语境

任何话语都必然与特定的语境相关联，都不是孤立存在的。话语必然处在一定的时间、地点、场合，面对特定的受众，承载的题旨情趣，还有谈话的上下文，这些与话语主体身份、思想、修养、性格、职业、心境等结合起来，就构成了所谓的语境。广义上来看，军校思政课话语体系中的话语语境，就是指军校思政课话语体系所处的环境因素的总和，这些因素包括大至社会环境，小至上下文的一系列因素，而这些因素又往往不直接见于字里行间，潜藏在语句之外。话语交流必须在一定的语境中才能实现，话语体系也必须在一定的语境中才能实现话语符号之外的规范力量和建构意义，在一定的语境下取得某些共同理解，进而达成"某种共识"。从这个意义上说，话语语境是军校思政课话语体系得以存在的空间，是军校思政课话语体系的潜在力量。

话语语境促进军校思政课话语体系的生成和发展。军校思政课话语体系是军事教育的时代缩影，是在特定语境下历史的产物。特定的时代语境催生特定的话语体系；反过来，特定的话语体系表征着特定的时代语境。比如，早在1939年，中国人民抗日大学就特别提出，课目设置上必须突出重点，在政治教育中要重点抓好马列主义基本理论的学习，还要进行党的纲领、路线、方针、政策教育，提高学员的政策理论水平和工作能力。随着时代的发展、形势任务的变化，特别是强军目标的提出，军校思政课进一步加强了以将个人理想抱负融入强军梦为主旨的强军目标教育、以理想信念为核心的世界观人生观价值观教育、以"能打仗、打胜仗"为核心的职能意识教育、以学员全面发展为目标的素质教育，军校思政课话语体系的话语内容在不断地更新、丰富、完善。因此，话语体系是在动态变化发展的话语语境中生成和发展的，话语语境是话语体系生成和发展的时代根基、实践根基。

军校思政课话语主体和话语客体共享话语语境。马克思主义认为，人是不能随心所欲创造自己的历史的，而是在继承的、既定的条件下创造的，人的思想和感情也是在一定的社会环境中产生的。"观念的东西不外是移入人的头脑并在人的头脑中改造过的物质的东西而已"①。可见，人与环境的作用是相互的，在一定环境的熏陶下，人的思想会发生变化，也就是存在决定意识。因此，无论是对话语主体，还是对话语客体，话语语境都发挥着重要作用。一方面，军校思政课的话语语境对话语主体正确选择话语目的、话语内容和话语表达有着重要影响。严格说来，话语主体所确立的话语目的、话语内容和话语表达，都是话语语境所派生出来的，是话语主体在对环境规律和要求认识以及反应的基础上而选择、确定、运用的。另一方面，军校思政课的话语语境对话语客体的思想观念的形成和发展产生着重要影响。话语语境影响着、决定着话语主体对话语客体所传递的内容的认知、评价。话语主体所接受的理论、所认同的观点、所采取的行为，在很大程度上，取决于军校思政课话语体系为其提供的话语语境。与话语内容相一致、相适宜的话语语境的选择、构建，可以凭借各种积极的、向上的、健康的影响，激发话语客体追求真善美的热情，引领话语客体树立正确人生目标、端正人生态度、实现人生价值，在回溯革命源流中增强"四个自信"，在瞻望奋斗目标中强化"四个意识"，赓续红色血脉，当好红军传人。

三、军队院校思想政治理论课话语体系的逻辑结构

军校思政课话语体系是话语主体针对特定话语对象展开的以理论体系为基本内核、以价值观为引领、以军事实践为根基、以话语为媒介、遵循一定逻辑进行的体系性架构。军校思政课话语体系的逻辑结构，就是指军校思政课话语主体在构建话语体系、进行话语表述的过程中所采用的能够

---

① 马克思、恩格斯:《马克思恩格斯选集》第 2 卷，人民出版社 1995 年版，第 148 页。

体现主线的贯彻始终的结构性逻辑原则，这个结构性逻辑原则主要取决于话语主体的哲学思维方式和社会历史背景。话语主体不同的哲学思维方式和社会历史背景，必然表现为不同的思维方式、不同的逻辑结构，也就必然形成不同的话语体系。军校思政课话语体系的逻辑结构，主要由历史观方法论、预期达致目标、关注"主要问题"、基本概念范畴四个方面构成。

（一）历史观方法论

历史观方法论是整个军校思政课话语体系逻辑结构中的第一层次，也是最基本层次，其他层次都是建立在这个层次基础上的，决定并制约着整个话语体系的基本性质和政治立场，处于核心地位。历史观方法论一旦确定，就相当于军校思政课话语体系的认识论和本体论被规定了，从这个意义上说，历史观方法论是军校思政课话语体系区别于其他话语体系的核心标志。

历史观是在一定世界观指导之下的对于社会历史的根本看法和基本观点，社会意识与社会存在的关系是历史观回答的首要问题。因此，世界观决定历史观，有什么样的世界观就会有什么样的历史观。军校思政课话语体系坚持的是科学的历史观——马克思主义历史观，体现的是无产阶级的根本利益。马克思主义历史观，是辩证唯物主义在社会历史领域的具体展开，把唯物主义贯彻、应用于社会实践领域，为全面认识人的本质、人类历史进程、人的历史活动与客观规律提供了崭新的、全面的视角，对"有关事实"、社会形态做出了科学解释，"第一次使我们能以自然科学的精准性去研究群众生活的社会条件以及这些条件的变更"[①]。当然，军校思政课话语体系在设计、建设、运用、优化的过程中，强调坚持马克思主义历史观，坚持历史唯物主义基本观点，以确保话语体系的无产阶级性质、社会主义性质，确保话语体系的政治立场，与此同时，还要注意采取科学的态度，

---

① 斯大林：《论辩证唯物主义和历史唯物主义》，《列宁专题文集》，人民出版社 2009 年版，第 336 页。

不能简单照搬照抄某个具体结论，避免犯教条主义错误，这就关系到方法论的问题。

方法论是指在历史观支配下的关于方法的系统理论，研究的是多种类多样别的方法的理论。方式论为人们认识事物、创造事物的实践指明了方向。在军校思政课话语体系设计、建设、运用、优化的过程中，会用到各种各样的方法，比如，党的领导、实事求是、调查研究、群众路线、辩证方法、系统方法，等等，关于这些方法的总的认识，就是军校思政课话语体系中的方法论。军校思政课话语体系中的方法论，是指话语主体提出问题、分析问题、解决问题的过程中所运用的方法的基本理念，包括提出问题、分析问题、解决问题的一系列方法的角度、层面、视域等，体现的是具体要求和基本流程。话语体系是在方法论中构建、发展的，也是关于方法论的基本观点和根本理念的集中体现，从这个意义上讲，军校思政课话语体系也是方法论的话语体系。

（二）预期达致目标

任何话语体系之所以存在，都具有目的性、目标性，话语体系的发展也不可能脱离于它的目的、目标，军校思政课话语体系也不例外，也具有功利性。军校思政话语体系的预期达致目标是一个具有层次性和价值性的目标体系，是话语主体直接性的、现实性的、实践性的追求，内在地决定了军校思政课话语体系的发展方向、内容构成和建设着力点等，属于话语体系中的第二层次，在第一层次的历史观方法论的支配下。当然，军校思政课话语体系预期达致目标随着时代的进步、社会的发展和军校思想政治教育教学实践的不断深入而动态发展，因此，军校思政课话语体系的建设没有完成时，始终都是进行时。

军校思政课话语体系的预期达致目标是由多个目标构成的，大体上可以分为总体目标和具体目标。总体目标就是培养有灵魂、有本事、有血性、有道德的新时代革命军人。具体目标可以从价值本体来划分，比如理论阐释上的目标——推动习近平新时代中国特色社会主义思想、习近平强军思想进教材、进课堂、进头脑；理想信念上的目标——坚定共产主义信仰、坚定中国特色社会主义共同理想；学科建设上的目标——为马克思主义理论、思想政治教育学提供新的实践支撑、研究思路、创新空间，推动学科发展；等等。具体目标还可以从不同课程来划分，比如，《毛泽东思想和中国特色社会主义理论体系概论》课程侧重于坚定"四个自信"；《军人思想道德与法治》侧重于树立正确的人生观、价值观、法治观；《人民军队历史与优良传统》课程侧重于传承优良传统、赓续红色血脉；等等。可见，具体目标是以多样化的形态呈现的，具有复杂性。

目标，代表着人们对未来的向往和期待，必然具有价值性意蕴，不能脱离价值观而存在。军校思政课话语体系的预期达致目标，反映的是军校思政课话语体系以意识形态为主线的思想导向和价值追求，具有明显的价值性表现。而这些预期达致目标之间是互相影响、互相促进的，有时一个目标的实现会成为其他相关目标实现的必要前提，或者一个目标的实现催生新的目标。目标之间的这种关联性体现了价值的统一性，价值的统一性决定了目标的关联性。这两者共同作用，决定了要把这些观点、主张或者理论体现在话语体系的每一个层面、环节，并贯穿于整个话语体系始终，比如，坚持马克思主义指导地位、坚持党对军队的绝对领导、坚定实现中华民族伟大复兴、建设世界一流军队等，这些都是整个军校思政课话语体系中不可突破的、无条件遵循的基本前提。

（三）关注"主要问题"

在确立了预期达致目标之后，话语主体必然要正视军校思政课话语体系"应然"与"实然"的差距，分析造成差距的问题，这些问题也是为了实现预期目标而亟待解决的问题。在这些问题中，话语主体发挥主观能动性筛选出其认为的"主要问题"，显然这些"主要问题"具有话语主体的主观性色彩，是话语主体在构建、运用军校思政课话语体系过程中关注的主要矛盾和主要矛盾的主要方面。因此，目标与问题的对应性，决定了军校思政课话语体系关注的"主要问题"与预期达致目标处于同一位阶，同属于话语体系的第二层次。

需要注意的是，"主要问题"是客观存在的，是不以话语主体的主观意志为转移的，只是有的被话语主体关注了，有的没有被关注而已，这也使不同的话语主体关注不同的"主要问题"成为一种必然。比如，军校思政课话语主体中，党中央、中央军委和军种党委关注的"主要问题"，包括话语体系的顶层设计、组织领导、力量运用等；军委和军种机关思政课教育主管部门、全军统编教材编审专家组关注的"主要问题"，包括话语体系的建设规划、标准制定、任务划分、质量评价等；院校及其主管机关关注的"主要问题"，包括话语体系的组织实施、检查督导、服务保障等；思政课教研室、教员关注的"主要问题"，包括话语体系的运用实施、传播成效、学员反馈等；思政课学员关注的"主要问题"是话语体系的针对性、吸引力、获得感等。不同话语主体关注的不同的"主要问题"相互关联，相互之间承续、包含、重叠、交叉、衍生，都是围绕军校思政课话语体系"立德树人、为战育人"这个中心发挥作用，同向发力。

要用辩证的眼光、发展的眼光看待军校思政课话语体系构建、运用中关注的"主要问题"。除了当前的"主要问题"之外，还存在着其他的一些相关的"普通问题"，这些"普通问题"不是微不足道、可以忽略不计的。因为话语体系是一个有机整体，"普通问题"在一定条件下就可能发展成为"重要问题"，对整个话语体系产生重要影响，"细节决定成败"在话语体系构建、运用中同样适应。因此，既要关注"主要问题"，也要把握相关的"普通问题"，一个创新、发展、完善、成功的军校思政课话语体系才能得以实现。

（四）基本概念范畴

在哲学视域下，范畴是指对事物进行同类项合并所依据的共同的性质，它反映着事物的本质属性，体现着事物的普遍联系，彰显着思维发展进度。

比如，数量、质量、主体、客体等，都属于范畴。军校思政课话语体系是以话语形态具体呈现的，而文本是话语的基础载体，字、词、句等要素必不可少，这些元素之间必然有相关范畴的存在，话语体系才得以存在，可以说，范畴是话语体系的基础单元，话语体系是由话语和相关范畴组成的。在这些范畴之中，又有一些发挥关键、核心作用的范畴，就是基本概念范畴，如《军人思想道德与法治》课程中的理想信念、爱国主义、中国精神、社会主义核心价值观、中国特色社会主义法治体系等;《军队基层政治工作》课程中的我军政治工作的优良传统、经常性思想工作、基层文化工作、军事训练中基层政治工作等，都属于基本概念范畴。按照从宏观到微观的顺序理路，基本概念范畴属于军校思政课话语体系的第三层次。

基本概念范畴对于不断增强军校思政课话语体系的影响力和话语权发挥着重要作用。军校思政课话语体系是不断发展的，其基本概念范畴也必然是不断变化发展的。这种变化发展是多向度、多层次的，既包括内涵上的不断拓展、观点上的不断完善、语义上的不断丰富，还包括外延上的不断扩展，也包括概念范畴与概念范畴之间的相互作用的变化发展。比如，在话语体系初步构建的过程中，有的基本范畴起着统领性作用，由这些基本概念范畴生成其他概念范畴，整个军校思政课话语体系的范畴体系得以构成。但随着相关客观条件、主观条件的变化，一些概念范畴的作用逐渐增大，而一些概念范畴的作用逐渐缩减，还会滋生一些新的基本概念范畴。比如，在军校思政课话语体系中，在党的十八大之前，并不存在"规矩"这个具有特定含义的概念范畴，但是随着实践的发展，"规矩"已经成为依法治军、从严治军话语体系中的重要基本概念范畴，并随之衍生出"总规矩""政治规矩"等相关的新的基本范畴。可以看出，正是基本概念范畴的这种运动发展性，为军校思政课话语体系提供了强大的逻辑张力和不断创新发展的理论诠释空间。

四、军队院校思想政治理论课话语体系的主要特性

展示事物形象面貌、显露事物根本属性的表征，被认为是事物的特征。任何一种话语体系都具有其特征，特征是这个话语体系之所以存在的外在和内在依据。宏观上看，军校思政课话语体系作为中国特色社会主义哲学社会科学的组成部分，自然具有中国特色社会主义哲学社会科学话语体系的共同特征；微观上看，军校思政课话语体系又是蕴含着军校思想政治教育教学信息的话语体系，还有着"姓党为军"的独特特征。

（一）本质上的军魂根本性

马克思主义认为，一定生产力和生产关系决定人，人的本质是社会关系的总和，个人"是在历史地前后相继的等级和阶级的共同生存条件下"[①]才得以发展。在阶级社会里任何阶级特别是统治阶级，为了维护自己的利益，都力图在意识形态层面得到更广泛的认同，而教育是最直接有效的手段。我军是中国共产党领导下的人民军队，党对军队绝对领导是我军永远不变的军魂。军校是党培养德才兼备的高素质、专业化新型军事人才的主渠道，既姓军，更姓党，其性质和功能决定了军校思政课话语体系必须服从、服务于国家意志和党的意志，必须坚持正确的政治方向，贯彻政治建军原则，为铸牢军魂提供重要支撑。

回顾历史，人民军队自诞生之日起，就始终在党的领导下不断发展壮大。风雨中一路走来，人民军队历尽千难万险，由小到大、由弱变强，最根本的是靠党的坚强领导。人民军队政治工作的中心任务就是铸牢军魂，这一点在任何时候、任何条件下都不能动摇。青年学员是院校的主体，人

---

① 马克思：恩格斯:《马克思恩格斯文集》第 1 卷，人民出版社 2009 年版，第 570 页。

民军队未来的骨干军官和领导者将从他们之中产生，他们能否坚定地坚持党对军队的绝对领导，直接关系到枪杆子掌握在谁的手里。因此，对军校学员来说，必须要有更高的标准、更严的要求。而敌对势力始终没有放弃对我"西化""分化"，并把人民军队作为重点，把青年学员作为突破口，各种思想争夺、文化渗透从未停止过。理论上的成熟是政治上坚定的基础。军校思政课话语体系作为研究宣传马克思主义的重要载体、培养塑造学员的重要工具，其核心任务就是坚持用党指挥枪的历史必然性和科学真理性教育学员、用党的创新理论武装学员、用党的路线方针政策凝聚学员、用党领导人民取得的辉煌成就鼓舞学员，确保枪杆子永远掌握在听党指挥、忠诚于党的人手中。

不管时代如何变化，社会如何发展，有一条始终不变，那就是我们的军魂。"坚持党对人民军队的绝对领导"已经上升为新时代坚持和发展中国特色社会主义的基本方略之一。军校思政课话语体系的军魂根本性也永远不能变，变了就失去了其存在的必要和依托。新时代军校思政课话语体系致力于推进党的创新理论"三进入"，用习近平新时代中国特色社会主义思想和习近平强军思想武装头脑，持续推动党的创新理论内化为学员的自觉遵循、外化为学员的实际行动。尤其是以 2020 年疫情防控阻击战、党的十八大后军队改革重塑为契机，军校思政课话语体系结合抗疫实际，通过形式多样的话语内容的构建展现了中国力量、中国精神、中国效率，让学员更加深切地感受到习近平新时代中国特色社会主义思想和习近平强军思想是我们应对各种风险挑战、驾驭各种复杂困难局面的制胜法宝，进一步夯实了学员听党指挥、看齐追随的思想根基，完成了军校思政课话语体系立精神支柱、强政治灵魂的历史使命。

（二）价值上的为战导向性

话语体系构建、运用的过程实质上是表达观点、传递价值、意义展现的过程，也是话语主体对话语客体实施价值追求引领的过程，可以说，没有价值的贯穿也就没有话语体系的存在。向战而行、保证打赢是军校思政课话语体系的根本价值所在。打赢是军队永恒的追求，战斗力就是军队的生命力，必须坚持一切工作都围绕能打仗、打胜仗聚焦用力。"整个军队的方向就是政治工作的方向"，军校思政课话语体系也同样把根本指向聚焦到能打仗、打胜仗上，坚持"一切为了前线的胜利"这个本真，推动战斗力这个唯一的根本的标准落下来，为学员敢上战场、能打胜仗提供强大的政治保证、智力支持和精神力量，提升对备战打仗的贡献率。

军校思政课话语体系引领学员强化一心为战、谋战向战的自觉性。军校思政课话语体系紧紧抓住把牢固树立战斗力这个唯一的根本的标准作为练兵打仗的根本准绳，把"为谁扛枪、为谁打仗"等原则问题根植于灵魂深处，紧贴军事斗争准备实际，融入军事训练全过程，突出实战、能战、胜战，重点强调"军队首先是一个战斗队，是为打仗而存在的"，警醒学员"天下并不太平，和平需要保卫""思想的锈蚀比枪炮的锈蚀更可怕"，不断强化忘战必危的忧患意识、危机意识，把精力和心思用到谋打赢、抓准备上，自觉做到当兵打仗、带兵打仗、练兵打仗，不断增强威慑和实战能力，确保坚决捍卫国家领土主权完整、捍卫国家核心发展利益。

军校思政课话语体系引领学员培塑不畏强敌、师出必胜的血性胆气。战争制胜的关键既取决于敌我双方的军事实力，也受综合实力的影响。马克思主义认为，从根本上讲，政治、经济、军事、自然环境、战争指导能力、战争的性质、人心向背等多种因素都决定着战争的胜负。在这些因素中，人是起决定性作用的。军事技术发展日新月异，各国武器装备也在不断更新换代，但这并不意味着人的决定性作用改变了、动摇了，反而比以往任何时候更加凸显。例如，智能化战争，不是武器与人互相转变，而是实现武器与人的完美结合、高度一体化。军校思政课话语体系重点目标是使学员认识到虽然战争形态改变了，但战争制胜规律没有变，坚定人民战争必胜、正义战争必胜的信念；使学员认识到人依然是战争胜负的决定因素，没有高素质的军事人才是不可能取得战争胜利的；使学员认识到在相当长的一段时间内，尽管人民军队在武器装备上与西方军事强国的差距始终存在，面对信息化、智能化战争，我们仍然是可以凭借高超的技战术水平和顽强的战斗意志达到以劣胜优的，由此奠定正确地准备战争、指导战争、赢得战争的理论基础，打牢敢于斗争、敢于胜利的思想基石。

（三）形态上的学科学理性

学理性主要是指对事物本质的规律性认识和认识事物的科学方法，与学科关联时，就是在某一学科领域中，遵循特定的学术规范基础上的学理性。从学科角度看，军校思政课与马克思主义一级学科下的思想政治教育二级学科密切相关，具有其基本属性，那么军校思政课话语体系则必然在形态上表现出其学科学理性。

军校思政课话语体系的理论内核表现出学科学理性。任何话语体系都是由特定的理论体系作为支撑的，理论内核也贯穿于话语体系始终，体现着话语体系的特质。马克思主义理论是一个学理逻辑严密的科学体系，揭示了事物的规律和本质，追求人类解放，为人们观察世界、改造世界提供了认识工具。作为马克思主义中国化时代化的最新理论成果的习近平新时代中国特色社会主义思想，作为马克思主义军事理论和党的军事指导理论的集大成者的习近平强军思想，揭示了强国强军的基本规律，闪耀着真理性光芒。军校思政课教学之所以能够取得巨大成就，培养出一代代优秀的军队建设者和接班人，一个根本原因就是坚持用马克思主义，特别马克思主义中国化时代化的最新理论成果建课育人，在凝魂聚气、强基固本上发挥了决定性作用，军校思政课是对学员进行马克思主义理论武装的主阵地，马克思主义理论必然成为军校思政课话语体系的理论内核，军校思政课话语体系成为马克思主义理论的外在表现形式，这就使军校思政课话语体系体现出了思想政治教育的学科学理性。

军校思政课话语体系的遵循规律表现出学科学理性。规律是一种客观存在，是事物现象之间的必然的本质联系，体现着事物变化发展的必然性。

军校思政课话语体系的存在和发展，在于提升话语客体的政治素养，解决话语客体的思想观念问题，实现话语客体的全面发展。在话语体系的运行过程中，必然要遵循党和国家的意志、遵循强国兴军发展实践要求，针对话语客体的思想实际，通过道德规范、理论灌输、文化传承等意识形态的引领、内化，不断缩小话语客体的思想政治素养与党和国家的要求的差距，实现个人与军队、社会的共同发展进步。这就使话语主体在构建、运用军校思政课话语体系的过程中，同思想政治教育学科一致，也必须遵循教育教学规律、思想政治工作规律和学员成长成才规律，才能完成立德树人的历史使命。

（四）过程上的动态生成性

马克思主义认为，变化和发展是事物所面临的必然，事物是运动发展变化的，是作为发展过程存在的，并且这些变化和发展都与时代和时代的条件相关联。军校思政课话语体系不是与生俱来的客观存在，它产生于国家和军队发展的需要、产生于对学员思想政治理论素养的要求，是特定语境下的产物。军校思政课话语体系作为客观存在的事物，变化和发展也成为必然，不是封闭的、僵化的，而是开放的、灵活的，充满了生机和力量，因此，军校思政课话语体系始终处在动态更新之中，始终处在动态生成的过程中。

构成要素的动态发展决定了军校思政课话语体系的动态生成性。军校思政课话语体系的构成要素都是在不断变化发展的，由这些要素构成的话语体系必然也随之有新的呈现。比如，话语语境作为军校思政课话语体系存在的时空境遇，具有鲜明的时代性，赋予了军校思政课话语体系独特的时代标识。随着信息网络技术的逐步成熟，新媒体的自由开放，完全打破了以往军校思政课的时空局限，促使军校思政课话语体系可以在更广泛的区域更大限度地发挥作用。由此可见，军校思政课话语体系会随着社会的进步、军队的发展、实践的拓展、认识的深入、理论的创新和话语本身的变化而不断发展，它扎根在时代的土壤、阐述时代的新语、彰显时代的活力。

构成要素的相互作用决定了军校思政课话语体系的动态生成性。各要素相互关联、相互作用的有机整体才能称之为体系，而这种关联、这种作用推动着体系的发展运动。从话语主客体维度看，军校思政课话语体系是话语主体和话语客体相互作用的产物，是一个"双向奔赴"、交互影响的过程，体现着话语主客体之间的辩证统一。话语主体发挥主导性作用，在精准分析话语客体的"活思想"之后，将话语内容通过有效的方式传递给话语客体，对话语客体实施教育、引导、塑造；而话语客体对军校思政课话语体系会产生反馈，也就是对话语主体产生反作用，促进话语主体不断地去从话语客体的创新创造中汲取发展改进的灵感、充分发掘话语客体中蕴藏的力量资源，不断调整、完善、优化军校思政课话语体系，这也体现了动态生成性。

五、军队院校思想政治理论课话语体系的功能定位

"功能"是指事物在演进过程中表现出的满足某种需求、使事物得以存在和发展的一种属性，任何一种文化现象都具有一定功能。西方功能学派代表马林诺夫斯基认为，任何一种文化现象，无论是抽象精神的，还是具体物质的，都具备满足人类实际生活需要的效能；并且不同现象之间相互关联、相互作用，成为一个整体。话语体系亦是如此，功能是话语体系不可分割的一部分，决定了话语体系的存在。因此，充分认识军校思政课话语体系的功能定位，是揭示军校思政课话语体系结构及其表现形式，建设军校思政课话语体系的必要途径。

（一）信息承载功能

话语体系的信息承载功能是构建话语体系的前提和基础，话语体系承

载的信息是反映话语体系特质的基本要素。众所周知，话语体系指的是一整套表述一种思维系统的语言系统，语言则是承载与传递信息的媒介。军校思政课话语体系正是承载传递了军队思想政治教育相关信息，比如，马克思主义理论、一般政治理论与教育理论、中共党史、军队政治工作，等等。话语主体将蕴含党、国家和军队的思想政治教育理论和实践信息通过一定编码方式形成文本或超文本的信息并展开传播。

从信息的内容上来看，诸如马克思主义经典著作文本，毛泽东思想，中国特色社会主义理论，党和军队、国家的政策文本等皆是新时代军校思政课话语体系所承载的重要信息，就其根本来看，这些信息皆围绕着一个核心、标的一个目标、解决一个问题。一个核心是指坚持党对军队的绝对领导。正如习近平总书记所说的，部队思想政治教育的首要，就是思想教育工作，即举旗铸魂——通过思想教育，筑牢官兵思想根基，也就是不断强化官兵坚持党对军队绝对领导思想认识。铸牢军魂是我军政治工作的核心任务，军校思政课话语体系正是围绕这一核心展开建设与传播，正面灌输与潜移默化相结合，在日积月累中为学员不断地补足精神之"钙"，把远大理想融入日常学习、工作和生活中。一个目标是指紧跟新时代使命任务，新时代军队思想政治教育必须紧紧围绕实现党在新时代的强军目标、把人民军队全面建成世界一流军队，培养听党指挥的接班人、砥砺能打胜仗的战斗队、塑造作风优良的子弟兵。军校思政课话语体系就是引导学员以完成使命任务为目标，磨炼战斗精神、意志和作风，砥砺能打仗、打胜仗的过硬本领，展现强军胜战的信心与作为。一个问题指破除桎梏谋创新。创新是指实现教育理念、内容、模式、方法、保障等环节机制不断更迭创新，军校思政课话语体系的创新促进思政课教育教学的创新，提高教育教学质量，切实增强教育教学效果。

从信息的承载方式来看，新时代军校思政课话语体系应积极适应与驾驭多种载体实现信息的承载与传播。课堂教学、教材文本等是军校思政课话语体系发挥信息承载功能的传统方式。除了理论内容以外，实践教学也是信息承载的重要方式，诸如，现地参观教学、文化活动开展、校园环境熏陶等承载信息与传播的方式。随着信息化逐步加深，新媒体的发展等使信息承载方式更加多元化：教育教学内容的电子化和信息网络化，各种教育教学资源的整合、共享并持续开发，建立教学资源信息库，依托新媒体发展，智能化搜索引擎、信息分类，实现思政教育信息精准投放；再如，以影视作品、图片歌曲等为主要代表的各种隐性思想政治教育形式则是通过丰富多样的声光电符号承载超文本信息。

（二）知识传递功能

教育是知识传递与继承的重要媒介。军校思政课是一种思想政治教育实践活动，其主要功能是向学员传输马克思主义相关理论、习近平新时代中国特色社会主义思想、习近平强军思想，其话语体系必然要以传递与之相关的知识作为自身功能定位。

从其蕴含的知识内容来看，军校思政课话语体系主要蕴含着马克思主义理论、习近平新时代中国特色社会主义思想、习近平强军思想科学理论等相关知识。比如，《马克思主义基本原理概论》课程的话语讲述了"物质第一性""普遍联系""人的本质""人类社会发展规律"等基础知识，让学员掌握认识与改造世界的基本理论；《军人思想道德与法治》课程的话语为学员讲述了"爱国主义""理想信念""法治思维与法治精神"等与精神品质、道德情操相关的理论知识；《毛泽东思想和中国特色社会主义理论体系概论》课程的话语系统讲解了马克思主义的发展历程和伟大成就，引导学员掌握中国特色社会主义的基本原理及其对当代中国发展的重大意义，正确认识中国特色社会主义建设的发展规律；《中国近现代史纲要》课程的话语着重为学员讲授了中国共产党如何带领中国人民英勇抵御外侮，获得民族独立、推翻反动统治、实现人民解放的伟大成就；《人民军队历史与优良传统》课程的话语则为学员讲述了人民解放军从胜利走向胜利的历史功勋与宝贵经验以及蕴藏其中的光荣传统和优良作风。

从其知识的传递形式来看，军校思政课话语体系的知识传递形式主要是灌输与引导相结合。列宁提出的"灌输理论"是指由于工人阶级自身无法主动地认知和理解马克思主义理论与社会主义理论，需要已经熟知和理解马克思主义与社会主义理论的人向工人群众灌输相关理论，帮助广大工人群众能够从工人阶级的立场分析与解决问题，使理论转变成为工人阶级的思想武器，使广大工人阶级成为社会主义革命与建设的伟大力量。尽管，新时代军校思政课的对象已经转变成为思维活跃、观念时尚、富于创造的学员群体，但是"灌输理论"仍具有现实意义。习近平总书记提出的思想政治理论课要坚持灌输性与启发性相统一重要论述，为新时代军校思政课话语体系发挥知识传递功能指明了方向：灌输并非单纯的"填鸭教学"、命令指示，应在方式方法上体现时代特点，多维度、多角度、多方式开展表达，从而提升学员的理论功底和政治素养。引导是军校思政课话语体系传递知识的又一方式。一要引导学员理解、掌握、应用相关知识，通过分析讲解中国特色社会主义，掌握习近平强军思想的科学性、真理性，帮助学员从认知"是什么"到掌握"为什么"，深切理解中国共产党"能"在哪里、马克思主义"行"在哪里、中国特色社会主义"好"在哪里，确保科学理论入耳入脑入心，为将学员培养为"四有"新时代革命军人、锻造"四铁"过硬部队奠定坚实的理论基础。二要引导学员理解掌握知识、理论的意义所在，并引导其自觉实践，在实践中对科学理论形成正确认知，在实践中理解理论、应用理论。

（三）行为规范功能

规范，指约定俗成或明文规定的标准。话语体系作为思维系统的表述，其建构与运转本身蕴含着一定话语语境、话语内容、话语表达、话语对象的基本范式，结合话语体系传播的目的可见，任何话语体系都具备规范思想与行为的自觉，即一种行为规范功能。思想政治教育话语体系的规范功能主要体现为以合目的性、合规律性的话语范式，有针对性地对国家话语立场、社会发展基本状况及社会成员的思想状态等不同层面的思想困境、现实问题进行及时有效地规约和修正。①针对个体思想、行为偏差的规范是规范功能的立足点。军校思政课话语体系的行为规范功能应落脚于军校学员个体思想和行为的规范。

军校思政课话语体系的行为规范功能发挥呈现于话语体系的运转中：教育者通过话语使被教育者形成身份认同，让他们自觉将自己定位为符合话语体系价值、目标中的一分子，并按照相应的规划进行实践。简而言之，军校思政课话语体系为学员提供了思考的路线和方法、实践的行为和方法，并为学员制定了思想准则和行为指南，规范学员的思想和行为，使学员能够在正确的道路上前行。比如，《军人思想道德与法治》课程话语明确指出"诚信"是追求高尚人生、培塑优良品德与立身处世的行为准则，不能够见利忘义、丢失诚信；《人民军队历史与优良传统》课程强调坚决听党指挥，这是人民军队不断取得胜利的根本原因，要求学员从思想到行动都要听从指挥、服从命令，不论和平时期还是战时，面对党中央、中央军委的决策指挥，不能打折扣、钻空子。就其本质来看，军校思政课话语体系规范功能主要表现为"破而后立"：破，即破除思想和行为的误区。军校思政课话语体系有责任帮助学员破除对错误思想的认同、对资本主义的追崇、对西方思想的盲从，通过描述与阐释相关社会现象、理论观点的表现与本质、谬误与伪装，对敌对意识形态话语体系进行揭露与指正，也就是使学员明白红线、底线在哪里，坚决不能做什么；立，即建立。军校思政课话语体系就是要表述在党的领导下，人民群众与人民军队在革命、建设和改革中创建的伟大历史实践，剖析分析其中的规律逻辑、经验教训，弘扬传承其中的价值观念、精神文化，对我国主流意识形态的合法性、合理性进行论证与辩护，即告诉学员应该认同什么、学习什么、遵循什么，使学员明白为人处世、学习工作的高线、标准在哪里，为学员的成长成才提供规

---

① 邓黎、张澍军：《论思想政治教育话语体系的基本功能》，《思想政治教育研究》2018 年第 2 期。

范标准。

（四）能力培养功能

能力培养是高等教育的核心目标之一。马克思主义人才观的精髓在于强调人的自由而全面发展，认为个人能力的提升和发挥是一切活动的目的和尺度，人的自由全面发展是马克思主义人才观的价值诉求，强调的是全面发展人的才能，发展自己的一切能力，获得自身独创和自由的发展。《关于构建新时代人民军队思想政治教育体系的意见》指出，构建新时代人民军队思想政治教育体系的重要目标是培塑"四有"新时代革命军人，"四有"中的"有本事"体现了军队思想政治教育的能力培养目标，这是军校思政课话语体系能力培养功能的定位。军校思政课话语体系能力培养功能主要体现在四个方面。

一是提高价值判断能力。对价值观念进行正确判断的能力，是一种思想认识能力，这是军校思政课解决的首要问题，将决定人民军队未来的命运。要让学员成长为一名合格的革命军人，做到听党指挥、能打胜仗、作风优良，首先要成为一个合格的人，即要拥有正确的"三观"。在此基础上，才可能正确认识军队和国防建设、发展的方向，正确理解中国特色社会主义发展的规律，正确认识和把握历史的趋势，才能锻炼意志、增长才干，最终肩负起实现党在新时代的强军目标、把人民军队全面建成世界一流军队的使命任务。因此军校思政课教育教学要树立学员正确的"三观"。其中是非对错的判断能力应是基本能力，学员能够秉持思想上的原则性和严肃性，旗帜鲜明地拥护正确、反对错误，在有待鉴定的问题上讲原则、有底线，在重大问题上有立场、不妥协。军校思政课话语体系要从理论和实践两个维度表述清楚什么是正确的、什么是错误的，什么应该拥护、什么应该抵制。通过理论话语，不仅告诉学员正确、错误的观点论，还要从逻辑上、意义上分析辨别正确、错误的原因，以及传授辨析的方法；通过实践话语增强学员理论与实践统一的体验，引导学员深入部队、深入基层、深入社会，全面体验中国特色社会主义的现实、强军兴军的伟大事业，从而切身认识到问题的严肃性，体验到正确思想的积极与科学、错误思想的消极与虚假。

二是提升人格完善能力。军校思政课开展思想政治教育的第二步，是培塑坚持马克思主义信仰、坚决听党指挥的理想信念。理想信念是学员持续具备是非判断能力的保证，人格完善能力是抵御外来侵蚀、催生理想信念的重要能力。具体来说，军校学员还处于拔节孕穗阶段，具有勇于创新的精神品质，但思想观念也容易受到影响，如何让学员始终保持正确的"三观"，不受到错误思想现象和舆论的影响，就需要将初步的思想认同上升为最终的信仰信念。从认同到信仰，来源于人格的完善能力。军校思政课话语体系聚焦学员思想和心理，双管齐下，在思想境界方面，通过对比、辩证等方式，帮助学员提高观察、分析、评价各种现象、问题的能力，具有较高的思想境界、健康的思想准则，从而形成完善的思想人格；在心理方面，通过心理研究、测试、锻炼、引导，使学员达到思想准则与健康心理的平衡，始终保持心理状态正常健康、积极向上，心理活动稳定和谐、开放自如。不会因为物质的获取多少感到狂喜或极度焦虑，不会因为个别的不公平、不符合认知的事情就易暴易怒或轻言放弃，能够合情合理地与自己、他人、社会相处，健全完善心理人格。

三是强化行为责任能力。军校思政课开展思想政治教育的第三步，是解决行为落实问题。也就是说，思政课所解决精神层面上的问题最终的落脚点在于学员能够身体力行所学到的理想信念和道德情操，因此，提高学员行为责任能力是思想政治教育落到实处的必然要求。军校思政课话语体系就是要表述清楚学员应该怎么做。恪守法规是"怎么做"基本能力要求，因为遵守行为规范，最低限度地保证了个体行为思善行美，能够定位、控制自身行为的边界，尤其是军校学员是未来的军官，势必要接触权力运用与权利实现，如何正确地使用权力？恪守法规给予其基本的准则。通过恪守法规，保证学员始终站在正确的立场，用正确的观点和方法处理好自身利益与集体利益、短期利益与长远利益、私利与公利之间的关系。

四是培养政治工作能力。军校思政课教学还有一个重要的功能，就是培养学员的政治工作能力。军校生长军官培养的学员毕业分配到部队后是要管理带兵、指挥打仗的，需要技指融合、军政兼通，而政治工作本身就要求既要发挥服务保障作用，又要开展"三战"发挥直接作战功能，对应地，军校思政课话语体系也要关注学员政治工作能力培养，通过思政课教学、实践锤炼和学员兼职骨干等，使学员了解掌握军队政治工作的思想理论、演进历史、政策原则、方法手段、标准要求、质效检验等，热爱政治工作、钻研政治工作、会做政治工作。

（五）价值塑造功能

话语体系不是话语构建者自我循环、孤芳自赏的框框，而是建构者为了表达诉求、传播价值，根据自己的思维、理念构建起来的知识体系和逻辑谱系，隐含着内在的价值观并具有极强的价值输出需求。一般而言，话语体系的价值培塑具有较为隐性的特征，一般是通过基本概念范畴搭建的学术体系、所形成的表达系统等方面来进行。思政课"八个相统一"中"价值性与知识性相统一"进一步反映了思政课价值塑造功能，侧面揭示了思政课价值塑造功能的非隐蔽性、直接性特点，军校思政课话语体系也是题中应有之义。

任何话语体系都要传播价值，并要将自身的价值观念打造成为全社会的、唯一的价值取向，把自身的价值传播到所有社会成员的头脑中去，如同军校思政课话语体系要用马克思主义理论、习近平新时代中国特色社会主义思想、习近平强军思想武装学员头脑。但是，一般试图影响社会生活的话语体系通常不会直言不讳地表达自己的价值观念，而是通过相关的逻辑架构、话语表达和言说系统，包括文化传统、社会心理等来传播价值，使话语接收者潜移默化地接受其中的价值观念。军校思政课话语体系也是如此，通过解析相关科学理论的内涵、逻辑，使学员充分认识到其正确性、科学性，从而产生认同，接受其中的价值观念。同时，军校思政课话语体系价值塑造功能还具有一定的直接性，通过"灌输理论"可见一斑。"灌输理论"要求先进的无产阶级将马克思主义理论灌输给工人群众，反对理论自发，这表明灌输是一种理论传播方式；灌输要实现的目标为使工人群众具备认识无产阶级、资产阶级、革命斗争等基本范畴的能力，保证工人群众充分认识自己工人阶级的立场，这表明灌输是一种直接的价值塑造方式，这种建立在"灌输"传递方式之上的价值塑造必然体现为一定的直接性。

从军校思政课话语体系本身来看，也确实承担、传播着价值观念。军校思政课话语体系承载党和国家意识形态、正确的"三观"、社会主义核心价值观、革命精神传统、军人职业道德等，帮助学员成长为听党指挥的接班人、能打胜仗的战斗队、作风优良的子弟兵。学员在课程学习中，既学习知识、技能，也在潜移默化中接受这些价值理念，最终成为自己的思想认识和行动自觉。如《马克思主义基本原理概论》课程引导学员自觉运用马克思主义立场、观点、方法认识世界，以实事求是、与时俱进的原则分析问题，以理论联系实际的实践方法解决问题；《军人思想道德与法治》课程引导学员积极向上地看待人生起落，严格恪守军人道德操守，勇于担当使命任务，坚定坚守理想信念；《毛泽东思想和中国特色社会主义理论体系概论》课程引导学员深刻认识中国特色社会主义的本质、坚定"四个自信"；《人民军队历史与优良传统》课程坚定学员传承红色基因，担当强军重任。

（六）战斗精神强化功能

军队永远是一支战斗队，人民军队的生命力在战斗力。战斗精神培育有助于提升战斗力，属于军队政治工作的"五个着力抓好"，是军校思政课的特殊使命。军校思政课话语体系势必要发挥、呈现战斗精神砥砺功能，帮助学员继承弘扬战斗精神。

发挥战斗精神强化功能是指聚焦理想信念，解决根本问题。军校思政课话语体系围绕坚定学员的理想信念，切实运用好马克思主义基本理论和党的创新理论成果，坚定政治信仰；深入开展党史军史教育学习，传承弘扬红色基因；贯彻习近平总书记系列重要讲话精神，确保绝对忠诚。能够砥砺战斗精神的话语体系就是通过讲清基本道理、廓清思想迷雾、扫清疑虑担忧，确保为学员解决好"为谁扛枪、为谁打仗，当兵干什么、练兵为什么"等根本性问题，引导学员自觉强化当兵打仗、带兵打仗、练兵打仗的价值认同。新时代意识形态领域斗争激烈，西方敌对势力将自己的险恶用心伪装成"普世价值"，借助互联网优势加以传播，极力鼓吹看似正确普适的价值观念，诸如"自由""民主""人权"等，企图渗透、腐蚀我军，尤其是对我军官兵极力鼓吹"军队非党化、非政治化""军队国家化"极端错误的言论，试图腐蚀、破坏我军官兵的头脑武装。军校思政课是向学员传播主流意识形态，坚定学员马克思主义信仰、铸牢军魂意识的主渠道，军校思政课话语体系的战斗精神砥砺功能就是要批驳这些错误的思想观念，增强学员树牢"听党话、跟党走""始终坚持党对军队绝对领导"的军魂意识，深刻阐明国家安全形势的复杂性、严峻性，增强学员忧患意识、战备观念，使学员认识到捍卫中国特色社会主义、捍卫国家主权安全和发展利益是自己的光荣使命任务。

发挥战斗精神强化功能还是指强化牺牲奉献意识，使学员对生死、苦乐、得失的观念有更深刻的认识。"一不怕苦、二不怕死"的战斗精神，之所以"不怕"，便是因为敢于牺牲、乐于奉献，同时，当代革命军人的职业特殊性尤其强调不同于其他任何职业的生死搏杀、流血牺牲。因此，军校思政课话语体系应立足当代革命军人职业特征、使命要求，弘扬艰苦奋斗的精神，强化随时准备打仗的思想、发扬革命英雄主义传统，树立学员对牺牲奉献的追求，尤其需要克服我军当前出现的由于长期处于和平时期而滋生的歌舞升平、文恬武嬉的不良习气与和平积弊。首先，砥砺战斗精神的军校思政课话语体系要弘扬艰苦奋斗的优良传统。艰苦奋斗作为我军的光荣传统，是我军一次次取得胜利的法宝。关于革命战争年代艰苦奋斗的话语表述不用赘述，新时代下，要培育战斗精神，同样需要加强艰苦奋斗精神，引导学员自觉抵制"四风"，正确看待人生价值、使命责任，树立全心全意为人民服务的宗旨，把为革命事业牺牲奉献作为至高的价值追求。其次，砥砺战斗精神的军校思政课话语体系要增强备战意识。新中国成立之后，我国进入和平建设时期，尤其是改革开放标志着时代的主题已经成为和平与发展。历史证明，我们能够赢得和平是因为拥有一支能征善战的军队。实际上，我们能够保持和平，也是因为我们的军队仍旧能征善战，军队仍处于蓄势待发、时刻备战的状态。因此，军校思政课话语体系必须不断输出"军队永远是战斗队"这样的思想，强化学员危机意识、备战意识，树立忘战必危、怠战必危的思想，增强当代革命军人的血性胆气。最后，砥砺战斗精神的军校思政课话语体系要弘扬革命英雄主义精神，讲清楚个人利益与革命事业的关系，通过理论话语、教学话语、实践话语等引导、熏陶学员传承不怕牺牲、敢于胜战的战斗意志作风和革命英雄主义精神。

发挥战斗精神砥砺功能也是指谋战研战，具有过硬的军事能力才能切实发挥战斗精神的作用。"能打仗、打胜仗"是培养战斗精神的目标，然而新时代战争，是具有新特点和规律的现代战争，学习战争、了解战争才能打赢战争，了解战争需要掌握相关的科学、军事理论，培养过硬的专业、军事素质。概言之，砥砺战斗精神的军校思政课话语体系要激发学员学习先进军事理论的使命感和内在动力，聚焦现代战争形态和作战样式的特点、发展，不断输出先进的军事理论、习近平总书记关于国防和军队建设的重要理论以及与强敌相关的军事理论创新成果，确保学员能够切实学习先进、科学的知识技能，提高军事素养能力。从内容上来看，就是要讲述世界新军事革命的发展进程、军事技术和战争形态的深刻变化，尤其是现代战争出现的新质战斗力，明确指出要适应世界新军事革命的快速发展，掌握新军事技术和战争形态的特点，就必须更新、扩充关于现代军事的知识储备、提升能力素养，使学员对自身不足有所认识、对自身发展有所追求，在危机感和求知欲的平衡中，生成攫取新知识、新技能的内动力，不断奋发向上、积极进取。

（七）学科建构功能

学科建构功能，是指军校思政课话语体系对构建军队院校相关学科，诸如马克思主义理论、思想政治教育、军队政治工作等学科理论体系建设的作用。任何一个有特色的学科得以成立，必须具备自己的理论和知识体系，并通过话语表达出来；任何一个话语体系如果失去坚实的学科支撑，也会丧失其话语权、科学性和作用力。简言之，话语反映客观事物、概括思想主张，成为一种学说和一个学派的表述与符号；学科体系生成与支撑话语体系。话语体系与学科体系之间相互作用、相互构建，决定了军校思政课话语体系具有学科建构功能。

军校思政课话语体系以马克思主义理论、思想政治教育以及军队政治工作相关理论为理论基础，开展思政课教学，话语体系中的"物质与精神""社会存在与社会意识""爱国主义""社会主义核心价值观""党的领导""强军思想"等话语具有相关的学科属性；马克思主义理论、思想政治教育、军队政治工作等学科建设成就同时进一步促进思政课话语体系的建设，思政课话语体系的经验积累又反哺学科建设。以马克思主义理论学科为例，按照"98方案"中"两课"的设定，学员与官兵无法切实掌握"马克思主义"，"05方案"则加入《马克思主义基本原理概论》课程，使学员能够整体性认识马克思主义，可见，军校思政课话语体系完善与马克思主义理论学科发展相辅相成。

军校思政课话语体系的学科建设功能，表现在以下六个方面：第一，话语反思。军校思政课是一个广泛学习和接受的过程，继承历史经验、吸纳他山之玉，但是作为军校思政课应该反思其课程话语体系是否能够简单套用地方院校、西方经验。第二，话语调整。由于现代化发源于西方，西方理论话语为现代化注脚，现代化进程为西方理论证明，对非西方国家则是处于批判立场，近代以来我国的自我批判取向明显，如今，"中国模式""中国特色""中国道路""中国方案"等话语正逐渐成为哲学社会科学学科的话语自觉。第三，话语规范。话语体系建设的过程是一个意义先占的过程，借助先行优势，定义相关事物，使得后来只能接受，这与学科建设的过程相一致。在军校思政课话语体系建设过程中，逐步完善价值规范体制，增强相关学科的统领力与主体性。第四，话语转化。新时代军校思政课话语体系建设在吸纳最新理论成果时，绝不是照搬照抄，而是站在中国立场上，突出军队特色进行话语转化，移植学科话语，寻找理论成果与军校思政课话语体系的契合点。第五，话语原创。军校思政课立足军队与国防建设实践，以广大学员为教学对象，既有的理论难以充分合理地解释这些客观实际与经验，必然需要构建新的概念加以概括，这种概括不是简单地复制，而应具有针对性、科学性的原创价值。第六，话语竞争。军校思政课直面意识形态斗争领域，其话语体系是批驳错误思潮、观念，在意识形态斗争中取得胜利的关键武器。习近平总书记指出，当前世界正处于百年未有之大变局，中国前所未有地接近世界舞台的中心，人民解放军正朝着实现强军目标、建设世界一流军队奋斗，军校思政课话语体系不仅要阐明这一实际，还要能够破除西方中心主义思想，以强竞争力的话语引导学员。这六个环节源自军校思政课话语体系的自觉，是面对军校思政课教学的实际和经验，从中建构概念，使得相关学科的知识体系中具有愈来愈多的"中国性""军队性"。

第二章
新时代军队院校思想政治理论课话语体系的现状审视

话语体系是对社会生活的反映和体现，社会生活的方方面面，都会对话语体系产生不同程度的影响。研究话语体系必然要将其置于社会发展的进程之中，并在社会关系之中加以理解和认知，在互动关系中把握其建设规律。全面剖析新时代军校思政课话语体系建设面临的机遇与挑战，深刻查找存在的问题及其原因，是有的放矢地推进新时代军校思政课话语体系高质量发展不可或缺的前提和基础。

一、新时代军队院校思想政治理论课话语体系建设的机遇与挑战

军校思政课是军校开展思想政治教育的主渠道，是党在军队进行铸魂育人、为战育人工作，实现党对军队绝对领导的重要阵地。随着中国特色社会主义进入新时代，军校思想政治教育呈现出新形势新特点，这给军校思政课话语体系建设带来了新机遇和新视野，与此同时，也使军校思政课话语体系建设面临更高要求和严峻挑战。

（一）新时代军队院校思想政治理论课话语体系建设面临的机遇

进入新时代，经济全球化、新技术新媒体广泛运用、新军事变革等都

使军校思政课话语体系建设面临全新的社会和历史环境。党和国家高度重视军校思政课建设，持续推动军校思政课改革创新、深入发展。党的十八大以来，习主席对加强和改进军队思想政治教育做出一系列重要指示要求，2021 年中央军委印发《关于构建新时代人民军队思想政治教育体系的意见》，明确要着力构建新时代人民军队思想政治教育体系，为开创新时代人民军队思想政治教育改革指明了方向，也为构建新时代军校思政课话语体系创造了新机遇。

1. 习近平新时代中国特色社会主义思想和习近平强军思想为军校思政课话语体系创新发展提供了理论基础

越是在多元思潮、多元文化活跃和冲击的大时代，越是需要深刻的思想、科学的理论引领，尤其是军校思政课是立德树人、铸魂育人的主阵地，更加需要科学深刻的思想理论领航指引。一直以来，马克思主义理论是我国思想政治教育的理论基础。进入新时代，作为马克思主义中国化时代化最新理论成果的习近平新时代中国特色社会主义思想，作为马克思主义军事理论和党的军事指导理论的集大成者的习近平强军思想正是新时代军校思政课话语体系的重要理论基础，为军校思政课话语体系创新发展提供了强大理论支撑。

一是为建设目标提供了科学的方向指引。军校思政课是军队政治工作的重要组成部分，是进行马克思主义教育、思想政治教育的主阵地。因此，思政课话语体系应是马克思主义科学理论的具体呈现，军校思政课话语体系应该是军校思政课宣传马克思主义中国化时代化最新理论成果的载体，是军校思政课用马克思主义创新理论武装学员头脑的武器。习近平新时代中国特色社会主义思想，是以习近平同志为主要代表的中国共产党人，在新的历史坐标和点位上，对新时代坚持和发展什么样的中国特色社会主义、怎样坚持和发展中国特色社会主义这个重大时代课题的科学阐释和理论回答，这是马克思主义中国化时代化最新理论成果，是当代中国马克思主义、21 世纪马克思主义。习近平强军思想则是在强军兴军伟大历史实践中开展的理论探索与实践创作，从理论与实践的结合上系统回答了新时代建设一支什么样的强大人民军队、怎样建设强大人民军队，是新时代马克思主义军事理论的创新与飞跃，是人民军队走向新的胜利的强军胜战之路，是指引开创新时代强军事业新局面的科学行动指南。因此，新时代军校思政课话语体系建设就是为了讲透悟透习近平新时代中国特色社会主义思想和习近平强军思想，运用话语强化党对军队的绝对领导、凝聚强军兴军意志力，促使学员将自身发展目标与强军目标结合起来，将自我价值的实现与强军兴军伟大历史实践结合起来。

二是为话语内容提供了最新的增量资源。军校思政课教学是贯彻党的指导思想、宣传国家意识形态、学习国防和军队建设理论的重要载体。进入新时代，军校思政课话语体系建设坚持以习近平新时代中国特色社会主义思想和习近平强军思想为根本指导和核心内容，围绕我国安全局势、军事斗争态势，我军使命任务、现代战争特点，我军组织形态、国防和军队现代化目标任务的变化，因事而化、因时而进、因势而新，遵循思想政治工作和教育教学规律有序推进，开启了军校思政课话语体系建设崭新篇章。军校思政课话语体系在内容上系统扩充习近平新时代中国特色社会主义思想、习近平强军思想等党的理论创新成果，按照"一门为主、多门渗透"的思路方式，全方位、全环节、全过程地充实丰富军校思政课话语体系。比如，习近平新时代中国特色社会主义思想融入军校思政课话语体系，要将学员的思想困惑、社会热点焦点、生活工作中的问题与构筑中国精神、讲好中国故事，以及新时代中国特色社会主义建设取得的伟大成就和伟大经验结合起来，析透讲清学员的、时代的问题；又如，按照国家教材委员会2021年8月编写印发的《习近平新时代中国特色社会主义思想进课程教材指南》，对习近平新时代中国特色社会主义思想进入教材作出系统安排构设，将教材中概括性、抽象性和规律性的马克思主义理论话语用马克思主义中国化时代化的最新理论成果和实践经验来充实、解析和论证，同时增设一门思想政治理论主干课程，强化习近平强军思想的教学宣传和贯彻；

再如，教育教学实践话语的充实，习近平新时代中国特色社会主义思想中有很多话语都是从社会生活中总结提炼的大众实践话语，使学员在实践中领悟理论、运用理论，以此增强学员理论联系实际的能力。

三是为话语形式提供了可靠的示范参考。党的十八大以来，习近平总书记在中国特色社会主义事业建设和发展实践过程中，做出一系列重要讲话和论断判断，语言风格独具特色和个性魅力，其中不乏妙语金句，既平易近人又通俗易懂、既接地气又富哲理，展现出极强的话语感染力、话语解释力、话语渗透力和话语引领力，形成了广受赞誉的"习式风格"话语创新，为军校思政课话语体系提供了可靠的模范参考。比如"撸起袖子加油干""心中有信仰，脚下有力量""国家好、民族好，大家才会好""听党指挥、能打胜仗、作风优良"等话语，言简意赅、朴实有力；"打'老虎'，拍'苍蝇'""没有免罪的'丹书铁券'也没有'铁帽子王'""力量不在胳膊上而在团结上""绿水青山就是金山银山，金山银山不如绿水青山"等话语取材民俗，形象生动具有亲和力；"空谈误国，实干兴邦""中国梦既是历史的也是现实的，更是未来的""我将无我，不负人民""江山就是人民，人民就是江山""一不怕死、二不怕苦"等话语，言辞恳切、谆谆教导，极具话语渗透力；2022年新年贺词中讲到"我们唯有踔厉奋发、笃行不怠，这样才能不负历史、不负时代、不负人民"，这些话语散发出伟人的魄力、具有引领力和感染力。习近平总书记的讲话能够为人民传颂，成为老百姓记在心间、落在脚下的金句，究其根本，是因为聚焦中国实际问题和社会问题，坚持以人为本，才能够把宏大的、抽象的、政治性强的理论话语、政治话语转化成为人民的关注思考和内心诉求，采用老百姓喜闻乐见、通俗易懂、深入浅出的话语，并能够准确、合理地阐释中国特色社会主义理论。这些话语模式对军校思政课话语体系建设具有借鉴意义，军校思政课教学话语应当从习近平总书记的话语中汲取理论智慧和话语魅力，通过讲故事、举实例、摆事实的方式与学员同频共振、凝聚共识；通过朴实的、明白的、易懂的话语揭示规律、解疑答惑；引经据典、简洁生动地向学员抒发赤子情怀、家国情怀。只有通过教学话语让学员感受到军校思政课独具的亲和力与感染力，才能真正提升军校思政课教学的实效性和针对性。

2. 信息技术的发展应用为新时代军校思政课话语体系创新发展提供了话语传播的载体合力

随着科技的不断发展，信息技术开始广泛应用于教育领域，信息技术手段的开发与应用对于传统军校思政课的教学模式、教育过程、学习资源、教学媒介、师生关系等产生了巨大影响，成为军校思政课话语体系改革创新的重要机遇期。传统思政课优势与信息技术的融合运用为新时代军校思政课话语体系建设发展提供了话语传播载体合力，促进了军校思政课话语空间、话语交往方式、话语传播途径的拓展创新。

一是全面拓展军校思政课话语空间。军校思政课教学与信息技术特别是互联网深度融合，实现了课上课下有效贯通、课内课外有效结合、网上网下全面覆盖，从而延伸了教学空间，同时也延展了话语传播空间。传统思政课教学主要在课堂空间，采用文本载体，主要通过教学话语和教材文本话语表达。然而，以信息系技术为驱动的话语互动，将准确性较强的书面传播与生动性较强的视听传播，甚至直观性较强的视觉传播统一在课堂之中，形成传播矩阵。诸如，针对"05后"学员主体意识鲜明、信息化习惯、思维活跃等特点，利用慕课和翻转课堂，以学员喜闻乐见的形式，将军校思政课教学从传统课堂拓展到线上，运用线上与线下教学相结合的方法，不断增强军校思政课的实效性和吸引力；另外，在线下授课的同时，使用雨课堂、学习通、钉钉、腾讯课堂、学堂在线、军职在线等互联网平台，有效开展线上教学活动。信息技术的快速发展在一定程度上增加了学员获取教育信息的数量，拓宽了话语体系在军校思政课创新发展中的广度和深度，为其话语空间的拓展带来机遇。

二是创新军校思政课话语交往方式。在传统线下思政课教学中，教员作为思政课的组织者、控制者和实施者，在军校思政课话语体系中占有绝对的地位，而作为受众的学员往往只是听众、观众，参与话语主动性不高、积极性不强、话语主体互动不够。信息技术则能够充分调动学员的能动性，让学员发出指令，获取学员互动反馈的信息，用于洞察需求以进一步优化课堂上信息的传播，这使得话语主体地位趋于平等化，有利于话语主体的互动，学员主体意识不断增强，更愿意表达观点，坦诚诉求和想法。师生在平等话语交互中达到情感的共鸣、思想的共识、问题的共解，提升了思政课话语亲和力与针对性。甚至由于信息技术手段赋予了"人人都有麦克风"的机会，可以打造和发挥"意见领袖"等超课堂的传播方式，使教员、学员成为具有高关注度的"意见领袖"，以其影响力和信息扩散能力增加对话语内容的传播，增强军校思政课的吸引力、感染力和影响力。

三是丰富军校思政课话语表达效果。信息技术拓展了话语传播空间、创新话语交互方式，进而推动了话语表达效果的提升。基于系统思维和科学语言的思政课话语表达多是一种抽象的、逻辑的表达，其概念、范畴经过了实践检验与反复的理论推敲，十分简练、准确，但是难以为学员所接受，尤其难以成为符合学员口味、需要的话语。信息技术手段有效地解决了这一困境，运用媒体技术、信息算法等方式，将军校思政课话语内容外化成感性化的视觉、听觉或触觉表达，甚至可以通过 VR、AR 技术身临其境地感受实践话语，真实地体验理论如何来自实践。通过技术形成丰富的话语表达，不断推动思想观念具体化、价值目标生动化、任务要求简单化，助力学员接受、掌握和内化，最终达到马克思主义基本理论、习近平新时代中国特色社会主义思想、习近平强军思想的入脑入心的目标。

3. 新时代中国特色社会主义建设、强军兴军伟大实践为新时代军校思政课话语体系创新发展提供了受众的话语认同

军校思政课话语体系从功能作用上来讲，一方面要运用话语体现理论的说服力，另一方面更要运用话语体现实践应用性。新时代中国特色社会主义建设、强军兴军伟大实践是军校思政课的重要内容，是军校思政课话语体系表达的佐证来源，有助于学员从知、情、意、行四个层次对军校思政课话语体系产生理论认同、情感认同、责任认同、行为认同，切实实现

军校思政课的目标。

党的十八大以来，习近平总书记围绕实现党在新时代的强军目标，提出一系列重大理论、方针和原则，作出一系列重大决策、战略和部署，推进一系列重大工作、建设和实践，引领人民军队在现代化道路上、在波澜壮阔的强军实践中奋力前进，国防和军队现代化建设迈入新时代、走上新征程，明确"力争到二〇三五年基本实现国防和军队现代化，到本世纪中叶把人民军队全面建成世界一流军队"的战略部署与目标，并与实现"两个一百年"奋斗目标"两步走"战略紧密相连、互相促进。这些实践成就与经验激发了身处国家和军队正在"强起来"的历史实践之中的学员的认同与自信。

一是有助于学员立足当下，坚定崇高理想信念。在"十三五"时期，我国已成为世界第二大经济体，经济实力、科技水平、综合国力跃上新的台阶，尤其我国在全球为新冠疫情所困扰中的亮眼表现，为世界瞩目称赞，彰显了中国特色社会主义制度的显著优势、彰显了党的领导这个最大优势；随着新一轮科技革命和军事革命飞跃发展，武器装备远程精确化、智能化、隐身化、无人化趋势更加明显，信息化战争加速发展，智能化战争初显矛头，国防和军队现代化建设进入新的阶段，从全面建设、接续推进到加快推进国防和军队现代化建设，并鲜明提出了"确保二〇二七年实现建军一百年奋斗目标"这一重大战略部署。这些已经取得的成就与正在进行的实践无疑都为军校思政课话语体系创新发展提供了鲜活、生动、深刻的实例。在中国特色社会主义建设和强军兴军的伟大实践中，学员既是学习者、观察者，更是参与者、建设者。军校思政课话语体系一方面从知识层面深化学员对中国特色社会主义、强军兴军伟大事业的理解认识；另一方面通过各方面强军实践的鲜活实例激发学员的直观情感和实践体验。学员通过全新的视觉角度深刻体会和领悟党对军队的绝对领导、新时代军队改革发展的基本规律以及人民军队从胜利走向胜利的伟大历程，增强学员身份认同与职业自信，引导学员坚定崇高理想信念。

二是有助于学员展望未来，树立正确价值观念。立足当下、总结经验是为了更好地走向未来。国家发展、军队建设的实践证明了加快国防和军队现代化是实现中华民族伟大复兴的根本保证。百年中国从站起来、富起来到强起来，从受尽凌辱到傲立于世界民族之林、走近世界舞台中心，其中一个经验分外宝贵，那就是"一支强大的军队不可或缺"。中国特色社会主义进入新时代，这支军队依旧要成为治国安邦的根本，为党的领导和社会主义制度提供战略支撑；这支军队要以实现祖国统一为目标，当国家与周边国家存在领土和海洋权益争端时，要能够为捍卫祖国领土完整、主权统一提供战略支撑；这支军队也要能够维护国家不断拓展的海外利益，为保证海外利益格局提供战略支撑；最终这支军队要为实现中华民族伟大复兴、创造和维护和平的国际环境与周边环境，为促进世界和平发展提供战略支撑。这"四个战略支撑"是对人民军队未来发展提出的新使命新要求，蕴含着深刻的政治意蕴和长远的战略考量。新时代军校思政课话语体系就是要讲好这些部署、任务、目标，使学员深刻理解和准确把握国防和军队现代化建设的未来目标和战略部署，帮助学员主动将小我联结大我、融入大我，站上自身价值与使命任务相结合的高点，铸牢强军之魂、扭住强军之要、夯实强军之基，锻造强军本领，树牢为中华民族伟大复兴保驾护航而奋斗的价值信念。

（二）新时代军队院校思想政治理论课话语体系建设面临的挑战

挑战往往与机遇并存，要辩证地认识和把握新时代军校思政课话语体系建设的形势。当前，国际国内形势深刻变化，敌对势力加紧遏制打压，不同思想文化加速交融交锋，社会思潮呈现多元多样多变，冲击影响了军校思政课话语体系建设，需要找准问题、分析问题，才能精准施策、从容应对，提升军校思政课话语体系质效，最终实现军校思政课为党育人、为军育才的使命任务。

1. 西方意识形态渗透的冲击

当今世界正经历百年未有之大变局，国际格局深刻调整，世界范围内两种意识形态、两种社会制度的较量发生了有利于马克思主义、社会主义的深刻转变。学校是培养人的地方，军校是为军队培养德才兼备的高素质、专业化新型军事人才的地方，军校意识形态安全关乎军队人才队伍建设，关乎党对军队绝对领导的实现，关乎人民军队的高度稳定和集中统一，关乎党和国家的政治稳定和安全。伴随着我国的不断发展壮大，西方敌对势力将我国视为其价值观和制度模式的主要威胁，以美国为首的西方国家对我国持续加紧进行意识形态渗透，不断通过抢占话语权、话语削弱、文化输出等方式，挑战我国意识形态安全，而军校历来都是敌对势力渗透破坏的重点，这无疑给军校思想政治教育带来极大的冲击和严峻的考验。

一是鼓吹"军队非党化、非政治化"和"军队国家化"，企图否定党对军队绝对领导。党对军队绝对领导是中国人民解放军在长期革命斗争实践中形成的优良传统，是中国人民解放军建军的根本原则，是中国人民解放军区别于其他军队的显著政治标志，是我军永远不变的军魂。近年来，敌对势力采取多种方式，利用各种渠道媒介，极力鼓吹"军队非党化、非政治化"和"军队国家化"，旨在模糊、混乱人们的正确认知，妄图掩盖一个基本事实——军队本身就是阶级斗争的产物。它们或利用其媒体优势，或借所谓非政府组织之口，鼓吹军队不为某一政党所有，军队应保持政治中立，不干预政治，不介入党派斗争，等等，其根本就是割裂政党、政治和军队三者之间的本质联系。鼓吹"军队非党化"，在认知层面混乱政党与国家、政党与军队的关系，刻意地使军队的政治属性与军队的国家属性对立起来，以军队的国家属性否定军队的政治属性。宣扬"军队非政治化"，掩盖军队的政治属性，鼓吹在政治上应当保持中立，而不能参与本国政治，不应当同某一党派持相同的政治主张。"军队国家化"是"军队非党化、非政治化"的一个变种，掩盖了国家的阶级本质，相对"军队非党化、非政治化"，更加具有欺骗性、迷惑性。国外敌对势力利用网络传播优势，在网上制造党和国家关系的所谓"热点话题"，在党和国家举行纪念日、重点庆典等重点时机，利用社交媒体、网络论坛等新媒体手段，大肆散布误导舆论。军校学员没有经历过战争年代血与火的洗礼，对党史军史学习了解不够、理解不深，特别是缺乏党对军队绝对领导这一我军的政治优势的理解掌握，对政治工作生命线体会不深，更加容易受到这些错误思想的冲击和干扰。

二是标榜资本主义意识形态，企图动摇学员的社会主义理想信念。近年来，西方敌对势力不断加大对我社会主义制度的打击和污蔑。大力宣扬所谓"趋同论"，鼓吹资本主义制度和社会主义制度这两种制度正趋向同向，企图用"同一社会"代替人类社会发展的必然趋势的共产主义社会。有的甚至污蔑"中国特色社会主义"本质上就是具有中国特色的资本主义，污蔑中国的社会主义制度就是打着社会主义旗号走资本主义道路。刻意淡化意识形态区别，宣称马克思主义是西方众多哲学流派中的一个，宣扬哲学社会科学研究"中立化"，宣称马克思主义危机论、过时论、多元论。有的利用我国社会转型时期发展过程中出现的一些贫富差距、人口老龄化、环境破坏、教育公平、公职人员贪腐等问题，攻击党的领导和社会主义制度；编造传播政治谣言，污蔑、否定党和国家、军队建设发展取得的伟大成就，勾结国内反对势力利用社会热点问题，歪曲、炒作，扰乱民众思想。近年来，一些反华媒体不断炮制政府负面形象，持续攻击和丑化。军校学员正处在世界观、人生观、价值观形成的重要时期，这些错误的思想和不良现象，势必对学员树立社会主义理想信念产生负面影响。

三是加大军事强势威胁，企图削弱中国人民解放军打赢现代战争的信心。一段时期以来，以美国为代表的西方国家不断加大军事威胁力度，以缓解中国国际地位不断上升所带来的不安。以美国为例，2020年新冠疫情在全球范围暴发，美国本土一度成为重灾区，但无论国内疫情形势如何严峻，美军在南海地区仍保持高强度军事活动频率。特别是在其总统大选期间，其航母舰队频繁进出南海，大肆炫耀武力，实施威胁挑衅。近年来，美军机在南海地区的海空抵近侦察频率连年上升，2022 年美核潜艇在南海发生碰撞事故、航母军机坠海等事故也从侧面说明其不断加强军事准备的客观趋势。军事威慑的背后也潜藏着心理威慑，一直以来，美国在其各类影视作品中一直大力宣传美军在海湾战争、科索沃战争、伊拉克战争中的军事胜利，大力塑造美军"不可战胜"的形象，传播其唯武器论战争观，歪曲抗美援朝的客观事实，妄图打击影响我军心士气。美国强大的文化输出也在增强军事威胁的影响效度，比如，通过高超特技和后期技术，在一些宣传报道、影视作品、电子游戏中塑造美国军人不可战胜和个人英雄主义的形象。相当一部分军校学员是美剧、美漫、美国游戏的忠实粉丝，自然会受到这些文化作品意识形态传播潜移默化的影响，甚至对政治建军的原则产生疑惑，崇尚唯武器论，产生"恐美"心理，削弱打赢未来战争的信心和勇气。

2. 复杂社会思潮的冲击

马克思主义认为，社会思潮是对社会生活有广泛影响的思想趋势或倾向。社会思潮的根源在于社会的经济生活，是当时经济发展所引起的社会生活中突出矛盾的反映，一定的社会思潮是在当时社会的经济政治条件之总和的基础上，从群众的社会心理中自发形成的，是社会气候的晴雨表。社会思潮对社会存在具有积极或消极的影响，作用于社会生活的各个方面。虽然军校管理相对严格封闭，但并不会独立于社会而存在，军校学员向来是西方社会思潮的重要传播对象，作为塑造学员价值观念的军校思政课话语体系必然受到各种复杂社会思潮的冲击。

一是历史虚无主义演进变异。军校思政课的一个重要目标是对军校学员进行党史国史军史教育，使学员认识到中国共产党的领导、社会主义道路是历史的正确选择。一段时期以来，历史虚无主义等社会思潮通过历史事实进行歪曲、假设、结构，通过对历史事件、历史人物的质疑和歪曲来否定中国的历史选择和历史走势。他们罔顾历史条件，处处针对主流观点进行有意曲解。一些人打着所谓"反思""解密"的旗号在互联网上散布历史虚无主义有害信息，篡改党领导中国革命的光辉历史，大肆诋毁污蔑恶搞革命英雄。有的鼓吹所谓"人性论"，否定中国革命的正义性；有的解构历史事实，否定客观发展规律和中国人民的道路选择；有的巧立名目，抹黑丑化党和国家的领导人，为历史上各种反动人物评功摆好，尽其所能颠覆已有的历史观。随着斗争的深入，近来出现了一种新的动向。有人打着反对历史虚无主义的幌子，把马克思主义指责为"历史虚无主义"，想要混淆视听、把水搅浑，企图把对历史虚无主义的批评与争论演变为一场黑白难辨的混战。最终达到其以反对历史虚无主义的名义"虚无"马克思主义的目的，进而以更加彻底的形式否定党和新中国的历史，这本质上还是历史虚无主义、是历史虚无主义的新变种，相比传统的历史虚无主义观点，具有极强的隐蔽性和迷惑性。任何真理都具有相对性，脱离一定的条件、环境或阶段，真理就可能变为谬误。历史虚无主义者恰恰利用了这一点，以当代普通人的视角去分析历史，炮制舆论话题以达到其抹黑目的。新媒体时代又使得这些错误思潮极易被学员接触，如果不能有针对性地及时引导辨析，就会造成学员思想认识的混乱。

二是享乐主义、极端个人主义持续蔓延。近年来，享乐主义、极端个人主义等极富伪装性的社会思潮借助多样化社会思潮泛滥的机会，趁机大肆在我国的价值领域进行渗透和颠覆。其中，享乐主义主张享受、逃避痛苦的负性人生观，影响的群体不分年龄、性别和阶层，花呗、网络借贷等超前消费的金融模式，不断颠覆传统的消费模式，诱导着年轻群体超前消费、奢侈消费和不合理消费。青年学员大都是从校园走进校园，缺乏社会经验，对新事物充满好奇，强烈的求胜心和竞争欲也会带来攀比心理，在这一社会思潮的潜移默化的影响之下，其价值观塑造也很容易被诱导和利用。极端个人主义核心强调个人利益最大化，忽视集体利益或者将集体摆在个人利益之后，把个人从组织中割裂、从集体中剥离，削弱青年学员的集体意识和荣誉意识。这与军队作为一个战斗集体团结统一的基本要求不符，不利于学员融入部队，违背个人理想与强军事业相统一的基本要求。

除此之外，极端享乐主义极易诱导青年学员一味地索取和享乐，遗忘和忽视自身的使命与担当，严重削弱了军校学员革命军人核心价值观的培养与塑造，弱化学员的吃苦意识和战斗精神。这些社会思潮的冲击，会使得军校思政课话语体系在一定程度上被边缘化、空泛化和标签化。

三是泛娱乐主义愈演愈烈。"泛娱乐化"这一社会思潮是伴随着网络技术的发展而不断兴起的，其主要特征为崇尚"娱乐至上"，以实现自身感官刺激、满足个人欲望为目的，借助飞速发展的技术引导和影响人们的思想。"泛娱乐化"使得无论多严肃的话题都可以被搞笑，任何高尚的话题都可以被消解，所有深刻的话题都可以被戏谑。泛娱乐化的社会思潮一方面冲破了传统的主流话语控制体系，打破了权威话语传播体系，另一方面也严重破坏了主流舆论对重大问题、严肃问题的深入思考和严肃探究，娱乐化信息大量传播，使得人们对社会问题的思考逐渐缺乏深度并肤浅化。特别是一些伴随泛娱乐化思潮产生的文娱作品、网络红人、流量大V，创造和巩固了一个个新的"圈层文化"，"泛娱乐化"的精神和内涵通过他们的语言和行为进而更加广泛地被传播。随着"抖音""快手"等短视频的流行，越来越多的社交软件在其趋利性作用下有意迎合大众进行开发设计，越来越注重强化娱乐的因素。手机网络的飞速发展使得信息的获取进一步便捷化，"泛娱乐化"很好地利用了这一点，引导塑造一系列肤浅、片面的观点，有的把历史人物、政治人物和政治事件等进行娱乐化的扭曲，有的把严肃的政治事件通过各种娱乐和搞笑的网络流行语、表情包、视频配音和所谓的段子进行恶搞。军校学员容易受到这类信息的影响，甚者产生错误的政治认知。

3. 新媒体时代网络传播的影响

随着网络和信息技术的发展，依托互联网而产生的大量新型媒体改变了人们传统的生活方式，更加颠覆了传统的信息传播和接受的手段，个体不仅是信息的接收者，也成为信息的传播者。军校思政课话语体系作为意识形态色彩的语言和思维的结合体，就是要向受教育者传输正确的思想观点、主流的价值观念。在新媒体时代，伴随着网络传播的飞速发展，给军校思政课话语体系带来了新的传播方式，但同时也产生了新的矛盾问题。

一是新媒体时代网络传播导致军校思政课话语主体权威性的消解。新媒体时代，互联网媒体的发展带来了信息的爆发式增长，随着新媒体的广泛应用，削弱了传统军校思政课灌输模式中话语主体的"话语权地位"。新媒体话语的场域变迁颠覆了传统话语传播方式，学员群体可以由信息的被动接受者变为主动传播者，话语信息通过网络以裂变式的传播实现瞬间共享，削弱了话语主体的话语权。微博、微信等新型社交媒体平台，在很大程度上给军校学员带来了多维的话语内容、多元的话语表达方式和丰富多样的话语互动形式，军校思政课话语主体的主导作用也因此被弱化。与此同时，军校学员如果没有主流舆论的引导，极易在话语语境选择中陷入困境。虚拟、开放的媒体网络使得每个学员都能极其便利地进行信息发布、信息接收和观点交流。大量信息接收与发布的即时性，使得学员陷入信息的汪洋大海。面对海量网络信息，学员普遍会依据个人偏好自由选择信息，随着时间推移就会产生思维固化和思想偏狭，军校学员的价值观等就会自我固化，从而形成话语传播的信息茧房效应，产生认识偏差。此外，当前西方媒体仍在互联网占有强势地位，西方社会思潮在互联网空间中占据主导优势，使得青年学员容易受到西方价值观、政治思想等影响，给军校思政课话语传播也带来了负面影响。

二是新媒体时代网络传播导致军校思政课话语内容完整性的缺失。新媒体时代，话语内容的增量化、话语发布的去中心化、话语需求的多样性和差异性也在一定程度上影响了军校思政课话语体系的构建。当前，短视频社交软件开始霸屏智能手机，使得人人都成为观点的传播者，这类软件利用人的心理和生理特点，把内容体现在长度仅有 15 秒的短视频中，其传播方式带有双向互动性和显著的碎片化特征，这为传统军校思政课话语内容的传播方式带来了挑战。在这类碎片化的话语传播模式影响下，当前军校学员群体话语交流呈现出自由化、流行化、生活化与个性化的特征，这与传统思政课话语的枯燥化、呆板化形成了鲜明对比。在这种背景下，军校思政课话语体系也必然采用各种更加受欢迎、更加灵活的方式，这种传播方式使得话语体系更有活力的同时，也在一定程度上使得话语内容、话语传播呈现出碎片化和片面性。

三是新媒体时代网络传播导致军校思政课话语导向政治性的弱化。意识形态性是思想政治教育学科的根本属性，它从根本上规定了思想政治教育话语的意识形态性，因此，军校思政课话语体系亦具有明显意识形态属性。在新媒体网络的影响下，军校学员自主意识显著增强，所倾向接受的话语体系逐渐多元化，他们更偏好于互联网上轻松个性化的话语内容和表达方式，在有意或无意中规避政治性话语，呈现出去意识形态化的特点，进一步弱化了军校思政课话语体系的主流舆论导向和核心价值培塑作用。此外，为了迎合军校学员的喜好，军校思政课话语体系也不同程度地显现出娱乐化倾向，片面追求"热热闹闹"，忽视了灵魂塑造和价值引领，这也在一定程度上影响了话语体系的政治性功能。

4. 新时代青年学员特点变化的压力

学员是军校思政课话语体系的直接作用对象，深入了解其思想特点和思维规律，是正确构建和运用军校思政课话语体系的基本前提和必要条件。随着"00后""网生一代"陆续走入军校，学员的思想、行为、心理等方面时代元素特征更加明显。

一是价值观念多元，政治能力不足。军人的价值，必须建立在个人价值和社会价值统一的基础上，更加强调牺牲奉献。伴随着时代的变迁和中国社会的转型，多元价值观的兴起使得传统的价值观念碎片化、分子化，使得当代青年在世界观、人生观、价值观上存在较大个体差异性，其价值观念呈现出多元化的特征。受新的历史时期的特定社会环境的影响，军校学员是一个内部高度分化的群体，尤其在生活方式、消费观念、社交圈子、价值认同等多领域都表现出高度的个体差异化和层次区分化。总体来看，军校学员受成长环境影响，普遍缺乏社会阅历，对政治的认知不够成熟，思想易受外界影响，表现为上网能够主动关注时政新闻的人数较少，上网娱乐的占多数，政治参与度低，存在一定程度的政治冷漠现象。相对于崇尚英雄、时代先锋等政治性话题，部分学员对明星、网红、主播等通过捷径积累财富等职业更为热衷。面对西方反华势力对我国进行的全维度的意识形态渗透、颜色革命等政治行为，军校学员普遍缺乏警惕警觉和批判战斗意识，因为学员没有经历过战争血与火的洗礼，没有经历过复杂形势、严苛条件下的考验，长期的和平岁月使学员普遍缺乏忧患意识、缺乏斗争精神。

二是理想追求现实，奋斗精神弱化。军校时期是青年学员世界观、人生观、价值观形成的重要时期，可塑性非常强，对于学员来说，理想信念是激励其努力奋斗的目标方向和精神动力。军校学员由于社会阅历尚浅，马克思主义理论基础比较薄弱，对一些现象难以深入分析、观其本质，对一些社会思潮认识把握能力不强，难以分辨是非、判断正误，遇事处理凭感觉、直觉，这就造成了部分学员对于理想信念的认识偏差、模糊、不坚定。此外，军校学员都追求进步、渴望成功，走进军校大多带有现实考虑，表现为注重实现个人价值、过于重视入党立功、享受利好政策等，加之受市场化经济趋利主义的负面影响，个别学员仅把读军校当作接受大学教育的桥梁与手段，选择上军校是为了解决就业问题，吃苦意识相对较弱。有的毕业不愿去艰苦偏远单位，有的甚至不愿去一线基层单位，使命意识、奉献意识有所淡化。

三是自我意识强烈，集体意识淡化。集体意识就是指集体成员对集体目标、利益和荣誉的理解和认识，它表现为爱护集体，自觉维护其利益，遵守其纪律，并为其努力争光、积极作贡献。军队是特殊的集体，军人尤为强调集体意识。但是现在部分军校学员越来越注重自身的个体利益，对个人利益的追求程度增加，集体意识相对淡薄，考虑个人多、顾及集体少，在个人利益与集体利益的抉择中，经常把天平倒向个人利益一边，习惯从自己的生存角度出发，过分关注自我价值的实现，把自我价值与社会价值对立起来。还有一少部分学员在学业发展、毕业分配、婚恋交友等问题的选择上更加注重外部的物质条件，更加注重能够为自己带来多少实际的利益和好处，这种非常短视的价值取向对学员自身的成长、对军队的发展都非常不利。

四是网络印记明显，追求时尚新潮。互联网时代，人们可以随时随地足不出户地与外界交流，这些丰富的网络资源能够丰富军校思政课话语内容，但网络中的不良信息、腐朽思想也对学员产生了不容小觑的负面影响。这就意味着军校思政课话语体系的作用场域必须不断扩大，不仅要牢牢占领课堂主阵地，还要抢占网络战场。当代军校学员被称为"网生一代""拇指一族"，网络已经成为他们生活的一部分，网络为军校学员提供海量信息的同时，也弱化了他们对信息价值判断的能力。学员暴露在各种网络信息的直接辐射下，容易被各种未经过滤和选择的错误思想、消极观点侵蚀和影响。与此同时，信息的高度图像化造成形象思维与逻辑思维的直接关联，缺少人的主观意识构建，潜移默化中容易使学员形成放弃思考和追问本质的思维方式，在接受信息时放弃主动，陷于被动接受的囹圄。

二、新时代军队院校思想政治理论课话语体系建设存在的主要问题

面对新时代的机遇和挑战，军校思政课根据国内外环境和现实条件的变化积极进行变革，话语体系结构不断调整、话语体例有所创新、话语内容吐故纳新、话语方式日益丰富。但我们也应清楚地看到，军校思政课话语体系建设呈现出许多具有时代特征的新问题、新情况。处于变革发展之中的军校思政课话语体系建设应把准时代脉搏，找准当前存在的问题，认真研究话语发展规律，积极构建科学高效的军校思政课话语体系。

（一）话语主体主导权弱化

军校思政课话语体系作为一种独特的话语体系，除了发挥信息传递的桥梁作用之外，更重要的是对话语受众的价值导向作用。军校思政课话语体系的主导权直接关系着军人核心价值观的塑造，关系到党对军队的绝对领导。军校思政课话语主体是教育的组织实施者、话语意义的生成者、话语体系建构的主要推动者，主导着军校思政课的发展方向、价值判断等。当前西方"话语霸权"的渗透、多元思潮的影响、功利思想的侵蚀、价值诉求的多变、新媒体技术的发展等都在不同程度地分散和消解着思政课话语主体的主导权，话语主体的主导性、权威性呈现出了弱化和缺失的问题。

一是组织领导和引领作用发挥不够，话语整合力不足。权力是产生影响力的基础，在以教育性、政治性的教学活动为核心的思政课领域也是如此。话语主体作用能否发挥应有的作用，是决定军校思政课话语体系构建和运用成功与否的重要前提。军校思政课话语主体具有多元性，是军队主体、军种主体和校级主体的统一，也是群体和个体的统一。各类主体在军校思政课话语体系建构中承担着不同的任务，发挥着不同的作用。新时代，要增强军校思政课话语权，就必须要增强话语的整合力，从不同角度全面布局，生成多层次、立体式、开放性的强大合力。但是，在实践层面上，各级话语主体、话语内容和话语方式的整合度、协调度还有待提高，尤其在发挥话语主体组织领导作用、形成话语合力上还有差距。在工作落实中，院校各级党委对思政课重视程度高，但在具体执行环节仅当"传话筒"的问题仍不同程度存在，特别是各级基层组织等靠观念较为严重，创造性地落实工作的积极性不高；在组织指导方面，存在着对大型教育指导多、对经常性教育指导少，对教育"统"的多、分类指导少，提具体要求多、服务帮助少的问题；在保障机制方面，对硬件建设投入多，对思政课教员的理论传播能力、话语控制能力、实践探索能力和理论创新能力投入少；在评价机制方面，没有把话语体系的运用和创新纳入质效评价体系，通过全面质效评价体系促进新时代军校思政课话语体系建构做得不够。

二是各要素间协同不足，话语体系化作用发挥不够。军校思政课话语体系是一个系统工程，需要多主体共同参与、多要素相互渗透、多学科交叉融合。当前军校思政课话语体系构建还不同程度地存在着协同意识不强、协同范围不广、协同程度不深的问题。军校思政课话语体系构建离不开上级机关、校部领导、机关处办、各部系、学员队的支持和配合，不同部门、不同人员在各自职责范围内都承担着相应的职责，但当前各部门各自为政、低效运行的情况还一定程度上存在，没有根据形势需要形成联动机制和齐抓共管的局面。以"课程思政"大背景下课堂教学为例，思政课与其他专业课程可以看作是思想政治教育的显性课程与隐性融入，军校所构建的"课程思政"与"思政课程"的教育基本格局还处于起步发展阶段，"课程思政"理念大于实践，完整的顶层设计引导还不够，缺乏自上而下的设计和自下而上的反馈。各学科以专业视角设计课程体系时，偏重对本专业相关课程体系的构建，缺乏对专业课和思政课协同育人统一课程体系的构建，在实际教学中存在着课程思政与思政课程脱离的问题，忽略专业课程话语、相关学科话语与思政课话语之间的关系，导致课程缺少对思想政治教育内容的深度开发，没有形成相互支撑的课程体系，专业课程话语体系与思政课话语体系难以直接呼应，没有实现两者的有效协同。各类课程之间还存在着一定话语摩擦，由于学科性质不同，专业课程话语体系与思政课话语体系属性相斥，比如，思政课话语体系中的政治引导、价值塑造、行为规范指令性、政治性较强，但专业课程话语体系往往倾向逻辑推导、科学实验。同时，军校的特殊性要求客观上造成了与社会其他层面接触较少，也不利于军校思政课话语体系建构过程中对社会正向资源的吸纳和利用。

三是对重大理论问题和社会热点问题阐释引导不力，话语反应相对滞后。每个时代都有每个时代的争议和问题，这是社会历史发展不可回避的问题，如果对这些问题和争议不能有效地回应，就会导致话语权的丧失。意识形态领域的交锋不同于经济领域、物质领域的交锋，是思想、立场、观点的交锋，是没有硝烟的战场。很长时间以来，以美国等为首的西方国家通过不断地设置一个又一个议题主导着意识形态领域价值交锋的关注点，垄断着议题"制造权"，从而实现自身的政治经济目的。议题设置的主要功能更在于引导受众的注意与思考，以此来影响舆论和公众的判断。我们在这一方面的研究和运用还不够成熟，设置议题的意识还不强，议题设置滞后的情况时有发生，有时会处于被动的局面，特别是在思政课话语体系中更是缺少对议题的精心设置。如何通过议题设置突出军校思政课话语体系的话语热点、对重大理论和现实问题做出及时回应，如何设置议题、回应关切、引导舆论、解疑释惑，是体现话语主体引导力的重要因素。当前，国内外舆论环境复杂多变，军校思政课应当通过主动设置议题，向错误舆论、错误观点发声，发挥好心理学中的"首因效用"，在信息的初始和萌芽阶段就进行议题的选择和推动，从而运用传播学方法增强军校思政课话语体系的引领力，主导意识形态领域的价值交锋、主导多元文化的有机融合。同时，军校思政课话语体系还存在着建设滞后于语境变化的问题。比如，在话语内容上，更新速度也是滞后于时代的发展，说的还是"过时话""老套话"，缺乏新概念、新范畴、新表述；在话语表达上，还存在自说自话、生硬灌输、"目中无人"的情况，这些都没有满足当代社会的话语表达诉求与理论创新发展的条件。

（二）话语受众差异性显著

随着社会转型，军校学员的结构和特点发生了较大变化，独生子女占比高、价值取向多元、民主意识强、吃苦精神差、自控能力欠缺。再加上学员生理和心理尚未完全成熟，对自我的认知还不完善，容易影响到他们的价值选择、价值判断。军校思政课话语体系通过对学员进行意义表达、沟通交流、价值塑造、目标培养等活动，使学员坚定理想信念，树立正确的"三观"，进而实现学员的全面发展。从表面上看，军校学员作为被教育和管理对象，在教育中处于被动地位，但在教学实践中他们对思政课话语体系所表现出来的接受、否定、无所谓和拒绝等不同的态度，以及他们自身的认知能力、接受能力、价值取向等都直接影响着思政课的教学效果。

一是认知能力不强、信息鉴别力弱，易受错误思潮影响。在新媒体时代，学员认知能力水平直接影响着军校思政课的功能发挥，也是使军校思政课话语体系面临挑战的重要原因之一。当前，不同的思想观念、不同的意识形态都汇集在虚拟的网络空间当中，西方一些别有用心的国家，趁机利用网络文化产品进行多元文化的输出和潜在的意识形态渗透；娱乐化、大众化、碎片化的网络话语，也在每时每刻地充斥着学员们的日常生活。这些不仅极大地分散和消解了主流意识形态的引导力，同时也导致主流话语权威失信。学员尚处在思想道德观念建设和形成的重要阶段，对多元意识形态的鉴别能力相对欠缺，自我认知、自我管理、自我控制、自我教育能力不强。在面对鱼龙混杂的网络信息时，学员会更加倾向于根据自己的个人偏好与判断能力自主选择，有时也会盲目从众，受到各种错误和不良信息的诱导，有的甚至会对于主流话语的权威性产生怀疑，出现抵制甚至否定情绪，导致主流意识形态话语的权力和功能被逐渐削弱。军校学员还处于青春期，容易被网络上的鲜活话语和繁杂内容所吸引，对比之下就会对现有相对严肃制式的思政课话语不感兴趣。同时网络环境的开放化、多元化，网络语言的即时性、丰富性，网络传播的无屏障性、交互性，使得各种观点和思想的传播无法控制，在增加学员对信息的选择权的同时，也削弱了话语主体对话语的调控力。还有部分学员对思政课话语体系的认识本身就存在偏差，对话语内容存疑、对话语方式抗拒，加之自身知识储备不足、认知方式、认知能力有限，使学员在面对多样性信息和多元化思想文化时，往往会做出不正确的判断，造成思想上的混乱，影响了正确观点、思想认识的传导和形成。

二是接受心理复杂多变、个性化需求鲜明，致使话语效果不佳。军校学员的接受心理影响话语传播的效果。这种接受心理包括能力、动机、需要、兴趣等多方面，相互之间有着密切的联系。现代心理学研究表明，任何事物当它符合人的心理需要时，我们就会产生积极的、肯定的内心体验，对该事物持接受的态度；反之，就容易对该事物产生消极的、否定的内心体验，持拒绝排斥的态度。军校学员思维活跃，乐于接受新鲜事物，追求个性化的自我发展，善于自我表达，不喜欢接受严肃、固定甚至带有强制性的思政课话语，学员自身的话语体系也带有鲜明的主体意识与个性色彩。这对军校思政课话语体系的建设提出了个性化要求，但很显然课堂难以满足所有学员的需求，从而也就增加了教学难度。这些都从不同方面表现出学员接受心理的复杂性，同时学员的兴趣爱好、个人动机、能力素质等也呈现出多变性、不平衡性的发展态势。不仅处于同一语境之中的学员接受心理是千差万别的，即便是同一话语对象在不同的时间和空间中，其接受心理也具有非常大的差异性。军校思政课话语体系对学员的影响是一种潜移默化的发展过程，不同的成长环境、不同的知识结构、不同的思维方式、不同的心理特征，会带来截然不同的话语效果。而学员接受心理的这种复杂性和多变性，使得很难准确把握其真实的接受心理状况，导致部分思政课教员不注重思考和探究话语到底能不能使学员理解，以及他们是否有兴趣、有共鸣，思政课话语体系所应具备和发挥的效果和价值也就难以实现。

三是话语素养欠缺、创造性缺失，媒介功能发挥不畅。话语素养最主要的两个方面是认知能力和表达能力，认知能力体现学员能否对话语信息、方式及价值内容进行正确的判断和选择；而表达能力则体现了学员能否以正确的方式进行对话，进行清晰、完整、合理的自我表达。新媒体时代，传统思政课话语体系中话语受众的被动地位已经改变，特别是网络环境中，信息源头拓宽，海量信息涌入，学员拥有了比以往任何时代都更多的话语参与权、信息选择权、信息反馈权。他们不仅是信息接收者，也成了纷繁复杂信息的发现者和评价者。从客观上看，学员的话语素养、媒介素养与时代所赋予其的权利之间还存在着一定的差距。很多学员使用网络是出于释放压力、情感交流、发泄情绪等目的，有调查显示半数以上的学员从不参与话题的互动，主动性、创造性缺失。更严重的是，网络空间的虚拟性、无序性，可能会导致责任意识淡薄和社会行为失范，恶搞图片、散布虚假信息及网上言语攻击等问题时有发生，这些矛盾可能会导致话语秩序出现无序和混乱，媒介应有的正向功能不能有效发挥。

四是内在动力不足、参与互动积极性不高，教育实效难以发挥。军校学员充满活力、个性张扬、善于探索，理论上讲，只要赋予他们话语权，不仅能够极大地活跃紧张严肃的教育氛围，还能够达到相互启发、教学相长、增强教育实效的目的。但实际却与预期有很大差距，从被动的"接收者"转变为言说者，并不是每位学员都因此表现出积极欢迎的态度，有些学员还是一如既往的淡漠。究其原因，核心在于他们认为思政课是外在的强制输入，自己是被生拉硬拽进入这种教育关系的，所以不愿意过多地投入时间和精力，难免出现"身在曹营心在汉"的情况和"拥有话语权却不愿意使用话语权"的问题。还有部分学员学习的目标就是通过考试拿到学分，各种教学设计、教学互动在学员看来反而成了累赘，无论是课前准备还是课堂讨论，在其看来倒不如"满堂灌"轻松自在。这种状况的出现有功利性学习态度和懒惰思想的问题，但与对学员思想掌握不清、课堂设计不够、新媒体运用不灵活、教学吸引力感召力不足也有很大关系，这些都导致话语体系的作用难以发挥，教育难以取得实效。

（三）话语内容阐释力不足

军校思政课话语内容是党的创新理论体系和知识体系的具体表达形式，承载着特定的政治意识、思想内容和价值观念。话语内容具有时代性、规律性和创造性等特点，要随着马克思主义科学理论的创新发展而不断丰富话语内涵，通过合理的表达方式被学员更好地认可和接受，最终发挥更好的目标效益。因此，话语内容的阐释力一定程度上决定着思政课话语体系的成效，是话语体系建设的关键环节。但在现实应用和发展过程中，话语内容阐释与军校思政课话语体系建设目标仍存在一定的差距，制约了军校思政课话语体系话语目标的实现。

1.话语内容吸引力、亲和力不强，激活学员学习潜力、内在需求还有较大空间

对话语内容生动表述和转换阐释及对话语内容时代性要求的把握，是军校思政课话语体系建设的重要问题，目前尚未有效破解这一难题。

一是部分话语内容过于严肃。军校思政课具有鲜明的政治性、党性、原则性、规范性等特点，相比较其他课程而言，对观点的判断、表述和解读的提法要求很高，必须具有足够的权威性，并且要与党中央、中央军委和习主席重要指示精神保持高度一致。为此，军校思政课教材均由党中央和中央军委组织专家统一编写，并经专门机构审核批准，以保证对党、国家和军队的意识形态内容进行准确的宣传和贯彻，话语内容体现了很高的严肃性和规范性。但在具体思政课话语阐释和表达过程中，部分话语内容也存在"泛意识形态化"倾向，将政治话语贯穿始终，直接套用中央文件中的话语内容，还有的照搬法律、法规或制度条文等，未经很好地转换和阐释，表述生硬，使得话语内容缺乏生动性、实践性和可理解性，不能很好地契合学员的需求，不利于激发学习兴趣。

二是部分话语内容转换视角狭窄。军校思政课承担着为军育才的重要使命，具有丰富的理论和实践内涵，与军事学、文化学、社会学等各学科之间存在密切的联系。在教材话语向教学话语转化过程中，部分思政课教员容易忽视教材文本内容与外部历史、文化、战场现实之间存在的关联，忽视隐藏在教材文本背后的文化内涵、军事语境，忽视思政课与基础课、专业课之间的内在联系，未能将教材体系准确转化为教学体系。同时随着党的创新理论发展，军校思政课话语内容不断地更新和丰富，由于教学课时有限，部分话语内容盲目追求新颖，部分原有内容便只进行简略式解读和概括，忽视了新旧内容之间的内在逻辑和继承发展，造成解读视角狭窄，不利于学员对话语内容的掌握和吸收，不利于学员内化、融入已有的知识架构。

三是部分话语内容时代性不强。时代是思想之母，军校思政课话语体

系具有鲜明的时代性，话语内容应当快速汇聚时代发展过程中党的理论和实践创新的最新成果，有效地反映社会现实的变化特点和热点问题，这些也应是军校思政课话语内容的重要来源。但是，当前部分思政课话语内容却滞后于快速发展的社会现实，更新优化话语体系的时效性不强，尤其表现在对军校思政课教材的修订和发行上，因编修、印刷、审批和时间限制无法做到及时更新，不能将最新内容呈现给学员的问题明显，往往学员拿到手上的新修订教材已然变成了旧读，不利于他们对最新科学理论的学习吸收。新媒体时代，话语内容呈现出符号化、图像化的特点。目前而言，军校思政课话语更多的是文本话语，体现时代特征高质量音频、视频、图片、4D 等多媒体形式的话语尚未有效开发出来，话语内容不能有效反映新媒体时代的特点。

2. 话语内容题材单一，丰富性、多样性、专题化还有较大提升空间

军校思政课话语体系是一个综合整体，表现在表达形式多样、载体和话语内容丰富上。思政课教学不应仅仅局限在教室内学习，而应注重在话语内容上开发各类教育资源，强化大众化话语表述，开展专题融合，但是当前军校思政课话语内容在这几个方面还不同程度存在"少、缺、弱"的问题。

一是话语内容资源开发少。目前，军校思政课教学除了进行课程教学外，愈发注重对辅助教学场馆资源的拓展延伸，但是由于地区差异、时间限制和制度要求等，对红色文化资源、理想信念教育基地的开发利用不足，没有很好地区分和开发利用军队内部资源、地方党政机关管理的地方红色资源和地方企事业单位的文化资源等，存在重视程度不够、沟通协调不主动、应用效果不佳的问题。比如，对军队内部资源中的荣誉室、军史馆、文化碑廊所呈现的话语内容凝练总结不够、学习研究不够；对地方党政机关管理的红色资源蕴含的话语内容筛选不够、与课堂教育结合不深；对企事业单位的文化资源借鉴不深；等等，这些都需要下大力气深化解决，更好地强化话语内容的"实践语言"。

二是话语内容大众话语欠缺。所谓大众话语，是指从军校学员实践生活中提炼借鉴形成的、易于被军校学员接受的话语，具有大众性和通俗性的特点。这类话语贴近军校学员，能帮助提升军校思政课的实践效果，是推动思政课话语体系大众化的关键因素。军校思政课话语体系政治性强、准确度要求高，所以话语内容中政治性话语和学术性话语占比较高，但是如果单纯地只有这两种话语会拉大和学员的距离，影响教育活动的质效，也不利于增强学员的情感和价值认同。因此，需要从生动的社会实践、军事实践中提炼丰富的大众话语，以提升军校思政课话语体系的大众性。军校思政课话语内容还存在不能有效吸纳当代大众话语的问题。比如，"蓝瘦香菇"被简略表达为伤心难过的状态，"点赞"简易地表示赞同和支持等，而军校思政课话语体系对这些话语内容吸收不充分，缺乏必要的人本性和多样化。

三是话语内容专题整合弱。军校思政课话语内容涉及知识面广，为更好将教材体系转化为教学体系，在教学大纲的倡导下，军队多所院校开展了专题化教学，将教学内容从章节式转向专题式。但是军校教员在对思政课教材和上级下发的教学大纲进行整合加工和提炼总结过程中，还存在专题设置不合理，偏离统编教材和教学大纲要求、专题间逻辑性欠缺、分散和课程间教学内容重复等问题，这些问题也同样表现在了话语体系构建中。

3.话语内容转换不力，生活化、准确性、严密性还有较大提升空间

军校思政课话语体系需要适应时代发展和社会进步，按照党的要求切实答解现实生活中遇到的各种问题，帮助学员解决头脑中存在的各种困惑，才能增强说服力、感染力。因此，要将思政课文本话语和学术话语转换为生活话语、实践话语，加深学员对教育内容的学习理解，实现思政课话语与学员话语的沟通顺畅。然而，在军校思政课话语内容转换中，部分教员还存在转换能力有限、转换方法有误和转换程序不严等问题。

一是部分教员转换能力有限。思政课话语内容需要随着实践发展不断更新，部分教员思想观念陈旧，不注重随着时代和实践发展不断更新话语

内容，不擅长紧跟时代步伐运用新技术新思想及时解读话语内容，甚至还有部分教员授课内容长时间不调整更新，不想进行话语内容的转换，比如，一个案例几年了还在用于解释同一个理论；也有的教员忽视学员理解能力，不注重话语表达的通俗性，采用政治话语和学术话语代替教学话语，不愿意也没能力把思政课话语转化为学员喜闻乐见的大众话语、网络话语和生活话语，造成话语内容转换与时代、生活和学员脱节。

二是部分教员转换方法有误。在军校思政课教学中话语转换是有一定的规律性和原则性的，需要教员充分把握和运用。一些教员特别是年轻教员，虽然能够做到经常性地话语转换，但是存在方法错误，不坚持原则，过于追求新奇和吸引眼球，话语转换有"泛娱乐化"倾向，甚至还存在着用西方话语言说中国的现象，这种错误的转换背离了思政课教育教学的本质。部分教员以自身的理解进行不同程度的话语转换，有的是"空转"，有的是"盲转"甚至于"错转"，这种话语转换的无序性导致思政课教学话语异常，影响理论的权威性、准确性和可信度。

三是部分教员转换程序不严。转换话语是将马克思主义理论和党的创新理论大众化的重要途径。在转换过程中要顺应新时代思政课教学发展要求，在遵循其程序性和规律性的基础上进行转换和创新。按照"分析军校学员话语实际特点—研究构建平等的话语场域—打造亲和话语情境"的程序进行话语转换。实际中部分教员对程序把握不严，在没有研究学员特点，没有创设合适的话语场域的前提下进行生硬的话语转换，影响了话语内容的表达和话语目标的实现。

（四）话语表达吸引力欠缺

军校思政课话语体系吸引力和感染力的不断增强，离不开形式多样、富有亲和力的话语表达。再伟大的理论、再厚重的思想，如果表现形式单一陈旧，很难有效实现与学员的共鸣、得不到学员的理解和认同，也会落得无人问津的下场，不可能达到深入人心的程度。但囿于军队特殊性和军校教学的特殊性，开展教育教学形式比较单调，方式陈旧、手段滞后等问题仍然存在，具体表现在话语表达方式有困境、载体运用不充分、传播方式不灵活等方面，导致话语表达吸引力不足。

1. 话语表达方式有偏颇

当前，在军校思政课话语表达过程中，一些教学内容沦为政治的注脚，说正确的废话乐此不疲，片面强调政治性，只讲有多大意义、多么重要，说得头头是道却根本不管学员信不信，不去结合学员遇到的现实问题进行合理的表达，不考虑学员实际自说自话。在话语表达过程中理论灌输占比高、政治性话语表达亲和性差、互动性差等问题仍然存在，导致军校思政课话语体系在具体教学实践中并没有很好地达到预期效果。

一是理论灌输占比过高。在军校思政课教学过程中，理论教学内容过多，尽管灌输是宣传和贯彻马克思主义理论的一个科学方法，也是学员政治合格和战斗力提高的重要保证。但是灌输性表达方式占比过高，容易造成学员对内容理解困难，容易使本身具有理论魅力和丰富实践性的科学内容变得枯燥乏味，不能有效激活学员的学习兴趣，不能有效地融入学员知识结构体系，反而导致学员采取死记硬背的方法硬性记住某些知识点，进行简单重复学习，最终影响教学效果。

二是话语表达亲和性差。军校思政课话语表达用以传播党、国家和军队的政策方针，必须坚持正确的政治方向、坚定正确的政治立场、体现正确的政治主张。与此同时，也要充分考虑思政课教学是培养和教育人的过程。一定意义上说，思政课话语表达是教员为学员提供蕴含世界观、人生观、价值观的知识产品和服务的过程，需要更多站在学员的角度，看看学员需要什么、期望什么，捕捉其关注点、兴奋点，尽力消除学员在思政课学习中表现出的冷漠、轻视甚至抵触等情绪。然而，军校思政课在具体话语表达过程中，虽然体现了足够的严谨规范，却没有足够的生活话语和实践话语，对学员而言过于严肃，让学员有疏离感，会让学员感觉"空泛"而缺乏认同。

三是话语表达互动性差。军校学员服从意识强，课堂学习纪律较好，愿意主动听从教员教诲。然而，在长期的单向灌输话语表达影响下，学员主动表达的意愿往往并不是特别强烈，再加上部分教员在话语方式运用不当，比如满堂灌地用政治话语进行理论灌输，没有充分尊重学员的表达意愿，不给学员机会去表达自己的思想和观点，会使得学员产生思想游离，还会产生互动性差的恶性循环，学员课堂表现不热烈、回应也不积极，降低教学效果。话语互动正是扭转思政课教学中被动学习的利器，应当采取双向交流，激发学员的主动性，让学员参与到教学过程中。

2. 话语载体运用不充分

信息技术特别是新媒体技术的飞速发展，可选择的话语载体越来越丰富。网络、新媒体等信息传播的媒介手段，对军校思政课话语体系载体运用产生着重大而深远的影响。军校学员也是看着电子设备屏幕，随着网络媒介成长的一代，他们对先进技术热衷、对网络信息敏感，获取知识的学习能力较强，需要充分运用现代媒介技术激发学员学习热情。思政课话语体系必须根据现代信息技术的特点，不断丰富和发展话语载体。目前，虽然军校思政课话语表达改变了"一本教材，一块黑板，几页PPT"的传统教学模式，但在载体运用方面还存在许多不足。

一是新兴媒体运用不充分。有的教员习惯于采用老方式老方法，多媒体设备主要是用于播放PPT，新兴媒体还没有真正走进军校思政课教学课堂。虽然有的军校也运用"互联网+"等新技术新手段发展了网络思政，但是往往是流于形式搞面子工程、缺乏管理，没有真正用于思政课教学，没有发挥网络技术在思政课教学中的辅助作用。有调查表明，98.79%的军校思政课教学中，运用多媒体技术进行了形象化教学，但是充分运用现代信息技术特别是新媒体技术的单位不足47.32%。

二是实践教学载体运用不充分。军校思政课教育教学强调理论与实践的充分结合，注重实践教学和实践活动载体的科学运用。但在具体思政课话语表达过程中，实践教学环节没有真正实现往实里走、往深里走，往往满足于参观了某个革命实践基地、浏览了某个高新技术企业等具体形式，没有真正让学员在参观教学中实现认识的升华，也没有让学员真正有所感悟和触动。有的军校鼓励学员到部队实践、积极参加社会实践活动，但是很多只满足于把学员带到实践活动场所，缺乏有效的组织管理，没有让学员真正参与到实践互动过程中。

三是新兴媒体与传统教学手段尚未有效形成整体合力。新兴媒体和传统教学手段各自有其不同的优势，将两者有机结合形成合力将有助于提高军校思政课话语体系运用效果。但就当前而言，新兴媒体与传统教学手段的结合还处于探索阶段，不善于运用新媒体技术手段丰富教学方式，还不能适应伴随新媒体成长起来的新一代学员的接受习惯。深层次的有机结合也没有具体实现，新兴媒体与传统教学手段的优势互补运用模式还没有真正构建起来，传统教学手段的优势与现代新媒体技术如何深入融合依然是需要深入研究的具体现实问题。

3. 话语传播方式不灵活

习近平总书记强调，要将思想政治工作贯穿于教育教学全过程，要"重视思政课的实践性，把思政小课堂同社会大课堂结合起来"[①]。其主旨是充分运用教育和传播原理和方法，把马克思主义的思想、观点、理念、学说等进行科学化处理与凝练，通过语言表达、文字表述和符号载体等多种方式方法将马克思主义理论不断深入学员生活、不断进行具体化，这就需要破除封闭僵化，构建开放包容的军校思政课话语体系。

一是没有实现随机教育与课堂集中教育有机结合。在军校思政课话语体系传播过程中，教员作为马克思主义思想的播种机和宣传员，必须掌握话语权、增强话语传播的主动性，而不是局限于课堂教学；要敢于主动亮出自己在哪里，教育、引导和宣传就在哪里；敢于面对学员，学员在哪里，教育和传播的触角就要伸向哪里；敢于走近学员，只有走进学员生活、训

---

① 习近平：《思政课是落实立德树人根本任务的关键课程》，人民出版社2020年版，第24页。

练中，理论才能走进学员心里。目前，思政课话语传播更多局限于课堂教学，深入学员、贴近学员实际生活的随机话语传播还没有完全实现，没有使课堂教学和随机教育同心同向多角度全方位培育学员价值观。

二是没有将课堂教学与学员军事训练、日常生活相结合。军校思政课话语传播一方面要注重排解学员在日常军事训练中出现的思想包袱和心理障碍，为学员的军事训练提供强大的动力之源；另一方面还要注意吸收学员日常军事训练的成果，打造学员身边的思政课堂，提高思政课话语传播的实际效果。目前，军校思政课话语传播与学员实际训练和生活还存在"两张皮"现象，没有充分融合，未能有效地在学员具体军事生活实践中充分、灵活、开放地开展教育。

三是没有很好地将线上教学与线下教学相结合。政治工作过不了网络关，就过不了时代关。军校思政课话语传播在遵守军队保密工作要求的前提下，在课堂教学管理、具体实施过程中依托互联网平台加强课程督导、学习进度跟踪、学习效果检验等方面还没有达到信息化时代的具体要求；在推动信息化教学上，虽然目前打造了"军队院校政治理论课教学资源平台""思政云课堂"，录制了思政课精品课程视频，但是线上线下教学尚未有效贯通、教学衔接尚未有效建立，线上教学和线下教学还各说各话，远没有实现两种教学方式之间的乘法效应。

（五）话语语境功能性乏力

众所周知，任何话语体系都离不开语境，其生成、交往、传播都依赖于特定的语境。新时代军校思政课话语体系语境正是以这种客观、现实的存在状态贯穿话语体系运行、传播的全过程，以不同的层次结构，诸如外部语境与内部语境、大语境与小语境；不同的类型模式，诸如社会语境与军事语境、直接影响型语境与间接影响型语境等，作用于具体的话语实践和各个环节中，并产生整体性、规律性的影响。面对当前复杂严峻的现实环境，新时代军校思政课话语体系的话语语境陷于进退维谷之间。

首先，新时代军校思政课话语内语境与外语境的割裂。实际上，在整个话语体系的构成要素中，语境是与外部世界联系最紧密、最难以切割的部分。语境是由一系列具有结构性和层次性要素组成的一个独立系统，体现为内在核心制约因素形成的内语境和外部社会环境构建的外语境的综合，两者互相制约、彼此呼应才能建构起一个话语体系，才能获得话语受众的认可与接受，话语才能获得发展的动力和源泉。具体来说，军校思政课话语语境既包含外部世界、社会环境的外部语境，也包含话语体系内部语境，如内在逻辑、军事语境，等等。也就是说，军校思政课话语语境既是外部世界的反映，也是军校思政课话语的组成，是为实现军校思政课的使命任务而服务的。在改革开放之前，军校思政课的外部环境比较单一，政治话语、文件话语成为当时军校思政课话语的主要形式，形成了严肃、规范的政治性语境。但是，随着改革开放的逐步深入，中国特色社会主义建设进入到新时代这一前所未有的阶段，无论是外部现实环境的复杂多样，还是军队思想政治教育工作的开创与改革，都极大地影响了军校思政课话语语境的现有状态。

如今，人们关注的焦点、讨论的议题，一直在不断地变化，尽管全媒体时代下不乏议题设置，但是仍旧没有任何力量可以让人持续关注和聚焦一个现象、一个话题。而当一种现象得到人们的垂青和关注，就会产生一种新的话语，替代旧的话语，使其成为背景。不断发展、变化成为社会生活的常态，多元化、流变化、弥散化也成为常态。思政课话语体系的功能与目标要求，使其不能忽略话语内容、不能简单地迎合各种话语，当外部变化出现了僭越思政课话语主导权威的状况，或者思政课话语难以解释外部环境变化时，军校思政课话语的语境就会与外部环境产生割裂，形成界限，并且这种非同步性会随着变化越来越明显，进而导致军校思政课在开展教学实践、进行理论说理时，难以从外部现实中获得学员的情感共鸣和心理认同，不由得使话语飘在空中、难以落地。比如，"躺平""割韭菜""小确幸"是当前流行的社会话语，体现了人们面对沉重社会压力的反应，与军校思政课立德树人目标并不相同，具有一定消极意味。但是从某些个别社会现实层面、个人价值选择层面，这些价值取向却并非有误，可以被看作是遭遇挫折失败的自嘲、追求平淡生活的价值理念等。这与军校思政课话语语境所指向的振奋精神、奋斗不息、高尚远大的价值目标和道德追求，正确看待国家利益、集体利益和个人利益的关系相悖而驰。当前，军校思政课话语语境与外部环境类似的界限和割裂还有很多，值得我们关注。

其次，新时代军校思政课话语语境塑造能力亟待提升。语境，是指话语环境而非语言环境，其中蕴含两层含义：一是指语境是话语场域中的规约，能够规定话语的内涵、指称话语的意义、影响话语的传播，具有无形规范、约定俗成的作用。因此，不同语境生成不同意义的话语，语境的转换将导致话语意义的重构；二是指语境是话语的前提条件，需要掌握语境才能够认识话语，语境是先验的客观存在，是理解话语中各种概念、范畴、逻辑的背景和基础。当然，语境更是话语交往的基础，这是指话语双方必须在同样的语境中才能够真正理解彼此。由此可见，语境具有内在自生的塑造能力，天然地构造了话语体系生成的背景和内在逻辑，某种程度上可以说是从根本上影响话语体系的构建和运用。

当前，我国思想政治教育的环境并不乐观，尽管军校相较其他院校和机构更为封闭，但是仍旧遭受到了不少冲击，比如，互联网信息技术快速发展，早已渗透到了军校学员学习、生活和工作的方方面面；全球化进程不断加速，外来的思潮、文化浸染了学员的思想与认识。军校思政课不可能封闭在巍巍象牙塔之中，军校思政课的目标任务也要求军校思政课不能仅囿于院墙里、书本上，因此，无论主动还是被动，新时代军校思政课话语体系早已延伸出传统课堂之外。原本传统的军校思政课话语语境能够自然生成传统、严肃、规范的思政课话语体系，诸如侧重于经典原著的理论话语、"红且专"的话语风格、突出的军事特色。新时代军校思政课话语语境则不可同日而语，在遭到外部环境的冲击、在互斥互融的过程中，要塑造符合复杂多元环境的军校思政课话语体系。比如，互联网空间是新时代军校思政课发展的新增长点，不难想象，互联网空间的思潮文化多元复杂、良莠不齐，与严肃性、政治性较强的思政课话语语境不可能完美融合，必然会产生冲突交锋，必然会影响军校思政课话语语境对话语传播、话语效果的规范作用。新时代军校思政课话语语境要尽快融合网络话语语境，保证在互联网技术条件下军校思政课话语的有效传播；同时增强塑造力，保证军校思政课话语体系的政治性、稳定性和军事性，最终确保思政课教学目标的实现。

最后，新时代军校思政课话语语境整体性功能发挥不足。如上述，话语语境是内外部语境的综合，具体包括存在于军校思政课话语体系内部语境的话语主体、话语受众、话语时空、话语媒介，以及自然、经济、政治和文化等外部语境因素。不同的语境因素和结构对话语体系起着不同的作用，但是语境的功能主要呈现为一种整体性，如果只重视一种语境、忽略其他语境则无法发挥出语境的作用。

在革命战争时期、计划经济年代，传统军校思政课话语体系的语境中，思政课教员是作为话语主体，承担了话语转化、话语传播等任务，创立了以教员为核心权威的话语语境，该语境同时不断增强教员这一话语主体的权威，其鲜明政治性、集中性与当时的社会发展相适应，与当时的外部社会环境步调一致，军校思政课话语体系因此呈现出较好的教学效果。进入新时代，军校思政课的外部语境已经发生巨大变化，随之带来的学员思想认识显著变化、教学方式手段革故鼎新、教学理念不断完善等对军校思政课话语体系的内部要素及相互关系提出新的要求。思政课要强调教员的主导地位与学员的主体地位，学员不只是被动接受的客体、对象，学员还有强大的积极性和主动性，教员应该根据学员的认知和接受特点，着力发挥学员的主体作用。就军校思政课话语语境来说，就是要发挥教员这一话语主体与学员这一话语受众的合力，不能偏倚偏废，教员和学员都是话语语境重要组成部分，是构建话语体系的重要力量。要强调显性教育与隐性教育相统一，军校思政课话语语境必须促使话语主体、话语媒介、话语表达、外部环境等要素的相互协调、同向发力。

总而言之，语境是构建新时代军校思政课话语体系的重要组成，只有克服新时代军校思政课话语语境面临的与外部环境割裂、话语塑造力削弱和整体功能发挥不足的困境，才能为新时代军校思政课话语体系构建提供科学、有效的语境支持。

三、新时代军队院校思想政治理论课话语体系建设存在问题的原因分析

新时代军校思政课话语体系建设的话语主体、话语客体、话语思维、话语方法、话语语境等面临一系列问题，遭遇一定的瓶颈。需要深入分析造成现实困境的根源，从源头上解决问题。通过综合分析和比较研究，导致当前军校思政课话语体系面临困境的主要原因有如下几个方面：

（一）传统思想政治理论课话语惯性思维根深蒂固

惯性思维是过去的经验和活动对当前活动造成一定的倾向性。如果环境和条件不发生变化，惯性思维有利于运用已有的方法迅速解决问题。但是，当问题情境在不同条件下发生变化时，会妨碍人们采用新的方法和模式解决现实问题。马克思曾经深刻地指出："思维本身的要素，思想的生命表现的要素，即语言。"话语体系同思想和思维联系紧密，话语是思想和思维的外在表现形式和工具。在一定意义上说，当前军校思政课话语体系所面临的困境折射的是思维之困、思想之困。

军校思政课话语受传统思政课思维定式的影响，过分强调政治性作用，这在一定程度上有利于巩固军队意识形态领域安全，有利于培养新时代政治合格的革命军官。但是如果思政课教员受限于政治性灌输这一思维模式，

一味地进行意识形态生硬话语的强制灌输，而不考虑思政课话语本身所蕴含的理论魅力、丰富的拓展性含义，不联系新时代国家建设和军队发展的实际和新时代学员鲜活的特征，不深入进行思考、也不进行新时代话语特征转译，片面地采取命令式、强制式的手段和方法，将政治话语、权力话语等传递给话语对象，必然会导致思政课话语输出过程过于程序化和模式化，必然会导致学员的现实需要和日常部队生活训练管理相背离，导致思政课话语缺乏感染力、亲和力，教员和学员难以产生思想认识上的共鸣，也必然使军校思政课话语体系陷于被动局面。

当前，军校思政课话语传播过程中，传统地认为话语主体和话语客体是对立的话语思维模式，还不能有效运用对立统一规律思维方式推动思政课话语体系发展。从传统文化维度考量，尊师重道是我国教育教学过程中的优良传统，这不同程度地导致思政课教员认为自己处在绝对的话语权威地位，再加上军队强调服从命令、听从指挥，也容易使学员习惯于必须绝对接受教员的话语表达。在这种思维模式影响下，思政课教员习惯性地以政治话语命令学员，对学员的现实需求考虑比较少。事实上，学员不完全处于被动接受地位，还存在教学互动、教学相长过程。受这种惯性思维的影响，学员不善于主动思考话语内容的理论魅力和现实价值，不敢提建设性意见建议，也容易导致学员自我思维固化，缺乏灵活运用话语内容的创新意识和能力。随着"00后"逐步成为军校学员的主体，其主体意识日益觉醒，但在惯性思维的影响下，学员很难在与话语权威地位的博弈中寻找到平衡点，其自主意识在一定程度上被压抑，从而也给军校思政课话语体系建设中主客体之间交往的平等性、话语对象自我表达的正当性造成一定的障碍。此外，从话语主体成长发展经历考量，军校教员的社会背景、生活环境、知识结构等与学员存在较大差异，而教员往往运用自身惯性思维模式进行话语传播，使得教员很难真正把握学员关注点、兴趣点，这也会催生话语体系建设一系列的问题和矛盾。

（二）思想政治理论课本质和价值落地见效研究滞后

军校思政课话语认同和接受程度低、实效性不高，部分学员更多地只是为了拿到思政课作为必修课的学分，思政课变成了为拿到毕业证学位证的价值性工具，思政课的本质价值尚未真正体现，很大一部分原因是话语体系对如何保证思政课本质和价值落地生根见效相关研究较为滞后。当前，虽然军校思政课牢牢把握住了"立德树人、铸魂育人"这一根本目标，坚决贯彻新时代军事教育方针、坚定办学育人正确政治方向，牢牢把握思政课是我军政治工作生命线在院校教学领域的具体实施这一本质特征，也能充分认识到思政课是巩固军队意识形态领域安全、确保枪杆子永远掌握在忠于党的可靠的人手中、确保党和军队事业后继有人的价值需要。但在深入推动立德树人、为战育人的思政课教育教学实践，培育"有灵魂、有本事、有血性、有品德"新时代革命军人，不断增强思政课思想性、理论性和亲和力、针对性的具体研究还需要进一步走深走实。

军校思政课作为传播主流意识形态、强化军校学员政治认同的主渠道，是把政治建军要求落实到办学治校各方面和全过程的重要途径。而片面强调其意识形态性，必然会导致运用政治命令、政治口号、政治话语替代思政课教育教学的具体实施，这就违背了马克思主义理论关于理论联系实际的客观发展规律，同时也会降低学员对思政课话语体系的认同感。事实上，军校思政课的影响力只有在学员切实认可和接受话语内容的前提下，才能转化为其主动参与到强军兴军实践过程中的现实力量。思政课话语传播实际上是教员的"教"与学员的"学"有机统一起来的整体教学，是教学双方相互认同的互动式教学过程。当前，思政课教学从传统的单向、单调的话语体系出发，难免会造成理论与实践"两张皮"，思政课的实践价值无法充分体现，同样学员的价值信仰需求也无法科学满足。军校思政课话语体系则需要充分关照学员的成长发展现实需求、加强学员的个性心理和行为研究，对思政课的意识形态属性和非意识形态属性辩证关系开展充分系统的研究，进一步明确意识形态与思政课话语内容载体、教学目的与教学手段、教学对象与教学内容等关系，探讨适合学员的思政课话语体系。客观地讲，上述这些方面虽然有部分理论研究，但切实能发挥实践性效果、效用的研究还没有形成体系。

与此同时，思政课本质和价值在于为培塑学员正确的政治观、价值观切实发挥实质性作用，如何让思政课出彩是重要一环。需要加强传播学、教育学、心理学等原理在思政课教学中的具体应用研究，实现在课中生志、课中有情、课中有趣，切实加强让学员爱上思政课，而不是简单研究如何提高到课率、抬头率，使思政课话语体系在话语传播过程中形成提高思政课实际价值效果的良性循环，不断焕发生机、增添势能。

（三）思想政治理论课教员话语素养参差不齐

思政课教员在话语传播中具有主体作用，是军校思政课话语体系中最为重要的话语主体，其能否对军校思政课话语内容进行有效传播，是十分关键的一环。随着时代的不断发展进步，思政课话语内容不断丰富、发展和完善，客观上要求话语主体能准确、彻底地对话语内容进行阐释和有效传播，对思政课教员思想认识水平、话语传播能力、实践经历等方面提出了新的更高要求。近年来，党和国家、军队都十分重视军校思政课教员队伍的建设和发展，其理论素养和能力水平都有较大的提升，涌现出一大批思政课教学能手和教学名师。但是，与党、国家、军队对思政课话语体系建设的要求相比，与学员的成长成才需求相比，思政课教员整体的理论水平和话语素养还有待于进一步提升，这也是目前阻碍军校思政课话语体系建设发展的重要原因之一。

当前，部分教员话语学习研究能力不足。教育者要先受教育。新时代思政课教员必须紧跟党的理论创新步伐，以走在前列的强烈使命感和责任感，高标准严要求认真抓好习近平新时代中国特色社会主义思想和习近平强军思想的学习研究。同时要紧密配合军队改革的伟大实践，结合新时代形势任务发展变化的实际，紧扣实战化训练和群众性练兵比武中突出的思政课课题，抓紧抓好思政课话语内容研究，持续不断动态更新话语内容，才能有效激发学员的政治热情。

（四）学员思想认知方式和水平与思想政治理论课话语差异显著

军校思政课话语体系效果的具体实现同样依赖于学员主观能动性的发挥，学员现有思想认识水平与思政课话语高度抽象化、鲜明政治性和思想性的话语之间存在着较大差异，这在一定程度上增加了思政课话语内化于心、外化于行的难度，同时也是思政课话语体系建设必然面临的难题之一。思政课话语属于上层建筑的社会意识形态话语，涵盖包括政治、经济、文化、法律、心理、哲学等多重话语，同时党的创新理论的呈现具有理论化、精简性特点，抽象理论水平高、逻辑论证严密、话语内容高度凝练。而军校学员思想认知倾向于通过主观感受和生活经验内化为已有的知识结构和逻辑体系，这种感性的、直观的认知方式难以理解高度概括化、抽象化的理论话语。相对于大多数学员已有的思想认知水平和感悟能力而言，思政课话语就像"阳春白雪"高深难懂。学员思想认知水平与思政课话语之间的过大差距，给思政课话语转化带来了一定的障碍。此外，不同学员之间思想认知水平的层次不尽相同，甚至出现了两极分化现象。在普适性话语传播模式下，同一话语对不同认知水平的学员而言，其理解和接受程度不尽相同，要满足不同层次学员的认知需求和认知特点就变得相对困难，这也是思政课话语体系建设必然面临的困境、需要破解的难题。

从认知学习方法上讲，很多学员习惯性采用一般性知识学习方法理解和认同思政课话语体系，这往往很难达到预期效果。一般性学科知识学习注重知识属性的理解和掌握，在学习目标和评价上主要考察理解和记忆的程度，从而形成对事物客观规律性的总体认识与判断。与一般知识性教育不同，军校思政课话语传播还是一种价值观引导，是站在确保党对军队绝对领导的战略高度，用党的创新理论成果武装学员头脑、铸牢学员听党指挥的政治信念，端正和引导学员正确价值追求、校正军旅生涯航向，帮助学员矢志精武强能、献身伟大强军实践，实现铸魂育人核心目标，进而自觉运用社会主义核心价值观指导和规范自身的言行。需要学员从价值观的视角和高度实现融会贯通、境界升华，单纯采用死记硬背的认知学习方法往往难以奏效。然而，学员在思政课程学习过程中往往采用一般性知识学习的方法，过多注重知识记忆，尤其受应试教育的影响，知识点背诵和记忆是多数学员认可的最佳学习方式，而忽视了价值体系理解与贯通的重要性。不可否认，军校学员的学习能力往往都较强，对党的许多创新理论都能烂熟于心，在知识性考试中也能获得较高的分数，但对思政课的学习还需要深入和内化为价值理念并转化为外在行为，形成良好品行。

（五）传统教学方法时代转换困难较多

军校思政课话语传播的过程是话语主体通过一定的教学媒介和教学方法对话语客体进行教育引导的过程。可见，教学方法是切实提高话语传播效果的重要手段。进入新时代，随着信息化高速发展，各种新媒体不断涌现，逐步进入思政课话语体系建设视野。教学媒介是影响军校思政课话语传播教学方法改革和创新的客观因素，是不以话语主体意志为转移的客观事实存在。这种客观存在对思政课话语体系建设而言，本身是一种技术和手段支持。教学媒介的选择会影响教员教学方法选择，同时也会影响铸魂育人的实际效果。客观要求思政课话语体系紧跟时代要求，通过现代信息化教学设备特性发展变化和教育教学规律有效结合，与时俱进地进行教学方法改革和创新。与此同时，新时代对思政课话语体系提出的要求是培育新时代革命军人，而当今学员在成长发展过程中接触更多的是新媒体新技术，很多学员知识在网上、朋友在微信上，其学习和沟通交流方式高度依赖现代化信息技术手段。这就同时要求教学方法能够紧贴学员、切合实际，充分运用多种教学方式和现代化手段，引导学员自主学习、探究学习和合作学习，更加注重学员学习体验和习得过程。

当前军校思政课的讲授主要采用传统的课堂讲授法。思政课话语传播的核心是引导学员形成主流意识形态和正确价值观，传统的、固有的教学方法在学员价值观培塑过程中有其不可替代的优势。然而，在全媒体信息化时代的今天，其在价值观的培塑过程中也有自身的局限性，如对学员学习体验和学习过程关注较少、难以满足新时代学员个性化要求。传统教学方法在新时代转换不及时，给军校思政课话语体系建设带来一定的困境。具体体现在以下几个方面：一是话语主体不能正确使用新媒介，限制了思政课话语传播方式方法改革和创新。部分教员缺乏足够的信息技术处理能力，只是简单地把信息技术作为辅助话语传播的演示工具，没有结合新媒体和数字化学习资源开展教学方法创新，其实质并没有脱离传统课堂讲授法，没有与学员形成信息技术手段运用的共鸣。在一定程度上变成了为炫耀技术而使用技术，未能实现培塑学员价值观的真实目的。二是资源整合利用加大了打造体系化话语传播多样化平台的难度。利用微博、微信等应用程序进行学习和社交成为越来越多学员的选择，这也为思政课话语传播提供了多样化平台。客观上，思政课话语体系同样需要利用各种社交媒体平台，采用"微课堂""MOOC"等教学方式实现多元化传播。但这要求充分整合运用网络资源、思政课教员、管理部门等有效资源，各种资源密切协同配合，有利于提升思政课话语体系的传播效果。三是新媒体手段运用更加关注学员的个性化体验、成长成才特点，需要实现教学方法体系化重塑。新媒体信息技术的发展，更加注重学习体验和过程式学习，这就要求思政课教学方法设计要按照专题式、活动型等学科课程思路，运用情境式教学、体验式教学、专题化教学、模块化教学，有时候甚至要能够走出教室、走向训练场、走向部队管理一线，开展社会和军事实践活动。在实际操作过程中，却发现由于组织管理实施难度大、教学手段与教学内容难以有效结合等多种多样的原因，限制了具体实施，一定程度上会造成思政课教学方法单一落后、缺乏创新，教学效果也会受到较大影响。

（六）话语阐释贴合学员实践和实际难度加大

军校思政课话语体系建设和发展必然要以军事实践为基础，必须紧密配合政治建军、改革强军伟大实践，结合形势任务变化和部队发展实际，阐释学员成长发展过程中的现实理论问题，为学员价值观形成和发展提供科学有效的话语指引。然而，思政课话语体系在实践过程中，理论与实践没有实现平衡发展，使得话语体系建设无所依附，而遭遇瓶颈。

从主观方面而言。在具体思政课话语阐释中，部分思政课教员存在不同程度的基础理论偏好，采用理论阐释理论的逻辑套路，而对具体现实问题的关注、思考和研究不够深入系统，导致思政课话语体系的发展远远滞后于军事实践，无力反映军事生活现实，难以有效回应学员在价值观形成和发展过程中的现实问题。事实上，习近平新时代中国特色社会主义思想和习近平强军思想是立足时代之基、回答时代之问的科学理论，科学回答了如何培养"四有"革命军人、如何锻造"四铁"过硬部队等一系列根本性问题。这就要求思政课教员充分结合学员生活实际，使话语阐释与学员现实生活世界实现精准对接，从而有效回应和解释学员在部队学习、训练和生活中遇到的实际问题。及时跟上思政课话语内容的步伐，用学员的生活话语、现实实例解读思政课话语的丰富内涵和实践要求，使学员学会运用党的创新理论科学把握部队建设和发展方向、归正学习和工作重心、创新指导学员生活方式，让学员在实践教学中提高解决备战打仗和部队建设发展突出问题的能力。反过来说，如果脱离学员成长成才实际、缺乏用生活话语正确阐释理论性知识和内容的能力，就很难得到学员的认同。因此，一定意义上说，理论偏好的话语阐释方式，增加了话语体系建设贴合学员实践实际的难度。

从客观方面而言。在具体话语传播实践过程中，很难做到根据学员军事生活实践发展变化因时制宜地相应调整。首先，新时代军校思政课话语客体"00后"成为主流，其思维高度活跃、个性化特征明显，敢于乐于接受新事物，对新事物的敏感度也很高；与此同时，其价值观多元化发展，需求也复杂多样、参差不齐。这就要求教员及时、全面地了解学员本身发展变化，避免话语输出与话语接受者需求之间产生鸿沟，从而避免脱离学员价值需求实际。其次，学员的接受心理是一个复杂的系统，包含认知、情感、意志等多个子系统，其接受思政课话语的需要、能力、动机、兴趣、爱好等不尽相同，并且这些心理子系统随着时间、情境的变化处在不断地变化发展之中，因此，学员的接受需求、能力、动机等呈现多模态变化的态势。在具体思政课话语体系建设和传播过程中，往往容易屏蔽学员的个性化现实需求，教员以自我为中心，想当然地进行思政课话语言说，这难以实现精准对接，甚至引起学员反感，弱化话语传播的实际效果。为此，思政课教员需要精准捕捉当代军校学员的个性化话语需求，实现供给侧和需求侧的有效对接。

第三章
新时代军队院校思想政治理论课话语体系的生成机理

在全国思想政治理论课教师座谈会上，习近平总书记强调："办好思政课，就是要开展马克思主义理论教育，用新时代中国特色社会主义思想铸魂育人，引导学生增强中国特色社会主义道路自信、理论自信、制度自信、文化自信，厚植爱国主义情怀，把爱国情、强国志、报国行自觉融入坚持和发展中国特色社会主义、建设社会主义现代化强国、实现中华民族伟大复兴的奋斗之中。"[①] 这一重要论述指明了思想政治理论课话语体系"讲什么"和"怎么讲"的本体论和方法论的问题，本质上是阐明了思政课话语体系的生成与创新的机理机制。推进军校思政课话语体系的持续建设与创新发展，就要搞懂弄通军校思政课话语体系生成机理，立足话语内容生成来源、结合话语发展经验、分析话语体系语境、遵循话语生成发展规律，按照话语生成逻辑不断增强话语表达的针对性、有效性。

一、新时代军队院校思想政治理论课话语体系的内容生成来源

军校思政课话语体系的内容不是无源之水，也不是无本之木，而是从

---

① 习近平：《思政课是落实立德树人根本任务的关键课程》，《求是》2020 年第 17 期。

马克思主义作家的经典著作、毛泽东思想、中国特色社会主义理论体系中，从党、国家和军队的政策文本和决策指示，以及人民军队的光荣历史和社会实践中产生的。这些宝贵的思想资源，是构建军校思政课话语体系的内容来源。

（一）马克思主义经典著作话语

习近平总书记强调，"要加快构建中国话语和中国叙事体系"，"打造融通中外的新概念、新范畴、新表述"。新概念、新范畴、新表述是构建话语体系的基石，话语体系正是通过不断提炼、阐释概念内涵，持续扩大传播力、影响力与感召力，在交流中增进了理解和共识，增强话语权。同理，任何学科的话语体系建设也要依靠"新概念、新范畴、新表述"这些核心术语。任何学科的核心术语都是建构思想、理论和知识体系最基本的"物件"，是"链接思想的关节点"。各种关联的核心术语概念按照一定的逻辑构成某一专业领域的概念体系，而概念体系的建构有助于揭示概念之间的关系、差异，并形成与之相对应的知识体系。对于核心术语的挖掘、阐释、翻译和表达，为话语体系奠定基本的知识框架和语义基础，再挖掘、再诠释，则可以不断生产新知识、丰富知识体系。

2018年5月4日，习近平总书记在纪念马克思诞辰200周年大会上深刻指出："马克思主义始终是我们党和国家的指导思想，是我们认识世界、把握规律、追求真理、改造世界的强大思想武器。"马克思主义经典著作的话语，即马克思主义学科中的"概念、范畴、表述"等核心术语，承载本学科的理论体系和学术体系，体现了马克思、恩格斯、列宁、斯大林等革命家、政党领袖的思想观念、立场方法，是新时代军校思政课话语体系的母体。

党的十八大以来，习近平总书记多次强调，要"钻研、吸收、融化和发展"马克思主义经典著作，这是取得"真经"、掌握"真理"的前提条件和重要途径，并明确要想真正掌握马克思主义理论，必须扎实学好马克思主义经典著作这一本源基础。坚持用马克思主义教育人、培养人，是我军思想政治教育的本质特征。铸牢军魂，培养绝对忠诚的革命战士，必须用习近平新时代中国特色社会主义思想和习近平强军思想武装官兵，按照学懂、弄通、做实的要求，深入持久地扎实抓好学习教育，提高学习效果，坚定理想信念，推动党的创新理论武装不断深化、落实。

马克思主义理论是军队院校思政课话语体系的根本。回顾我党的历史，党从诞生起就十分重视对马克思主义经典原著的传播，将马克思主义经典原著加以研究与运用。五四运动前后，中国共产党人及进步知识分子就开始翻译、宣传、运用马克思主义著作和理论。十月革命爆发，马克思主义如雨后春笋般在当时国内纷繁的思潮中蓬勃发展，涌现出一批先进知识分子，他们很快开始接受、学习并深入研究马克思主义革命思想。在非常恶劣的政治环境下，以李大钊为首的一批先进知识分子还成立了"马尔格士学说研究会"，秘密开展学习研究马克思主义的活动。随着中国革命形势不断深化，五四运动的展开加速了马克思主义在我国的传播，尤其表现为马克思主义经典著作的出版发行。例如，1919年5月后，由李大钊牵头，率先在《晨报》这个当时发行量较大、影响力较广的报刊上开辟了专栏，翻译、介绍马克思主义经典著作和马克思主义理论成果。随后，更多报纸刊物刊登马克思主义的文章和原著，其中，《新青年》逐渐成长为介绍、宣传马克思主义的主要渠道。《共产党宣言》全译本也是在这一时期出版发行的，共产党早期组织成员陈望道怀着对马克思主义真理的追求，废寝忘食地翻译《共产党宣言》，1920年《共产党宣言》首个中文全译本正式出版发行，第一版印刷1000本，却难以满足读者的需求，在9月份出版了第二版。中国共产党人的努力传播推动了马克思主义在我国的蓬勃发展。

革命战争年代，我党更是一直坚持在白区出版和传播马列著作，并且创建创办机构如人民出版社、上海书店等专门印制马列著作。新中国成立后，党设立专门从事马列著作编译的机构——中共中央编译局，专门从事马列著作编译工作。从此，马克思主义著作的译介、出版、发行工作有了强力保障，工作开展更加有组织、有计划、有规模。

新时代军校思政课同样应重视对马列经典著作的学习与传播，将马列经典著作话语融入军校思政课话语体系中。马列经典著作是经典作家思想的基本载体，是学习马克思主义的基本教材。运用马克思主义经典著作，并以此来构建军校思政课话语体系就是对马克思主义的思考与实践。一方面要学好、用好经典著作，注重品读经典，以思政课相关教材为基础，把教材中的马克思主义经典作家经典话语筛取出来，准确、细致地阅读理解马克思主义经典著作的思想价值和真理，深度剖析、交流分享，使学员真正从课堂上、课本中切身感悟原汁原味的马克思主义，深化学员对马克思主义的认识与认同；另一方面要警惕本本主义、教条主义，将马克思主义经典著作异化为"纯文本阅读"。要抓精神实质，不做表面文章，真正关注经典著作中普遍联系的、具有深远影响的价值。尤其注意一些打着"纯文本研究"的幌子论调，以隐蔽的话语肆意篡改歪曲经典著作。与此同时，要系统地学习马克思主义经典作品，马克思主义理论贯穿于其所有著作之中；质言之，无论是军校思政课话语体系的性质内容，还是其方式方法，都需要切实研究和领悟马列主义经典著作，用好马列主义经典著作话语。

（二）毛泽东思想话语

毛泽东思想是马克思列宁主义在中国的创造性运用和发展，是被实践证明了的关于中国革命和建设的正确的理论原则和经验总结，实现了马克思主义中国化的第一次历史性飞跃。毛泽东同志把辩证唯物主义和历史唯物主义运用于无产阶级政党的全部工作，在中国革命和建设的长期艰苦斗争中形成了具有中国共产党人鲜明特色的立场、观点、方法，体现为实事求是、群众路线、独立自主三个基本方面。这是毛泽东思想活的灵魂。毛泽东思想是我们党的宝贵精神财富，将长期指导我们的行动。毛泽东同志用马克思主义之"矢"射中国具体实际之"的"的伟大实践，为我们正确对待马克思主义、不断推进马克思主义中国化时代化提供了光辉典范。

　　毛泽东思想是一个完成的科学体系，主要有6个方面的内容：一是关于新民主主义革命的理论。代表作有《中国社会各阶级的分析》《湖南农民运动考察报告》《〈共产党人〉发刊词》《中国革命和中国共产党》《新民主主义论》等。二是关于社会主义革命和社会主义建设的理论，代表作有《在中国共产党第七届中央委员会第二次全体会议上的报告》《论人民民主专政》《论十大关系》（《关于正确处理人民内部矛盾的问题》等。三是关于革命军队的建设和军事战略理论，代表作有《关于纠正党内的错误思想》《中国革命战争的战略问题》《抗日游击战争的战略问题》《论持久战》《战争和战略问题》等。四是关于政策和策略的理论，代表作有《目前抗日统一战线中的策略问题》《论政策》《关于打退第二次反共高潮的总结》《和美国记者安娜·路易斯·斯特朗的谈话》《不要四面出击》《关于帝国主义和一切反动派是不是真老虎的问题》等。五是关于思想政治工作和文化工作的理论。主要代表作有《青年运动的方向》《大量吸收知识分子》、《纪念白求恩》《在延安文艺座谈会上的讲话》《为人民服务》《愚公移山》等。六是关于党的建设的理论，主要代表作有《反对自由主义》《中国共产党在民族战争中的地位》《改造我们的学习》《整顿党的作风》《反对党八股》《学习和时局》《关于健全党委制》《党委会的工作方法》等。

　　军校思政课话语体系就是要在充分运用毛泽东重要著作、掌握毛泽东思想活"活的灵魂"的基础上，讲清楚毛泽东思想是近现代中国社会历史和革命运动发展的客观需要和必然产物，要分析毛泽东思想形成的时代条件、思想理论渊源、阶级基础和实践基础，充分体现毛泽东思想运用马克思主义基本原理结合中国革命和建设实践所产生的原创性的理论概括。

（三）中国特色社会主义理论体系话语

　　以中国特色社会主义理论体系话语为核心内容构建军校思政课话语体系，其实质是围绕"中国特色社会主义"讲好两类话语——"中国特色社会主义是什么"与"中国特色社会主义好在哪里"。首先，"中国特色社会主义是什么"这一核心话语是在表达"要建设什么样的社会主义""如何建设社会主义",这是中国特色社会主义理论体系回答的第一个问题。要回答"中国特色社会主义是什么"其实是在讲"中国特色"是什么,"中国特色"应该体现以下几个方面:一是提出并化解"中国问题"。建设有中国特色社会主义是科学社会主义在当代中国的伟大实践,其解决的难题是,当高度发展的资本主义生产力被落后的生产力所束缚时,生产力突破束缚实现进一步发展——建设社会主义。而我国的实际问题是,现有的生产力水平落后于先进的生产关系,要想在社会主义公有制经济条件下充分激发劳动者的能力和主观能动性,发展生产力,必须改革调整现有的所有制结构,充分利用人类的优秀文明成果,包括具有资本主义属性的先进、优秀的成果推进生产力进一步发展,这是立足中国实际的中国问题。二是具有"中国思维"。科学社会主义中无产阶级与资产阶级是对立的,社会主义生成于对资本主义的批判,具有西方"二元对立"思维特征。中国特色社会主义思想体系话语强调"二元结合",一方面遵循社会主义一般原则,另一方面突出契合中国特殊国情,这是不违背科学社会主义基本原则上的原则性和发展社会生产力方式的灵活性的统一。三是走上"中国道路"。中国特色社会主义道路不完全等同于马克思、恩格斯所说的社会主义道路,不是简单地理论复制。科学社会主义是把消灭"私有制"摆在首位,主要是通过无产阶级暴力革命消灭资本主义私有制,从而向社会主义转变,这是按照历史进程发展的"道路"。与此不同的是,"中国道路",即中国特色社会主义则要求集中一切力量和资源发展生产力,是通过对生产关系和上层建筑的全方位调节,不断解决我国当前生产力落后于生产关系的矛盾,比如,以公有制为主体、多种所有制共同发展的基本经济制度,是为了推进我国当前中国特色社会主义初级阶段的生产力发展,体现为"螺旋式"地向社会主义前进。四是践行"中国理论"。马克思主义中国化的伟大成就表现为坚持中国特色社会主义道路。我们既继承了马克思、恩格斯创立的马克思主义强调在生产关系领域进行革命的传统,又强调通过改革旧体制和具体运行机制，推动社会主义制度的自身完善，进一步坚持和完善党的领导，最终实现人的全面、自由平等、和谐的发展。

其次，构建新时代军校思政课话语体系的内容还要着重讲清楚中国特色社会主义的优势，也就是"中国特色社会主义好在哪里"。

中国特色社会主义具有深厚的历史底蕴。它不是从天上掉下来的，而是在改革开放 40 多年的伟大实践中得来的，是在新中国成立 70 多年的持续探索中得来的，是在我们党领导人民进行伟大社会革命 100 多年的实践中得来的，是在近代以来中华民族由衰到盛 180 多年的历史进程中得来的，是对中华文明 5000 多年的传承发展中得来的，是党和人民历经千辛万苦、付出各种代价取得的宝贵成果。

马克思主义经典作家是在深刻分析人类社会基本矛盾和历史发展一般规律的基础上创立科学社会主义学说的，中国特色社会主义就是马克思主义基本原理同中国国情相结合的产物。挫折而愈益展现其强大生命力，关键在于它坚持了社会主义的正确方向，又从中国现代化实践中不断获得验证和支撑。要言之，中国特色社会主义解决了中国发展的领导力量、制度基础、价值取向以及未来方向等根本性问题，为中国的现代化和民族复兴提供了一整套框架性方案；同时，中国发展则验证了应当如何实现理想与现实之间的均衡，应当如何基于现实情况框定社会主义的历史坐标，应当如何从现实发展中给理论以明确合理的反馈从而使之更具有生命力和指导意义。中国特色社会主义是我们自己走出来的路，是我们自己的路，因而也是最稳妥可靠、最有利于实现我们理想社会目标的路。

（四）习近平新时代中国特色社会主义思想话语

习近平新时代中国特色社会主义思想是当代中国马克思主义、二十一世纪马克思主义，是新时代中国共产党的思想旗帜和精神旗帜，科学回答了中国之问、世界之问、人民之问、时代之问，开辟了马克思主义科学性、人民性、实践性、开放性的新境界，闪烁着耀眼的真理光芒。

运用习近平新时代中国特色社会主义话语，核心是学懂弄通习近平新时代中国特色社会主义思想的科学内涵和理论逻辑，用学理讲清楚政理。

首先要讲清楚习近平新时代中国特色社会主义思想对于马克思主义的创新。一是对共产党执政规律作出新的深刻揭示。习近平新时代中国特色社会主义思想明确中国特色社会主义最本质的特征是中国共产党领导，中国特色社会主义制度的最大优势是中国共产党领导；强调党要管党、全面从严治党，提出新时代党的建设总要求，突出政治建设的统领作用；强调中国式现代化是中国共产党领导的社会主义现代化，明确坚持党的全面领导是坚持和发展中国特色社会主义的必由之路；等等。这些重要论述体现了我们党对共产党执政规律认识的不断深化。基于对共产党执政规律的深刻把握，我们探索出一条长期执政条件下解决自身问题、跳出治乱兴衰历史周期率的成功道路。对社会主义建设规律作出新的深刻揭示。习近平新时代中国特色社会主义思想强调中国特色社会主义是社会主义而不是其他什么主义，坚定了走中国特色社会主义道路的战略定力；提出统筹推进"五位一体"总体布局、协调推进"四个全面"战略布局，丰富了中国特色社会主义的内涵；系统描绘了中国特色社会主义制度图谱，强调不断把我国制度优势更好转化为国家治理效能；等等。这些重要论述，标志着我们党对社会主义建设规律的认识和把握达到新高度，为新时代中国特色社会主义建设事业提供了科学指南和根本遵循。对人类社会发展规律作出新的深刻揭示。习近平新时代中国特色社会主义思想秉持正确的历史观、大局观，在回望历史中总结历史规律，在展望未来中把握前进趋势。提出推动构建人类命运共同体这一重大理念，指出"世界是各国人民的世界，世界面临的困难和挑战需要各国人民同舟共济、携手应对，和平发展、合作共赢才是人间正道"，强调"站在历史正确的一边，站在人类进步的一边"。这些重要论述，深化了我们党对人类社会发展规律的认识，为创造世界和平与发展的美好未来提供了中国智慧和中国方案。

其次要讲清楚习近平新时代中国特色社会主义思想对于人民理论的彰

显。一是把一切为了人民作为价值旨归。习近平新时代中国特色社会主义思想是来自人民、为了人民、造福人民的理论，坚持人民至上是贯穿其中的一条红线。习近平总书记指出："人民对美好生活的向往，就是我们的奋斗目标"，"中国共产党人的初心和使命，就是为中国人民谋幸福，为中华民族谋复兴"，"以百姓心为心，与人民同呼吸、共命运、心连心，是党的初心，也是党的恒心"。二是以促进共同富裕回应民生期盼。党的十九大报告作出我国社会主要矛盾发生转化的重大政治论断，把脱贫攻坚作为"三大攻坚战"之一，在制定到2035年基本实现社会主义现代化远景目标时提出"全体人民共同富裕取得更为明显的实质性进展"，并在改善人民生活品质部分突出强调"扎实推动共同富裕"。三是为人类自由解放作出中国贡献。提出构建人类命运共同体，发起共建"一带一路"倡议，提出全球治理观、新安全观、新发展观、正确义利观等一系列占据国际道义制高点的全新理念；强调"中国开放的大门只会越开越大"，提出并推动践行全球发展倡议、全球安全倡议、全球文明倡议，为促进共同发展繁荣作出中国贡献，也为探求人类自由解放道路作出中国探索。

再次要讲清楚习近平新时代中国特色社会主义思想是实践的理论。一是以解决社会矛盾和问题为理论出发点。习近平新时代中国特色社会主义思想是在扎根现实土壤、回应实践需求、回答时代课题中萌发、形成和不断发展的。习近平总书记作出的重大判断和重大结论，都是基于对社会矛盾和问题的科学分析。二是在实践中发挥巨大引领作用。习近平新时代中国特色社会主义思想的实践性特征，突出体现为其巨大的现实解释力和实践引领力。党的十八大以来，正是在这一重要思想指引下，党和国家事业取得历史性成就、发生历史性变革，解决了许多长期想解决而没有解决的难题，办成了许多过去想办而没有办成的大事，把新时代中国特色社会主义更加有力地推向前进。三是在与实践的良性互动中不断丰富发展。习近平新时代中国特色社会主义思想坚持把人民的创造性实践作为理论创新的不竭源泉，始终在实践中吸收养分，不断进行理论创新创造。

最后要讲清楚习近平新时代中国特色社会主义思想是不断开放的理论。一是坚持与时俱进的理论品格。党的十八大以来，习近平总书记运用"两个结合""六个必须坚持"等科学方法，结合新的时代条件和实践要求提出一系列新理念新思想新战略，为发展马克思主义哲学、政治经济学、科学社会主义作出原创性贡献。二是吸收人类一切优秀文明成果。不拒众流，方为江海。习近平新时代中国特色社会主义思想坚持用宽广的视野、开放的胸怀吸收人类创造的一切优秀文明成果，从不同文明中寻求智慧、汲取营养。三是始终站在时代发展前沿。马克思主义开放性的一个重要体现，就在于始终立于时代潮头，为回答前沿问题贡献理论智慧。习近平新时代中国特色社会主义思想始终站在时代发展前沿，不断探索时代提出的崭新课题，回应全人类共同面临的挑战。

（五）党、国家、军队政策文本和决策指示话语

党、国家、军队政策文本和决策指示通常是指一定时期内的政党、政府、军队等政治实体，以一定的假设目标或任务为基准，所制定的平衡各方的利益、协调内外关系的纲领、路线、方针、政策、会议精神，包括党和国家领导人的重要讲话。这些话语往往反映了党和国家在特定历史时期对战略目标和任务的要求，反映了社会发展和人民生活的趋势。党、国家、军队的政策文本和决策话语反映了党和国家的意志，包含着国家主导的价值观和信念、意识形态逻辑、政治教育方向，属于政治话语，制约和影响着其他话语，具有重要的理论价值和现实意义，主导着军校思政课话语体系的更新和改革。

党、国家、军队的政策文本和决策指示话语主要包括几个方面：一是党、国家和军队的相关文献、历史材料；二是中国共产党、中国人民解放军历次重大会议报告、公报、决议、学习纲要等；三是党、国家和军队领导人的重要讲话；四是重大历史事件的决议；五是出台的法律法规等。这些都是军校思政课话语体系的最直接来源。运用政策文本和决策是指话语时，主要

考察政策决策话语所构建的社会关系和输出的价值观念。因为，政策为人们划定了行为的边界，帮助人们做出有效的行为，制定有效的目标，表达的是"法定意图"，可以说是政策规定了哪种价值观是法定的、有效的，哪种价值应该被排斥、消除，是政策构建了社会中的价值体系，并且要求人们予以遵循。举例而言，人民军队在不同历史时期颁布的政策文件，其话语体现出当时的社会环境、价值取向，人民军队发展、建设的阶段特征。

但是，政策的"世界"并不等于学员所能接受和理解的"世界"，需要话语转化过程中将相对陌生的政策决策世界转变成学员相对熟悉的生活世界。在政策决策话语表达中，话语传播主体必须根据学员的具体情况进行整合、改造和建构，将政策内容转化为教学内容。具体而言，运用政策决策话语模式构建军校思政课话语体系，是建立在了解学员与政策决策之间关系的基础上，让学员从政策文本中把握实质内涵。

（六）人民军队历史和社会实践话语

实践是思想之母，是构建和创新话语体系的源泉。2023 年 12 月 26 日，习近平总书记在纪念毛泽东同志诞辰 130 周年座谈会上指出，"毫不动摇坚持、与时俱进发展马克思主义，大力推进实践基础上的理论创新，自觉用中国化时代化的马克思主义指导新的实践，是我们党把握历史主动、紧跟时代步伐、不断开创事业发展新局面的成功之道。实践永无止境，理论创新永无止境，认识真理永远不会完结，要不断开辟马克思主义中国化时代化新境界"。讲好军校思政课，就必须主动适应不断变化的客观实践，解读和宣传好人民军队历史上的、正在进行的独一无二、震古烁今的伟大实践。

首先，人民军队历史和社会实践是军队思政课话语体系的源头活水。要坚持马克思主义实践观，把握实践之于话语体系的基础性和决定性作用，用好人民军队历史与社会实践话语。军校思政课话语体系应扎根于新时代强军兴军事业的现实土壤，从强军兴军伟大实践中汲取源头活水；深入基层和一线掌握第一手材料，了解官兵的所思所想，从实践中提炼出既有时代意义，又有军队特色的新概念、新范畴和新表述。只有在具体实践中凝练出的概念、范畴和理论，才能真实、全面地践行强军实践，才能使自身的话语体系具备更充分的解释力和亲和力，使话语体系为军校学员所喜闻乐见、理解认同。与此同时，军校思政课话语内容的活力和生命力源于实践，新概念、新范畴和新表述都是伴随着实践的变化而产生的，因此要增强话语内容的解释力、亲和力，结合实践不断丰富、发展、创新，军校思政课话语体系正是伴随人民军队的"实践—认识—再实践"过程而完成的一轮轮构建。

其次，人民军队历史与社会实践支撑军校思政课话语体系特色本质。由于话语主体具有唯一性，不同实践主体的实践道路与发展差异决定了其话语体系的表达内容和方式。为此，任何话语体系都在表达、反映和概括自己的主体性，话语主体的实践不同，话语体系也表现为不同的形态。从这个意义上讲，人民军队历史与社会实践决定了军校思政课话语内容的独特与异质。现代释义学认为，话语一致是理解的本质。因此，只有突出话语的主体性，才能保证话语内容的传播与接受。人民军队历史与社会实践话语主要表现为军队这一特殊话语主体的风格和气派，与其他相关话语体系的异质与区别。比如，人民军队的建设发展实践与我党、我国的发展紧密相连，在历史实践上高度重合，但其话语体系则不完全等同，两套话语体系虽然能够相互理解，并不表明两套话语体系的话语主体合二为一。再如，思政课话语体系作为中国特色哲学社会科学话语体系的一部分，两者能够相互理解、意义相通，但是并不代表完全一致。为此，人民军队历史与社会实践的主体性特征一定程度上规范了军校思政课话语体系的突出特征，必然也是思政课话语体系内容生成的重要来源。

最后，人民军队历史与社会实践丰富军校思政课话语体系知行合一途径。从军校思政课话语内容的类型来说，军校思政课话语内容兼有理论性与实践性两种话语。军校思政课话语体系实效性最终还需要体现在学员思想和行为的一致性和统合性上。来源于人民军队历史与社会实践的话语内容和方式更好地指导学员行为实践。因此，在思政课话语体系建设过程中，应注意运用人民军队历史与社会实践语篇来丰富话语的内容，促进教员与学员开展思想交流、劝导教育、实地考察等实践活动，运用实践话语，为学员开辟课程话语空间和社会话语空间通道，帮助学员从思到行、言行一致，在行动中外化。可见，人民军队历史与社会实践话语充实军校思政课话语内容，是军校思政课话语内容的直接来源。

二、新时代军队院校思想政治理论课话语体系的发展经验

系统总结挖掘思政课话语体系建设的有效经验，对新时代新征程上推进思想政治教育话语创新，提升新时代思想政治教育话语亲和力创造力具有重要现实意义。马克思主义与时俱进的理论品质推动军校思政课建设和发展，随着国家、军队思想政治教育改革不断推进发展变化，军校思政课话语体系不同时期呈现出不同特点。但是，若观照军校思政课话语体系发展的纵向历史，会发现其中蕴含着一些"万变不离其宗"的强稳定性、可持续性、科学性的"宗"，这些"宗"就是军校思政课话语体系发展的经验，吸取这些历史经验，也有助于更好地回应和解决实际问题，不断增强军校思政课话语生命力。

（一）坚持以马克思主义为指导，创新军队院校思想政治理论课话语体系

2023 年 12 月 26 日，习近平总书记在纪念毛泽东同志诞辰 130 周年座谈会上强调指出，毫不动摇坚持、与时俱进发展马克思主义，大力推进实践基础上的理论创新，自觉用中国化时代化的马克思主义指导新的实践，是我们党把握历史主动、紧跟时代步伐、不断开创事业发展新局面的成功

之道。马克思主义指导下的军队院校思政课话语体系建设与生俱来具有与时俱进的品质。话语体系是一定时代经济社会发展方式、时代精神和文化传统的表达范式，每个时代都有反映这一时代的话语体系，军校思政课话语体系必然要伴随着新时代话语体系的更迭而创新。

从价值论来看，坚持以马克思主义为指导，是军校思政课落实立德树人、以战育人根本任务的内在规定性和必然选择。办好军校思政课，创新完善军校思政课话语体系，最根本的是要全面贯彻新时代党的军事教育方针，解决好培养什么人、怎样培养人、为谁培养人这一根本问题。新时代军队的思想政治教育植根于中国特色社会主义和强军兴军的伟大实践，这决定了其在话语表达上势必同我国社会主义国家性质、中国特色社会主义政治优势、人民军队强军实践相结合。因此，全心全意为人民服务、为坚持党对军队绝对领导、为坚定强军信念投身强军事业服务，是军队思政课建设的现实目标。这也要求军校政治教员在向学员传授知识、阐明真理时，要站稳政治立场、把握政治方向。当前，在世界话语体系中，以美国为首的西方发达国家仍处于主导地位，拥有强大的话语权和影响力，在国际政治、经济等领域，这些话语所代表的国家意志几乎可以说是"主导"了国际舆论。这种情况，或多或少地也存在于国际学术和思想文化领域。当代中国通行的文化理论大多从西方"拿来"，从话语框架到研究方法，缺乏民族性、创造性，导致国内的学者自觉或不自觉地以"洋"为重，对本民族优秀传统文化日渐生疏；对于马克思主义思想、观点和方法的运用往往是僵化的，结果导致我们对输入的西方文化价值观未能合理利用，也无法将我们的文化价值体系有效输出，被西方接受。这种状况影响军校思政课话语体系的构建，冲击学员对马克思主义的信仰。因此，必须旗帜鲜明地坚守社会主义的话语体系，巩固马克思主义在意识形态领域的指导地位，同时增强社会主义主流意识形态对在军校学员中的引领力、影响力，帮助学员树立科学的世界观、人生观和价值观。这是新时代思想政治教育必须守住的根本。

从方法论的角度看，马克思主义理论是在实践中发展的，其创新发展历程对军校思政课话语体系的发展具有方法论的指导意义。与时俱进是马克思主义鲜明的理论品格。马克思主义批判地、创新地继承了三大理论——德国古典哲学、英国古典政治经济学与法国空想社会主义；马克思主义共产主义理论与十月革命道路相结合；新民主主义理论对于十月革命道路的超越；马克思主义中国化时代化的诸多理论实践成果；等等。不难看出，马克思主义在实践中对不同的话语和理论进行了扬弃、重组和再创造。军校思政课话语体系具备守正创新能力，既能够继承既有话语，又能够重组各类话语内容、结构和逻辑。作为新时代军校思政课话语体系核心内容的习近平新时代中国特色社会主义思想既是马克思主义中国化时代化最新的理论成果，也是马克思主义哲学、政治经济学和科学社会主义在马克思主义基本原理基础上的理论创新。例如，新时代我国社会主要矛盾已经转化为人民日益增长的美好生活需要和不平衡不充分的发展之间的矛盾，这一重大理论论断是马克思主义社会矛盾理论的新发展。它强调提高科学思维能力、系统观念能力和问题导向能力，能够从整体和宏观的角度理解事物，从重点和关键上解决问题，这是在马克思主义认识论和实践论基础上的创新。创新、协调、绿色、开放、共享的新发展观是从政治经济学的角度对马克思主义关于生产力观点的新阐释。坚持和加强党的全面领导，深化党的建设，体现了马克思主义党的建设理论的新发展。国家治理体系和治理能力现代化思想，推动了中国特色社会主义制度的坚持和完善，创新了马克思主义国家理论。马克思主义世界历史理论的创新主要体现在构建人类命运共同体的理念等方面。这些思想是马克思主义在中国的历史性飞跃和创造性升华的体现。它们立足新时代背景和实践，探索党的领导规律、社会主义建设规律和人的发展规律，具有创新性、真实性、正义性。除此之外，习近平总书记还多次强调人民的重要性，如"人民就是江山，江山就是人民"和"以人为本"等重要论述，它既继承了历史唯物主义的人民思想，又体现了马克思主义与时俱进的理论品格。军队院校思政课话语体系建设植根于中国特色社会主义和强军兴军的伟大实践，紧跟社会发展和部队实践要求，全面贯彻新时代党的军事教育方针，着力解决好培养什么人、怎样培养人、为谁培养人这一根本问题，与时俱进创新完善军校思政课话语体系，使其在话语表达上同我国社会主义国家性质、中国特色社会主义政治优势、人民军队强军实践紧密结合，是军队院校思政课话语体系建设发展的主要动力源泉。

（二）吸纳社会和部队生动实践成果，丰富军队院校思想政治理论课话语体系

列宁指出："马克思主义学说不是教条，而是行动的指南。"思想来源于实践，实践是话语建构与创新的源泉。习近平总书记在纪念毛泽东同志诞辰 130 周年座谈会上强调指出："实践永无止境，理论创新永无止境，认识真理永远不会完结，要不断开辟马克思主义中国化时代化新境界。中国式现代化为党的理论创新开辟了广阔前景，提出了新的更加艰巨繁重的任务。要坚持把马克思主义基本原理同中国具体实际相结合、同中华优秀传统文化相结合，深入探索中国式现代化建设规律，不断回答实践遇到的崭新课题，以理论创新引领实践创新。"可见，理论创新来源于实践，任何话语的建构也都来自实践，反映了人们的生活方式和文化习惯，并受之影响。这说明话语建构的基础必须以现实环境为基础，必须将理论与现实、问题与反应的逻辑关系统一在话语思维的辩证循环中。为此，新时代军校思政课话语体系必然与一般社会实践和人民军队的主体实践密切相关。可以说，人民军队履行时代任务、推动军队和国防建设的历史实践，造就了军校思政课的话语体系。吸纳社会和部队丰富生动的实践成果也成为军校思政课话语体系重要发展动力。

一是纳入社会与部队实践成果，可增强军校思政课话语的说服力、感召力和亲和力。一方面，军校思政课研究的、关注的、讲述的不仅仅是理论思辨问题，还有广泛的社会现实、社会实践问题，要完成认识问题、分析问题、解决问题的实践闭环。因此，军校思政课话语体系既能表达社会现象、社会问题，还要体现处理问题、解决问题的过程，社会和部队的实践成果不仅关切到学员如何认识问题，还提供了解决问题、处理问题的生动素材。另一方面，作为教学对象的学员本就是社会和部队实践的主体，学员的主体感受与亲身经验产生于部队和社会实践，学员的情感体验和思想认识来源于部队和社会实践。运用社会和部队实践成果构架话语，能够引导学员有效回应社会现实，聚焦学员的日常生活体验，渗透融入学员的学习、工作、生活各个方面，形成具体化、个性化、精确化的话语。同时，消除了课堂内外的脱节、说理与实践的矛盾、书本与现实的差异，有利于学员提升判断是非的能力，有利于学员坚定坚守马克思主义理想信念。总体来说，纳入社会与部队实践成果，在宏观实践维度上，把学员个人命运与社会价值、军人使命结合起来；在微观实践维度上，把学员心理、行为和具体实践结合起来，潜移默化地增强学员的接受度和认同感，再从思想维度的信仰认同提升为实践层面的行为追随。

二是吸纳社会和部队的实践成果，是优化军校思政课话语体系构建的实践参照。军校思政课是一门注重意识形态灌输的课程，要求其话语体系务必讲好中国故事、军队故事，将中国共产党带领全国人民开展新民主主义革命、社会主义革命和建设、改革开放和社会主义现代化建设、新时代中国特色社会主义建设的伟大成就全方位展示给学员，促进学员增强"四个意识"、坚定"四个自信"、做到"两个维护"，坚决贯彻落实军委主席负责制，对党绝对忠诚，坚决听从党中央、中央军委和习主席的指挥，为推进新时代强军事业不懈奋斗。在组织话语时，既要运用好理论进行纯粹的、思辨的阐释与分析，还要注重真实的案例、数据、榜样的支撑，运用社会和部队实践的成功经验、形象化"中国模式"、展现"中国成绩"，阐释好科学的、真理的马克思主义理论。例如，新冠疫情发生后，人民军队为全国抗击疫情作出了重要贡献。这些行为都可以作为军校思政课的教材，并融入军校思政课话语体系。由教育部社会科学司与人民网联合举办的"全国大学生同上一堂疫情防控思政大课"就是一个范例，来自北京的教育工作者充分利用课堂，讲述抗击疫情的感人故事，激励大学生弘扬和学习英雄精神，激发学生的自豪感和自信心。

三是吸纳社会和部队的实践成果，可彰显军校思政课话语的时代特征。构建军校思政课话语体系，秉持与时俱进的精神，与时代同频共振，为时代立言明德，凸显能够彰显时代精神、回应时代问题的创新思想与理论。社会和部队的实践必然在时代的场域之中，军校思政课话语吸纳社会与部队实践成果，是话语回应时代问题、表达时代精神的最好注解。纵观我党我军的建设发展，一直十分重视思想政治教育，并根据不同时期的任务使命要求，有所侧重地开展思想教育工作。从思想政治教育的称呼变化便可见一斑。中国共产党曾先后使用过"宣传工作""思想工作""政治工作""政治思想工作""思想政治工作""宣传思想工作""思想政治教育"等。这些称谓的内涵并无二致，区别就在于不同时期的工作侧重不同。在我党我军的思想政治工作实践和经验累积中，还有一些极具时代性的话语一直存在于军校思政课话语体系之中，如"党指挥枪""政治工作生命线""整风运动""三大法宝""统一战线""人民内部矛盾""批评与自我批评""社会主义市场经济""两手抓、两手都要硬""中国特色社会主义""社会主义初级阶段"等，在话语的使用过程中，根据不同历史时期的需要，也会有所侧重。新时代军校思政课话语体系更加强调"新时代"这一属性，如"强军梦""强军目标""世界一流军队""人类命运共同体""一带一路"等，充分彰显了新时代的主题和精神。这些话语是不同时期中国的"标签"，来源于不同历史时期社会与部队实践，极大地充实了军校思政课话语体系。

（三）围绕学员思想行为实际，运用军队院校思想政治理论课话语体系

思政课教学话语要结合实际不断丰富和创新，突破思政课教学话语的抽象、枯燥的刻板印象，提升教育对象对思政课教学话语的接受度，内化于心、外化于行。军校思政课话语体系的实质是通过话语构建，与学员心灵对话而期待影响其思维与行为，正如习近平总书记所指出的，要"让学生入耳、入脑、入心，听后不忘、终身受益"。当前军校学员大多是"00后"，由于成长环境、生存空间和学习方式的变化，他们的思想意识呈现出新的特点，表现为思维活跃、渴望独立、渴望被关注等方面。这些现实一方面造就了学员主动求知、渴望学习、主动进取、勇于探索的特点；另一方面也造就了他们易受影响，不够明智，善变，容易受挫等特点。这些特点均表明，军校思政课的教育引导必不可少，是学员提高自身素质、全面发展的必要课程。因此，如何将思政课中高度规范的思想、学术和政治话语与学员的思想、行为和现实联系起来，探索学员喜欢和享受的话语材料，也是提升军队院校思政课话语体系生成动力的重要方面。

从话语交往规律来看，话语体系所表达的事实、意义和价值越接近实践经验、理论积累、知识追求和认知期望，人们就越倾向于接受和信任。同时，某一话语体系所使用的语言和符号越接近人们的现有实践生活，人们就越容易接受。学员知识储备相对较少、理论积累不完整、社会经验不足、时间和精力也有限，难以全面看待问题和现象，即便已经掌握的理论、观点、方法也可能是片面的。在这样的现实中，虽然学员的价值观和对意识形态的理解并不成熟，但是他们的语言风格、思维方式、情感积淀和概念体系已经形成，是独一无二的，这意味着他们本身与话语体系之间有距离。因此，军校思政课话语体系构建尤其需要充分关注学员的思想特点和价值取向，以需求为导向、以学员为主体。究其根本，军校思政课是为了实现、满足学员全面发展的课程，这是军校思政课的价值体现。只有为学员所需要，才能为学员所接受认同，也才能从思想和行为上引导甚至改造学员。只有以解决学员的疑惑，回应学员的需求为目标构建话语体系，进行相应的调整、转化概念表达、论证方式、结论呈现等，才能形成有效的军校思政课话语体系。当然，以学员为本，不是毫无底线、没有原则迎合学员，是要有理有据解决这些问题，增强军校思政课话语体系的感召力吸引力，切实得到学员的喜爱。2021年4月3日，中央军委印发的《关于构建新时代人民军队思想政治教育体系的意见》提出，改善教育供给侧，阐明了军校思政课从学员出发、以学员为中心的建设方向。从现有的军校思政课来看，《马克思主义基本原理》培养学员的思维，《毛泽东和中国特色社会主义理论体系概论》坚定学员的信仰，《中国近现代历史纲要》讲述中国社会革命、建设和改革的内在规律，《军人思想道德与法治》塑造学员正确的世界观、人生观、价值观，《人民军队历史与优良传统》教育学员传承红色基因，担当强军重任。这些课程虽然承载不同的内容，但都是以马克思主义理论的立场、观点、方法为依据，是一块能够满足学员全面发展需求的"整钢"。

（四）提升教学科研成果水平，优化军队院校思想政治理论课话语体系

教学科研成果是军校思政课的优质资源，优秀的教学科研成果通常表现为最新的知识体系、最前沿的理论观点。社会发展与时代进步促使人们的思想观念不断发展，这是军校思政课话语与时俱进的客观要求。军校思政课话语体系只有站在思想、知识、理论的前沿，不断更新优化话语，才能跟上社会发展的步伐，激发学员兴趣、解决学员问题，取得实效。运用好教学科研创新成果，寓教于研、科教协同创新军校思政课话语体系，是军校思政课立德树人、为战育人的重要内容和有力手段，是军校思政课发挥实效的有力支撑，是实现军校思政课教学质量跃升的新增长点。一方面是教学科研创新成果能够增强军校思政课话语体系的原创性。哲学社会科学话语体系的核心竞争力在于思想的原创性。思想原创性的匮乏，会使话语体系产生趋同性，被其他强势话语所影响甚至裹挟，自身则因为同质性和依附性而难以产生普遍性的影响。另一方面是教学科研创新成果有助于军校思政课话语体系守正创新。创新的本质是发展，是对旧事物的辩证性

否定和扬弃，是循序渐进、螺旋式的上升过程。但是创新并不是无源之水、无本之木，是在坚持正确的方向、立场和原则的基础上积极应变、主动求变，揭示的是"变"与"不变"的关系。通过教学科研，思政课话语体系能够融汇理论资源，实现守正与创新相结合、批判与建设相统一。

一是教学科研创新成果能够提升军校思政课话语体系实效性。一般情况下，科研成果是学者运用观察、调查、实验、行动研究和思辨研究方法解决社会生活中各方面的热点、难点，从中获取具有学术价值和实用价值的创造性成果。军校思政课的内容涉及社会生活方方面面，教员将最新的相关科研成果和知识融入教学中，无疑有助于军校思政课话语体系更全面、更权威。比如，围绕关于新时代等方面的研究成果，有助于向学员全面呈现出中国特色社会主义的新成就、新矛盾、新使命、新目标、新实践；通过多种科学研究方法，获取和利用相关数据、案例，充实军校思政课话语体系，更直接、更生动地展现中国特色社会主义制度的优越性等，有利于军校思政课话语体系的话语内容更贴近社会发展的需要，有利于解决现实的思想问题。此外，教员还可以向学员传达科研思维的观念，促进学员养成严谨研究、开拓创新、严格求实的作风，以丰富的科研理念和前沿的知识成果滋养学员的价值观，鼓励学员增强"四个意识"、坚定"四个自信"、做到"两个维护"，立志将爱国之情、强国之志、报国之行融入实现中华民族伟大复兴的奋斗之中。

二是教学科研成果能够提高军校思政课话语体系的话语导向力。当前我国面临三类意识形态领域的挑战：一是西方国家为抵制我国快速发展，通过各种文化扩张、思想渗透的手段输出西方价值观和制度模式，企图占领意识形态高地；二是一些错误观念和社会倾向的出现，一些人"愚蠢地奉承"西方价值观，一些人以"客观理性"名义宣传历史虚无主义，一些人质疑和诋毁改革开放，一些人以改革开放前后政策的转变来否定党的领导；三是在我国社会深刻变革和对外开放不断扩大的背景下，各种社会矛盾和问题层叠交织，集中凸显，人们思想活动的独立性、选择性、多变性

和差异性明显增强 ①。基于对"三个特征"与"三个挑战"的认识，这就需要军校思政课话语体系能够引导学员清醒认识和科学判断意识形态领域的多种误区与错误，因此，必须具有较强的政治导向性。新时代的教学科研成果在习近平新时代中国特色社会主义思想的指导下，基于中国立场、反映中国实践、解决中国问题，帮助新时代军校思政课话语体系拨开迷雾、廓清现实，有助于学员把准政治方向、稳定政治立场、持有政治定力。

三是教学科研成果能够提高军校思政课话语体系的话语矫正力。立德树人、为战育人是军校思政课的根本任务。当前，军校学员爱国热情普遍高涨，具有强烈的国家认同和民族自豪感。然而，少数学员缺乏对马克思主义理论的系统学习，不能充分、深刻地理解党的优良传统，缺乏艰苦环境和复杂斗争中的经验和训练。具体表现为：第一，无心国际国内时事政治、理论探索的热情较低，认为政治高高在上，离自己很远，是领导干部的事情。第二，学习态度不积极，缺乏学习动力和压力，多是被动学习，更有甚者，逃避学习，内部学习动机过低。第三，少数学员出现了价值观偏离的问题，有的只追求自我价值、有的价值观认知片面甚至迷失价值方向，有的价值取向功利、价值目标庸俗等。可见，军校思政课铸魂育人的任务艰巨。当这些科研成果被纳入军校思政课话语体系中，有利于矫正学员的思想偏差，使军校思政课始终围绕新时代的强军目标，着力于把人民军队全面建成世界一流军队、党忠诚的接班人、能打胜仗的战斗队。

三、新时代军队院校思想政治理论课话语体系的现实语境

军校思政课话语语境是指军校思政课教师用话语开展立德树人的教育

---

① 李小宁：《党的十九大精神与新时代统一战线——学习习近平总书记关于统一战线的新思想新观点新论断新要求》，《广州社会主义学院学报》2018 年第 2 期。

教学实践活动时所特有的语言环境。语境是话语阐发、传播时的要件，是话语得以被教育主体阐明其内在语义的外部条件，良好的语境能够保证话语的效果，寓情于境、以境生情、以情见境、以境悟旨的功效。值得注意的是，话语语境相较话语体系中的其他要素变化性强，尤其依赖于社会时代的变迁，因此针对语境的分析需要强调其时代性。

（一）新时代军队院校思想政治理论课话语体系的出场语境

"历史从哪里开始，思想进程也应当从哪里开始。"[①] 思政课作为党的思想政治教育本质是意识形态传播的载体，应该始终围绕党在各个历史时期的主要任务立德树人、铸魂育人，党在新时代下的工作重点驱动下开展的思想政治教育实践活动，这是新时代军队院校思政课话语体系的出场语境。新时代军校思政课话语体系的构建是在高质量构建高校思想政治工作体系和构建新时代人民军队思想政治教育体系的两维向度中实现的。新时代军校思政课要求培养绝对忠诚的革命战士，深入贯彻习近平新时代中国特色社会主义思想和习近平强军思想，武装学员头脑，其本质仍是以学员为本，是帮助学员树立正确的世界观、人生观、价值观，促使学员逐渐生成集体意识、共产主义意识，坚定理想信念。

一是把握新时代军队院校思政课话语体系的历史语境。中国特色社会主义进入新时代，军校思政课内容围绕实现民族复兴、强军兴军的主题，依托互联网技术，借助媒体融合发展趋势，采用数字技术支撑的虚实互补多维呈现形式对内凝聚共识，追求美好生活；对外传播中国声音，表达中国理念，展现军队形象，宏大叙事和自信话语风格成为思政课话语的主基调。以社会主要矛盾变迁为军校思政课话语体系的逻辑起点。社会主要矛盾是体现时代发展和我国国情的核心标志，是我们制定路线、政策和方针的主要依据，党在百年建设进程中始终抓住社会的根本，以解决社会主要

---

① 马克思、恩格斯:《马克思恩格斯选集》第 2 卷，人民出版社 2012 年版。

矛盾为根本遵循。思想政治教育以历史唯物主义理论为基础，运用马克思主义，以求探索人类社会与人类本身发展规律。可见思想政治教育与我党领导、推进社会建设的历程相同步，因此，我们可以认为社会主要矛盾是军校思政课话语体系的内部逻辑起点。我国社会主要矛盾发生四次大的历史性转化：建党初期，封建阶级与人民大众的矛盾；50 年代中期，经济文化与人民需要的矛盾；改革开放时期，人民物质文化需求与落后社会生产之间的矛盾；新时代我国社会主要矛盾转化为人民日益增长的美好生活需要和不平衡不充分的发展之间的矛盾。伴随这几次转化，军校思政课话语体系也相应地在不同时期被赋予了不同的历史内涵和时代特征。

二是抓住新时代军队院校思政课话语体系的时代方位。2020 年 12 月召开的全军思想政治教育工作会议，是我军在向建军一百年奋斗目标奋斗历程上的重大会议。会议中，习近平总书记提出了要构建新时代人民军队思想政治教育体系的要求。2021 年 4 月中央军委印发的《关于构建新时代人民军队思想政治教育体系的意见》指出，坚持以习近平新时代中国特色社会主义思想为指导，深入贯彻习近平强军思想，认真落实习主席关于加强和改进人民军队思想政治教育工作的一系列重要指示和要求，着眼加强党对军队的思想政治领导，围绕培养"四有"新时代革命军人、锻造"四铁"过硬部队，突出旗帜引领、聚焦强军打赢、坚持守正创新、注重体系重塑，创新教育理念、内容、方法、力量、工作运行和制度机制。《意见》强调必须用党在新时代的强军目标统领思想政治教育，紧紧围绕实现党在新时代的强军目标、把人民军队全面建成世界一流军队，培养听党指挥的接班人，砥砺能打胜仗的战斗队，塑造作风优良的子弟兵。要坚持不懈用习近平强军思想铸魂育人，强化思想政治教育服务保证强军打赢的指向，扭住领导干部身教重于言教这个关键，坚持走好党的群众路线焕发思想政治教育新活力，形成党委统筹、齐抓共管的思想政治教育大格局。《意见》既擘画军队思想政治教育发展的蓝图，也塑造了新时代军校思政课话语体系创造了独特的军事语境。

三是认清新时代军队院校思政课话语体系的军事方位。军校思政课姓军为军，以具有军事特色、符合军校学员需求与特征的话语内容与表达方式对学员进行马克思主义理论武装，引导学员坚定理想信念、坚持忠诚于党、培塑优良作风和履行职能使命，可以说，军校思政课话语体系的特色生成于特定的军事语境。总体而言，新时代军校思政课的军事语境主要有三个特征：首先党性强。军校思政课是一种政治工作，是党对军队的理论武装和思想教育。为使教育达到确保党对军队的绝对领导的效果，它的话语必须突出党的核心价值观和政治意图。习近平新时代中国特色社会主义思想和习近平强军思想，是开展政治工作和思想教育的理论武器。军校思政课话语体系建设要贯彻凝聚强军意志的战略举措，培养"四有"革命军人、锻造"四铁"过硬部队，不断强固学员忠诚于党的政治灵魂，激发他们能打仗、打胜仗的血性胆魄，传承赓续人民军队的优良作风。其次意识形态鲜明。我军历来擎持党的旗帜，听从党的指导。军校思政课的目标就是使学员听党指挥、确保党从思想上牢牢掌握部队。这样的目标决定了军校思政课话语体系必须用习近平新时代中国特色社会主义思想和习近平强军思想武装学员，培养绝对忠诚的革命战士。最后是鲜明的军事特色。军校思政课的对象是广大学员，也即未来的军官，他们现在、未来都在军事环境中生活、工作、学习，只有来源于部队实际、体现军营文化和军事特点的话语体系才能赢得学员的认同。

（二）新时代军队院校思想政治理论课话语体系的代际语境

构建新时代军队院校思政课话语体系的根本旨归是立德树人、为战育人，"人"的变化是话语体系构建最大的语境，尤其是人与人之间的"代际"鸿沟是话语难以实现传播和理解的重要原因。哈贝马斯在《交往与社会进化》一书中指出："理解最狭窄的意义是表示两个主体以同样方式理解一个语言学表达；而最宽泛的意义则是表示在与彼此认可的规范性背景相关的话语的正确性，两个主体之间存在某种协调；此外还表示两个交往过程的参与者能对世界上的某种东西达成理解，并且彼此能使自己的意向为对方所理解。"因此，化解代际问题，增强代际语境的渗透力，是军校思政课话语体系构建的重要环节。

一是新时代军校思政课话语体系代际语境中新型话语权力关系。代际语境中最大的变革在于话语权的变革。玛格丽特·米德在《文化与承诺——论70年代各代人之间的新关系》一书中，从文化传承的角度将人类社会分为前喻文化、并喻文化和后喻文化三个时期，并指出当今社会已经步入后喻文化社会时期。这三个时期的不同就在于话语权的归属。并喻文化社会时期，文化主要在同辈人之间传播。尽管年长者依旧享有较大的话语权，但是年轻人的话语也不再缺位，甚至在特定的领域中年轻人的话语权威性还会高于年长者。在后喻文化时期，文化则呈现出由年轻人向年长者传播的逆流效应。利用好互联网资源，是形成良好代际语境的关键。习近平总书记早在2014年全军政治工作会议上发表了重要讲话，指出政治工作过得了网络关，才过得了时代关，这是对军队网络发展现状和趋势的清晰判断，揭示了新时代军队思想政治教育的发展规律，同样说明了互联网对新时代军校思政课话语体系的影响是深刻彻底的。互联网赋予了年轻人"说话"的权利，并且在新技术的掌握和运用中，年轻人的接受能力高于年长者，因此他们之间的差距不断被拉大，前者对后者的文化反哺愈发普遍。因此，构建新时代思政课话语体系，务必以人为主体，以学员为根本，要从学员的角度思考和研究问题，把促进学员的全面发展作为构建话语体系的出发点和落脚点。在党的百余年奋斗历程中，军校思政课从革命的具体理念到启迪民主、解放人类不断演变，从未脱离以人为本的宗旨。新时代军校思政课要求培养绝对忠诚的革命战士，深入贯彻习近平新时代中国特色社会主义思想和习近平强军思想，武装学员头脑，其本质仍是以学员为本，是帮助学员树立正确的世界观、人生观、价值观，促使学员逐渐生成集体意识、共产主义意识，坚定理想信念。

二是新时代军校思政课话语体系代际语境中的新型话语主客体关系。传统教学活动中教学双方通常被当作主客体关系，教育教学侧重单向灌输，军校思政课尤为明显，施教者的权威把控与受教者的自由言说矛盾突出，一定程度上影响了受教者的积极性和主动性，甚至有可能抑制受教者的潜能，对教育效果造成挫伤。互联网为受教者参与教学活动提供了平台，协调了控制权与言说权之间的天然矛盾。网络技术的本质特征和人的主观特征使传统教育者与受教育者之间的地位发生了根本性的变化。受教育者有了言说的媒介与权利，两个教育主体之间阐释对话、交流甚至对抗交锋，受教者很大程度脱离了教育者的"权威把控"，教育双方由于互联网，形成了相对平等关系。互联网时代，教育者与受教育者之间的"主体"与"客体"的界限被弱化，呈现出一种新的双主体关系，改变了传统的思想政治教育模式。其一，军校思政课话语环境平等化。互联网场域中，新媒体、自媒体的蓬勃发展极大地强化了信息传递功能，互联网拓展了思政课的信息场域，教育者与受教育者处在平等的环境中，这是课堂教学活动民主化的前提条件；其二，促进话语主客体平等交流。互联网建立一个新的交流平台，教育者和受教育者可以通过QQ群、微信群平等交流，如鼓励、刺激等，激发人们的表现欲、表达欲、展示欲，满足了受教育者追求话语权的权利，无论是在理论上，还是在方法上，思政课逐渐形成多方参与、多态融合、多维分析的态势，教育教学更加民主、人本；其三，密切主客体关系。互联网技术下，新媒体快速发展，与军校思政课紧密结合，"云班课""学习通""智慧树"等教学软件，成为了教学双方的交流平台，扭转了"一言堂"教学模式，运用平台的信息技术手段，拓展教学空间，增加了选人、抢答、记分等环节，极大地增强了教学吸引力和效果。以火箭军工程大学思政课《中国近现代史纲要》中拍摄"红色微视频"的实践教学方法为例，坚持课堂教学内容为中心，学员将自身的感受和体悟用微视频的方法拍摄出来，在拍摄过程中，教员指导、学员操作，共同创作、演绎课程内容，在"学"与"做"的结合中传授理论、消化知识、深化认识、密切关系。

三是为新时代军校思政课话语体系代际语境中的创新话语内容。互联网的媒介、数据等技术功能促进了话语内容的丰富与创新。第一，网络热词的出现与流行。军校思政课是以学员为对象的教学活动，应关注学员的心理需求。对于一些简单、明显的社会现象或问题，学员具有较为基本的理性认识，但身处良好生活环境中的学员却难以历史地看待问题，加之不成熟的心理状态，以及在学习、训练、生活中遇到各种矛盾和问题，学员容易产生各种情绪。网络空间的虚拟特点，有利于学员在此释放情绪、缓解压力、制造狂欢、获取快感，他们在网络上畅所欲言，完全打破现实生活和传统话语的规范与束缚，一些新颖的、娱乐化的网络热词成了学员的心头好。如：将自己比喻为"韭菜"来表达对不公平现象的愤恨、无助；类似"蓝瘦香菇""亚历山大"等谐音梗表达负面情绪；类似"元芳，你怎么看？""陈独秀，你来说"等影视剧作台词表情达意；"卷""躺平"等形象生动的词汇抒发自身社会压力。风格各异的网络热词简洁、幽默、通俗，现实意义极强，深受学员喜爱。这些独具特色的话语是反映学员思想、情感和心理动态的晴雨表，为军校思政课提供了第一手资料。军队思政课话语体系要理解甚至吸纳流行的网络词汇，通过网络话语分析学员的心理动态，将传统枯燥的教化方法包装成新颖有趣的军校思政课程话语，直击学员的内心，从而提高教学的亲和力和有效性。

（三）新时代军队院校思想政治理论课话语体系的实践语境

思政课担负着立德树人根本任务，是贯彻落实新时代军事教育方针重要实践场域。

一是社会话语是新时代军队院校思想政治理论课话语体系鲜明的实践语境。新时代社会话语是指诞生于中国特色社会主义实践中，用以表达中国特色社会主义相关事物的新概念、新范畴和理论原理。这是构建新时代军校思政课话语体系最富时代感的实践语境。新时代社会话语的特征主要体现在五个层面：其一，坚实的话语基础。话语的基础是现实，新时代中国的社会话语基础是新时代中国政治、经济、文化、科技、军事实力及国际地位，诸如，中国特色社会主义进入新时代、新质生产力、中国式现代化等。军校思政课话语体系构建正是要把握这些新概念、新范畴，展现当代中国的变化。其二，科学丰富的话语内容。坚实的话语基础是丰富话语内容的来源，围绕着中国特色社会主义这一核心理念，社会话语愈加丰富，全方位地展示了中国特色社会主义，大量概念范畴、基本原理、逻辑关系逐渐形成了科学的思想体系。其三，跃升的话语言说能力。话语必须"讲"得好，才能实现传播与交流。社会话语以讲好中国故事、输出中国声音为目标，不断提升表达与言说能力，一方面继承和坚持我们已有的行之有效的表达方式，另一方面扬弃地学习西方的言说与表达方式。社会话语言说的方式及呈现效果为新时代军校思政课话语体系提供了言说模式。其四，坚定的话语自信。政党、国家、民族、人民作为新时代社会话语的主体，在与世界交流、交往、交锋中对我们国家的历史、文化、传统和现行的道路制度愈加充满自信，构筑的新时代军校思政课话语同样掷地有声、自信坚定。其五，有影响力的国际传播和国际话语权。中国实践、中国道路、中国制度、中国模式、中国历史、中国文化等在世界范围内广泛传播，受到世界人民的欢迎。其中国际话语权被认同最为重要，国际话语是指我们在世界上的影响力、传播力、解释力和支配力，这种主导权包括合理制定标准和定义对象的解释力，以及其他平等对话的概念，话语体系的影响力也包括被世界所认可。简言之，就是要有平等的话语权和被倾听的能力，要有发言权、有说服力和有影响力。这意味着军校思政课话语体系的构建、言说，也是有底气、有内容、有感染力、有自信、影响力和有主导权的，当然这也是军校思政课话语体系想要实现的效果。

二是社会资源是新时代军队院校思想政治理论课话语体系鲜明的实践语境。要更精准地靶向新时代军队院校思政课话语体系的建设，就必须要立足于现有话语社会资源。军校思政课话语来源是多样的，经济、政治、文化、生活逐渐一体化、民主化、多元化和信息化，话语资源变化多端、复杂纷繁，整合重组话语资源已然成为话语体系建构的重点。从话语题材来说，军校思政课话语纵向覆盖了中国传统文化资源、红色革命文化资源、中国特色社会主义文化资源，横向囊括国内、外资源等，还包括互联网的话语资源。着力将传统教学资源进行物理融合升华优化、改造重组，形成新的话语，比如红色短视频，通过视频剪辑、多媒体播放、网络传播等方式将文化资源、理论知识与学员实践相融合，使原本具有极强政治性的、严肃的教学内容精简清晰、轻松深刻，尤其是可视化的教学内容更容易产生直接的影响，使学员身临其境、身处其中，有所感悟、有所获得。特别要注意互联网这一实践场域中，可立足学员认同接受程度，将传统的学术话语、理论话语转变成为网络流行话语以增强学员认同感，"扬弃"中国传统话语资源和国外话语资源，提升学员对于国家民族、社会生活、国防军队的关注度和了解度，提升学员的责任感和使命感。注重填充军校思政课话语的"空白处"——"碎片化"阅读模式，为学员提供由图片、影音、文字结合的超文本信息。这些信息中的话语生动、简短、凝练，阅读轻松、信息量小，消解了冗长叙事中的宏观性与整体性，易于进入学员生活的方方面面，增加互动频率，提升学员在短小时间内的接受率。重组整合军校思政课话语资源，使军校思政课话语体系集政治话语、网络话语、媒体话语、教学话语等为一体，有力促进思政课教学提质增效。

（四）新时代军队院校思想政治理论课话语体系的全球化语境

全球化是指从 20 世纪 80 年代起，世界范围的经济、文化、政治等多方面的贯通融合，这是新时代的基本特征，是军校思政课话语体系最为宏阔的语境，对军校思政课话语体系产生重要的影响。在 2023 年 10 月全国宣传思想文化工作会议上，习近平总书记强调要加强和改进对外宣传工作，增强中华文明的传播力和影响力。要坚决有效防范和化解意识形态风险，敢于亮剑、敢于斗争。这段论述对在全球化语境下的军校思政课话语体系构建具有重要的政治和战略意义。

一是新时代军校思政课话语体系构建，要处理好全球化进程中的"话语融合"和"话语冲突"，敢于"话语对抗"。在全球化进程中，作为世界上最大的发展中国家，在军队走向建设世界一流军队的道路上，我国不乏向西方发达国家学习先进文明、科学技术、市场经济和社会治理等方面的突出成就；当然，中国道路、中国模式也有一些要素为西方发达国家所借鉴，这些都属于话语交融，是中西方融合的表现，体现了全球化进程的"统一性"。交融与交锋相伴，中西方话语的交流融合时刻伴随着话语冲突、话语交锋，凸显了"对立"的一面。"话语冲突"主要表现在意识形态、价值体系、行为方式的冲突，如中国特色社会主义与资本主义新自由主义的矛盾、集体主义与个人主义的矛盾、社会关系与个体能力的冲突等。冲突不可避免，话语必然交锋，话语交锋虽无兵刃，却是一场"没有硝烟的战争"。尼克松在著作《1999 不战而胜》中曾表明，要用非战争的方式来遏制社会主义国家的发展，并把这种非战争方式称为"和平竞赛的战略"。特别是利用美国的经济优势，通过经济援助和技术转让，诱使社会主义国家"和平演变"；他们善于传播所谓"自由"和"民主"等西方词汇，并通过"意识形态竞争"和"心理战"将其包装成"普世价值"。并预测随着意识形态战争，当中国青年抛弃了民族历史、民族传统时，美国便能不战而胜，征服社会主义国家。可以看出，这种"非战争的方式"的核心战略在于意识形态领域斗争，话语的战争愈演愈烈。美国企图以文化渗透的方式，隐蔽地将自己的价值观念、制度体制输出到经济、政治、社会、军事等领域。其中包括软硬两种"武器"——美国的"自由民主"及其军事、经济和技术实力。该策略按照四个步骤展开：首先，利用军事、经济、技术优势，吸引中国人崇拜和追随，建立西方标准，掌握话语权，然后用西方标准来评判中国，巩固话语权，提升话语权影响力，使中国青年能够达成"国外月亮更圆"的共识；其次用隐蔽的历史虚无主义消解中国青年对中国历史、文化、传统的认识与尊重，使中国青年丧失民族意识与集体意识，甚至对党、国家、民族，对中国现行的道路、理论、制度、文化产生怀疑，乃至否定态度；再次，使中国青年理想信念崩塌，对中国的未来失去信心希望；最后青年志气和信仰丧失，掉入西方的政治陷阱。究其本质，就是披着学术、思想、文化、文明等话语外衣的政治陷阱，无论包装得如何堂皇靓丽、义正词严，都掩盖不了其险恶用心。我们能够清醒认识其中的危害，更要认识到话语交锋的不可避免。西方敌对势力恰恰以此来攻击我们的道路、制度和理论，抹黑我们的历史、文化与传统。从当前的现实来看，包括军校学员在内的一些年轻人，确实对西方的"自由民主"等社会思潮十分推崇，却没有看清这些西方先进思想的真正目的——政治陷阱和"颜色革命"。被"先进"所迷惑，而对西方在我国经济、政治、文化、社会等领域的渗透和控制失去警惕和判断力；对西方科技进步盲目崇拜，无法正确对待我国的成就贡献；等等，造就了中西话语交锋的现实环境。面对这种话语环境，新时代军校思政课话语体系构建必须敢于正视冲突、勇于交锋，构建新标准、阐明新概念、运用新表述，增强话语效力。

二是新时代军校思政课话语体系构建要聚焦建设建强话语权。掌握话语权是在话语交锋中获取胜利的关键。话语权是指话语所包含的或者体现的权力，通俗地讲，任何话语体系的目标都是拥有话语权，同时，话语本身就是权力运行和展示的手段。其本质在于通过话语这种非暴力、非强制的方式，将自己的理念主张推广开来，为他人所接受，甚至改变和控制他人的行为和思想。如上所述，全球化进程加速，使得世界各国、各民族、各意识形态主体等的生活方式、思维方式、价值观念发生着融合与碰撞。目前，最明显的表现是资本主义企图取代其他民族文化和意识形态的文化霸权主义和文化帝国主义。通过西方话语中的中国形象变迁可有所认知：从邪恶的"龙"、黄祸、"中国威胁论"等话语皆展现了西方话语对我国社会发展成就的诋毁，体现了文化交流带来的隔阂和冲突。因此，话语权之争是意识形态领域斗争的关键。尤其是当今世界的头号强国——美国，在企图全面遏制中国的过程中，一直十分重视意识形态领域的斗争。美国中情局《和平演变十大诫命》中充分论述了通过话语传播改变价值观念，将会对个体、对群体、对民族、对国家带来重大的影响。美前中情局局长杜勒斯认为用混乱的思想来破坏人的意识，在潜移默化中改变人们的价值观念，甚至能够令人相信错误的价值观念。美国对中国实施的意识形态战略就是基于这样的论述，在《和平演变十大诫命》第一条如是说："尽量用物质来引诱和败坏他们的青年，鼓励他们藐视、鄙视、进一步公开反对他们原来所受的思想教育，特别是共产主义教条。替他们制造对色情奔放的兴趣和机会，进而鼓励他们进行性的滥交。让他们不以肤浅、虚荣为羞耻。一定要毁掉他们强调过的吃苦耐劳精神。"如此鲜明地指向中国的意识形态战略，军校思政课要敢于亮剑。军校思政课话语体系构建一方面要用真理的语言揭露美国的意识形态阴谋，阐明其"颜色革命"的本质；另一方面要坚持用马克思主义理论武装和引导学员，以深刻的学术和鲜明的实践话语，阐明当前的国际形势与自己肩负的使命，让学员真正成长为马克思主义理论的拥护者和坚守者，成为社会主义建设道路上、强军兴军进程中的建设者和接班人。

三是新时代军校思政课话语体系还要善于解答社会主义和资本主义国家发展命运的难题。何为难题？20世纪80年代末90年代初，苏联解体和东欧剧变，当代世界社会主义发展受阻；如今，社会主义国家除了我国蓬勃发展，其他社会主义国家发展都遭遇瓶颈；同时，我国的中国特色社会主义亦是无样板、无教科书的"中国模式"。这些难题怎能不使学员对社会主义的发展前景、前途道路产生困惑？因此，新时代军校思政课话语体系想要获取、掌握话语权，需要讲清楚社会主义产生的历史背景和现实必然性，了解资本主义在经济、政治、文化和生态方面陷入的总体危机，深入把握中国特色社会主义的历史必然和科学逻辑，才能在课堂上有话语权、在学员心目中有影响力，才能使学员明白习近平总书记所讲的"中国特色社会主义，承载着几代中国共产党人的理想和探索，寄托着无数仁人志士的夙愿和期盼，凝聚着亿万人民的奋斗和牺牲，是近代以来中国社会发展的必然选择，是发展中国、稳定中国的必由之路"。[①] 除了已有的冲突与矛盾外，新时代军校思政课话语体系还需要应对资本主义国家的一些新变化，需要用更新的话语来阐释当今资本主义社会新的问题。马尔库塞指出当今世界西方资本主义的困境，他提出，资本主义文明不断提高效益，财富迅速增长，几乎可以掩盖奴隶主与奴隶、统治者与被统治者之间的阶级差异和剥削。只是日益增加的生产效益却使生命本能日渐衰微，人不能继续进步而走向退化。这种观点的提出必然会引起学员的疑虑：资本主义是否必然会走向灭亡？资本主义曾经起过进步作用，未来是否能够继续存在？在表面上繁荣的背后存在着什么样的危机？现实中，西方哲学已开始反思高度的工业文明造成的人的异化。一般来说，资本主义的本质是逐利，而追求利润最大化，这就会导致垄断资本，并且两极分化严重，此外，由于资本的本质对于利益的过度追求与生态安全构成了严重的对抗，它的利润本质意味着最大的排放和对自然极度的索取，让欠发达国家"吃污染"。正如福斯特所说，资本主义经济以追求利润增长为首要目标，不惜一切代价追求经济增长，包括剥削和牺牲世界上绝大多数人的利益。这样的快速增长必然会快速消耗能源和材料，倾倒更多的垃圾，对环境造成极大的破坏，导致环境急剧恶化。新时代军校思政课则需要对这种理论质疑、社会观照给予回应，通过阐明人类社会发展的基本规律，促使学员深刻理解社会主义最终取代资本主义的历史必然。军校思政课在构建话语体系时就应当深入研究当今资本主义的新变化、新特点，并剖析其中的各种危机，以理服人、以情动人，促使学员认识、认清、认同社会主义的光明的前景。

---

① 辛向阳：《中国特色社会主义：民族复兴的必由之路》，《光明日报》2019 年 6 月 4 日。

四、新时代军队院校思想政治理论课
话语体系生成发展规律

规律是事物之间反复出现的、内在的必然联系，决定着事物发展的必然趋势。军校思政课话语体系生成和发展同样有据可循、有律可依，这种规律是构建军校思政课话语体系的依据和准则，梳理掌握这一规律，有助于军校思政课话语体系不断发展完善。具体而言，决定与影响新时代军校思政课话语体系的生成发展分为内在规律发展驱动与外在语境刺激两个方面。

（一）内在规律增强发展驱动

军校思政课话语体系内部各构成要素相互作用、相互影响，通过这些内部运动推动军校思政课话语体系的生成和发展。这些相互作用的要素主要为三种规律所支配：形成规律、运行规律、传播规律。

一是形成规律决定军校思政课话语体系的主体性。军校思政课话语体系的形成是依靠内驱力、自生自塑的主动过程，体现了军校学员内在需要和思想政治教育的内在需要，是军校思政课话语体系的立足点和原动力。军校思政课话语体系的形成规律是指话语生成过程由话语主体根据学员的心理需求与思想政治教育内在要求，选择话语内容、形成话语方式、使用话语媒介、搭建话语逻辑。由于军校思政课话语体系的生成和发展必须立足军校学员的学习、训练、生活，反映学员的需求和特征，这是区别军校思政课话语体系与其他话语体系的根本，体现了学员的主体性。也就是说，军校思政课话语体系只有在军校学员这个群体中，在军队思想政治教育这个大背景下才能够形成，可见，军校思政课话语体系具有自己的主体性与独立性。

同时，话语体系在持续生成与发展的过程中也受到形成规律的支配，体现出增强主体性的发展向度。任何话语系统都包含着话语内容的主动建构和话语姿态的主动提升。在军校思政课话语体系的构建与发展中，话语主体主动设定话语目标、主题、内容、方法，在各个环节的整体作用下，不断更新和优化话语系统的价值取向、内容构成、表达方式和逻辑结构，形成话语系统的性质和发展方向。这一过程最关键的部分便是话语主体的自我意识与自身素质。换言之，话语主体输出话语、形成体系正是为了表达自我意识、塑造价值观念。这时，话语主体的素质，尤其是教育者作为话语主体时，其思想、政治与理论素质极大地影响话语体系的形成：其一，思想素质。话语主体是否真学、真信、真懂、真用，能否用马克思主义的立场、观点、方法引导学员树立正确的价值观念；其二，政治素质。话语主体是否坚守政治忠诚、保持政治定力、具有政治担当，能够引导学员忠于信仰、忠于组织，捍卫"两个确立"、增强"四个意识"、坚定"四个自信"、做到"两个维护"，贯彻军委主席负责制；其三，理论素质。话语主体是否具有扎实的学识，能否根据军队思想政治教育的要求准确设置话语议题、打造话语内容，根据学员需求创新话语方式，并对话语议题进行阐释。

二是运行规律决定军校思政课话语体系的实效性。运行规律指话语体系各要素之间的协同运行、协调发展，这是军校思政课的落脚点和推进力。系统论认为，整体性、关联性、时序性等是所有系统共同的基本特征，话语体系的运行本质是以话语为基本要素的传播系统的运行，因此话语体系中话语主体、话语客体、话语内容、话语方式、话语媒介和话语语境需要协同运行才能发挥作用。其一，话语主体的价值取向、认知习惯和交流方式，极大地影响了话语传播，尤其是一些极富军队特色的话语，如"忠诚""奉献""信仰"等，务必要在维持话语核心含义的基础上调整方式、以多样性促有效性。其二，充分利用话语语境对话语主体心理、思想和行为的引导力。教员作为话语发出者，应具有统观全局的视野和认识，善于从大的社会语境和小的生活语境，回应社会关切的问题、学员关切的问题，在此过程中提出具有军校特殊的概念和理论，实现军校思政课话语的导向性作用。譬如，军校思政课话语与普通地方高校的思政课话语有所不同，但不是要另起炉灶，而是应该在话语体系的侧重点上有所区别。其三，注重话语体系在不同阶段的衔接，使话语运行更加流畅。军校思政课话语体系与学员在高中、初中乃至小学的思想品德课话语体系应该是一脉相承的，但是却不能等同，相对高中思政课，军校思政课需要给学员讲清楚"是什么"背后的"为什么"，以相应的逻辑把"是什么"体系化、系统化，而不仅仅是单一的知识点。通过对本科学历的思政课与任职培训的思政课话语比较后发现，由于生长军官本科与士官两个层次的教学对象不同，需要运用不同的话语来表述军队基层政治工作课程内容，因为士官学员基层工作经验丰富，如果教员举例太过单一、书面化就会使学员丧失兴趣。为此，在教学过程中可以灵活采用学员研讨、情景模拟的方式深化理解。与此同时，同样的内容对于仅有学校经验的生长军官学员则不同，生长军官学员需要制式条令的形式帮助他们先掌握流程规范，熟悉之后才能开展实践巩固所学。为此，军队院校思政课话语体系建设过程中需要把握和运用运行规律，以话语形式、话语内容与话语客体之间协同共进推动良好效应的产生。

三是传播规律决定军校思政课话语体系的传播性。话语交流是一种传播实践，话语体系科学有效的一大表现即是有效传播。军校思政课话语体系传播规律是指话语由内向外、由点到面，推动军校思政课参与思想政治实践格局，这是军校思政课话语体系的增长点与创新力。由内向外是指对传播媒介的统筹兼顾，随着军校思政课的空间拓展和渠道增强，话语体系传播不仅仅是课堂内教员和学员的互动，更是多主体、多部门、多层次的实践样态，这需要在国家教育部门、军队相关部门等话语宣传机构的配合下形成合力，在组织上保障话语体系的创新发展向外传播。一方面，话语传播要以话语平台的全媒体信息处理能力为前提条件，为此，要使相关从业人员既懂传播技术，也懂思政，在技术人才方面给予支撑。另一方面，重视新旧媒体融合、用好自媒体与社会媒体的平衡点，把握话语传播的时、度、效，增强话语体系的影响效力。

（二）外部因素推动创新发展

除了话语体系内在运行发展规律外，还有一些促进、影响军校思政课话语体系发展的外部因素，比如社会要求、理论发展与学科建设等，这些因素构成当前军校思政课话语体系最大的外部要素，对军校思政课话语体系的生成和发展有着重要影响。具体而言，主要包括社会与军队思想政治教育、创新理论成果、学科建设的更迭发展。

一是社会与军队思想政治教育迭代决定话语体系导向。社会与军队思想政治教育的迭代促使军校思政课话语体系的发展必须以社会和军队对学员的思想政治理论素养为导向，选择话语内容、配置话语方式与构建话语逻辑。新时代军校思政课话语体系所处的社会与思想政治教育语境应着重考虑以下三个方面：其一，以马克思主义为指导思想。2016 年 5 月 17 日，习近平总书记在哲学社会科学工作座谈会上指出："坚持以马克思主义为指导，是当代中国哲学社会科学区别于其他哲学社会科学的根本标志。"军校思政课话语体系的形成和发展，必须坚持马克思主义指导思想的中心地位，引导学员按照马克思主义的立场、观点和方法认识世界、开展实践。其二，以习近平新时代中国特色社会主义思想和习近平强军思想为指导。新时代的思政课还要坚持用习近平新时代中国特色社会主义思想和习近平强军思想铸魂育人，增强学员的道路自信、理论自信、制度自信、文化自信，培塑学员的爱国主义情怀，新时代的军校思政课不仅要坚持以习近平新时代中国特色社会主义思想为指导，还应深入贯彻习近平强军思想，切实落实好习近平总书记的一系列重要指示要求。其三，着眼军队思想政治教育的目标。新时代军队思想政治教育，必须紧紧围绕实现党在新时代的强军目标，把人民军队全面建成世界一流军队，培养听党指挥的接班人，砥砺能打胜仗的战斗队，塑造作风优良的子弟兵。为此，社会与军队思想政治教育语境要求军校思政课话语体系构建必须精准掌握党、军队对学员思想政治理论素养的要求，并将党、军队的要求融入话语体系各要素，切实完成铸魂育人的历史使命，为培养有灵魂、有本事、有血性、有品德的新时代革命军人，锻造具有铁一般信仰、铁一般信念、铁一般纪律、铁一般担当的过硬部队提供坚强保证和重要支撑。

二是创新理论成果丰富话语体系内容。创新理论是以马克思主义中国化时代化最新理论成果丰富和发展军校思政课话语体系。上文已指出及时跟进党的创新理论发展是军校思政课话语体系的宝贵经验，从另一个侧面来看，其正说明了每一次理论创新都在刺激思政课的发展，不断把马克思主义中国化时代化最新理论成果融入军校思政课话语体系中，武装学员的头脑，取得思想政治理论教育显著成效。学术成果一旦产生，就要立即运用到军校思政课话语体系中，指导话语体系的发展。一般体现为两种方式：其一，以方法论的形式指导话语体系的构建，比如《马克思主义基本原理概论》课程提出学员要从整体上理解马克思主义，掌握马克思主义的基本原理，运用马克思主义的立场、观点和方法分析问题、解决问题，整体性的要求是马克思主义理论学科重要的方法论，也是马克思针对恩格斯著作《反杜林论》研究的学术成果。其二，将某些重要理论观点引入军校思政课话语体系，为思想政治理论教育服务，比如，弄清楚毛泽东思想与中国特色社会主义理论体系，习近平新时代中国特色社会主义思想与邓小平理论、"三个代表"重要思想、科学发展观一脉相承、与时俱进的内在逻辑；党的基本理论、基本路线和基本方略之间的关系；"五位一体"总体布局与"四个全面"战略布局之间的关系；等等，这些都是热点、难点。学科建设语境刺激军校思政课话语体系时刻关注理论界的学术研究成果，及时融入成果，将成果转化成为支撑话语体系的理论要素。

三是学科建设的升级推动话语建设水平提升。学科建设的升级有助于提升军校思政课话语体系的学术内容和理论水平，促进军校思政课话语体系的科学建设水平不断提高。学科建设本质是科学研究的加强，通过凝练学科方向、加强人才培养、强化平台建设、促进学科交流系列方式，刺激学术研究成果的大量产生，进而使研究成果为军校思政课话语体系建设提供学理支撑。当前，军校思政课通过增设和改革课程体系建设，不断地加快教材的修订和补充，持续以"三进入"的形式纳入党的最新理论成果。增加思政课《坚持党对军队领导》《中国共产党的历史》等课程，将"毛中特"分解为《毛泽东思想和中国特色社会主义理论体系概论》和《习近平新时代中国特色社会主义思想概论》，大大增强思政课中党的创新理论的比重。《马克思主义基本原理》课程要求在"马克思主义的发展"中国阶段的部分，注重阐明习近平新时代中国特色社会主义思想在马克思发展史上的地位，强调要掌握新版教材必须下功夫认真学习党的二十大报告，特别是习近平总书记的著作和论述。最新的教材修订明确强调加强习近平新时代中国特色社会主义思想和习近平强军思想的学习是大纲这次编写修订的重中之重，《人民军队历史与优良传统》课程教材大篇幅修改第八章内容，将党的二十大报告全面加入进去，在内容篇幅上比上一版教材增加三倍有余。《军人思想道德与法治》课程将教材体系转化为专题体系时，侧重对创新理论的展示与链接。《中国近现代史纲要》课程与《中国共产党的历史》相互补充，前者突出历史成就后者强调经验成果，将党的创新理论发展与实践成就紧密结合。可见，学科建设发展过程，有力提升和增强了思政课话语体系表达内容和方式，需要在思政课话语体系创新建设发展过程中充分借鉴和考虑。

以上三种内部规律与三种外部要素是军校思政课话语体系生成发展的动力和条件，科学地认识运用这些规律与语境，是优化军校思政课话语体系、增强军校思想政治教育实效的有效手段。

第四章
新时代军队院校思想政治理论课话语体系建设策略

党的二十大开启了全面建设社会主义现代化国家、全面推进中华民族伟大复兴新征程，发出了实现建军一百年奋斗目标、开创国防和军队现代化新局面的动员令。站在新的历史起点上，军校思政课话语体系建设既肩负对党的百余年伟大实践做出更科学更系统的表达的历史重任，也面临对国防和军队现代化的新探索新经验做出及时有效解读的时代责任。因此，构建新时代军队院校思政课话语体系应站在新时代的战略高度，向着思政课话语体系的目标，坚持与遵循话语体系建设的原则，从更新话语理念、优化话语内容、创新话语方式、提升教员素养、丰富话语实践五方面要素入手，综合采用一体统筹、兼顾协调、聚优培特、整体提升等方式，系统打造既有"顶天"的宏大叙事，也有"立地"的个人关怀，平衡融合宏观与微观、国家与个体的关系，为战特色鲜明、广受学员喜爱、育人效果显著的新时代军校思政课话语，完整展示真实、立体、全面的军队形象，不断增强新时代军校思政课话语体系的创造力、感召力、吸引力。

一、新时代军队院校思想政治理论课话语体系建设的目标

2022年4月25日，习近平总书记在中国人民大学考察时强调："思想政治理论课能否在立德树人中发挥应有作用，关键看重视不重视、适应不

适应、做得好不好。"创建军校思政课话语体系就是对军校思政教育"适应不适应"的回答，旨在实现"做得好"的目标。何为"做得好"？不能任意主观臆断，而是要在现实里观照，从学理上分析，切合我国社会发展的客观需求，回应新时代强国强军事业的现实呼唤。这是确定军校思政课话语体系建设的时代依据，是建设新时代立德树人关键课程话语体系的基本遵循。回顾历史，教育的点往哪里打、教育的劲往哪里使、教育的果往哪里落，历来根据党和军队的目标方向、使命任务确定。新时代军校思政课话语体系的建设目标，是党和军队奋斗目标在思政课教学具体体现和实践，内涵上与强军目标一脉相承，对象上兼顾学员群体和个体的需求，反映和彰显军队思想政治教育的本质本真。

（一）形成立德树人的话语自觉

党的十八大以来，习近平总书记对军队院校人才培养工作多次作出重要指示，并鲜明提出"立德树人、为战育人"的要求，深刻揭示了军事教育"培养什么人、怎样培养人、为谁培养人"的根本问题。思政课是落实立德树人根本任务的关键课程，全面推进思政课话语体系建设是落实立德树人根本任务的战略之举。对于军队院校思政课而言，"立德树人"就是要解决好"培养什么样的军人""锻造什么样的军队"的根本问题。《关于构建新时代人民军队思想政治教育体系的意见》中强调："必须用党在新时代的强军目标统领思想政治教育，紧紧围绕实现党在新时代的强军目标、把人民军队全面建成世界一流军队，培养听党指挥的接班人，砥砺能打胜仗的战斗队，塑造作风优良的子弟兵。"这一重要论述阐明了新时代军队思政课话语体系的立德树人目标的内涵。

一是要毫不动摇地坚持党对军队绝对领导。毫不动摇地坚持党对军队绝对领导是我军的立军之本，是我军能够战胜一个又一个困难、从胜利走向胜利的精神源泉。搞清楚并明确回答"为谁扛枪""为谁打仗""听谁指挥"是军校思政课贯穿始终的根本性问题，因此建设思政课话语体系必须以确保党对军队绝对领导为首要目标。回顾历史，红军初创时期，毛泽东就指出，学校要为党培养优秀可靠的人才。抗日战争时期，抗日军政大学的教育方针明确提出"坚定正确的政治方向"，明确抗大是我们党领导下的学校，而不是国民党和我们党共同领导下的学校；改革开放时期，邓小平指出，学校培养合格军事人才的前提，就是是否把始终坚持政治方向这一原则放在首要位置。中国特色社会主义进入新时代，军校思政课话语体系建设依然要旗帜鲜明，毫不动摇地贯彻党对军队绝对领导的根本原则制度。当前，物联网、元宇宙等新技术迅猛发展、日新月异，各种新旧思想文化和社会思潮之间的碰撞交锋更加凸显，西方敌对势力更是不断加紧对我军进行文化侵蚀，必须高度警惕美国等西方国家对我军特别是军校学员的渗透破坏。思政课作为党在军校铸魂育人工作的重要组成，始终都坚持各方面、全过程贯彻政治建军原则，确保党不管在思想上还是政治上都牢牢掌握主动权。因此，建设军校思政课话语体系，首先必须把正话语的正确方向，灌输以党的方针为方针、以党的方向为方向、党的意志为意志的话语自觉，确保学员政治信念十分坚定、思想高度统一、行动十分自觉，打牢高举旗帜、听党指挥、履行使命的坚实基础，真正从思想上政治上对党绝对忠诚绝对可靠，抢占思想阵地的制高点，紧紧抓住掌握思想占领思想的主导权，完成立精神支柱、强政治灵魂的历史使命，培塑"四铁"革命队伍的接班人。进而才能确保枪杆子永远掌握在忠诚于党、绝对可靠的人手中，确保中国特色社会主义事业、国防和军队建设事业后继有人。

二是要坚持马克思主义的指导地位。习近平总书记指出，办好思政课，最根本的是要全面贯彻党的教育方针，强调要坚持马克思主义指导地位，贯彻新时代中国特色社会主义思想，坚持社会主义办学方向，落实立德树人的根本任务。怎样始终确保方向正确？关键一环就是思政课。思政课的核心是加强马克思主义理论教育，引导学生树立共产主义远大理想和中国特色社会主义共同理想，增强"四个自信"，厚植爱国主义情怀，加强品德修养，引导学生"明大德、守公德、严私德"，坚定理想信念。马克思主义为军校思政课话语体系建设明确立场原则，强化价值引领，提供学理支撑。坚持以马克思主义为指导，是军校思政课话语体系的灵魂所在、特色所在。习近平新时代中国特色社会主义思想是马克思主义中国化时代化的最新理论成果，是当代中国马克思主义、二十一世纪马克思主义。自觉将习近平新时代中国特色社会主义思想的世界观方法论和习近平强军思想的军事观方法论贯穿到构建军校思政课话语体系之中，讲好强国兴军的伟大故事，建设具有强大凝聚力和引领力的军校思政课。军校思政课话语体系无论如何创新，都要始终坚守马克思主义的核心地位，这是建设军校思政课话语体系的前提和基础，失去了这一点就谈不上建设，更不可能进行所谓创新。因为任何军校思政课话语体系的建设，都必然是为了将马克思主义的话语和党的话语转换为特定受教育者更容易接受的话语。如果没有马克思主义的核心地位，军校思政课话语体系建设就毫无意义，犹如无本之木、无源之水。因此，在军校思政课话语体系建设的探索与实践过程中，不是要否定一切传统的思政课内容与方式，更不能因为所谓创新，否定军队思想政治教育的性质和目的，而是要在弘扬思政课教学优良传统的基础上，通过不断拓域改革，采取更能体现时代主题、更能回答新形势下的实践课题、更加贴合当代学员自身特点的话语模式，增强军校思政课的吸引力和凝聚力，巩固马克思主义在学员理想信念塑造中的核心地位。

三是要传承红色基因。在辽宁考察时，习近平总书记指出，红色江山来之不易，守好江山责任重大。要讲好党的故事、革命的故事、英雄的故事，把红色基因传承下去，确保红色江山后继有人、代代相传。传承红色基因，是当代军校青年的必修课，弘扬优秀传统，是成就人才的基本功。红色基因是我党带领全国人民在长期的革命、建设和改革历程中总结凝练出来的价值立场、远大理想、光荣传统、战斗精神和优良作风等，是我党我军的文化基因和文化精髓，其中蕴含着我军鲜明的政治立场、坚定的信仰信念、先进的制胜密码、优良的作风纪律、崇高的革命精神。红色基因是中国共产党人的精神内核和政治标识。战争年代，中国人民解放军之所以能不断从胜利走向胜利，其中一个至关重要的原因就是军队思想政治教育始终坚持传承红色基因不断档、不掉链、不失真。当前，学员成长在新时代，对党和军队的奋斗历史和优良传统没有直观感受，缺乏政治历练和苦难锤炼，容易淡忘和忽略幸福生活的来之不易。习近平总书记多次强调，党和军队在长期的发展进程中，孕育创造了丰富的精神文化资源，要注重充分传承好、利用好、发扬好这些宝贵资源。军校思政课话语体系建设要始终注重加强我军性质和根本宗旨教育，弘扬我军光荣传统，旗帜鲜明讲正道，理直气壮明立场，自觉担当起弘扬优良传统、培育优秀人才、实现强军目标的使命任务。要把中国革命的历史特别是党史军史学习贯穿于教育教学之中，引导学员在回溯革命源流中增强"四个自信"，在瞻望奋斗目标中强化"四个意识"，抵制各种不良社会思潮的侵蚀，赓续红色血脉，当好红军传人。要善于发掘优良传统作风的增长点，将实践中的闪光点总结升华为广大学员共同的精神价值，适时固化为指导性规范，通过以上率下、共同践行，形成锻造和坚持优良传统作风的浓厚氛围，成为我军确保政治方向、凝聚军心士气的重大精神动力，未来也必将成为军校思政课话语体系建设的不竭源泉。

（二）形成备战打仗的话语意识

人民军队永远是战斗队，人民军队的生命力在于战斗力，必须坚持一切建设和工作向能打仗、打胜仗聚焦用力。2013年11月6日，习近平总书记在视察国防科技大学时强调，要坚持面向战场、面向部队，围绕实战搞教学、着眼打赢育人才，使培养的学员符合部队建设和未来战争的需要。当前，面临百年未有之大变局中复杂严峻的国际环境，我国安全形势不容乐观，军队院校尤须强化战斗精神战斗意识，军校思政课话语体系建设必须把根本指向聚焦到能打仗、打胜仗上，推动战斗力这个唯一的根本的标准落下来，坚持一切以"战"为出发点、一切以"战"为瞄准点，从作战链条上把准军校思政课为战育人的职能定位，确保话语体系建设聚焦战来引领、基于战来谋划、瞄准战来展开，为学员敢上战场能打胜仗提供强大的政治保证、智力支持和精神力量，推动立德树人根本任务融入军队中心工作中去，全面提高思政课话语体系对备战打仗的贡献率。

一是要注重强化一心向战、谋战为战的自觉。向战而行、保证打赢是军校思政课的根本价值所在，也必然是军校思政课话语体系建设的方向引领。军校思政课话语体系建设要注重全面、准确、科学的传播习近平强军思想"十一个明确"的主要内容，全面把握"五个坚持"的军事观和方法论，坚持面向战场、面向部队、面向未来，深入贯彻新时代军事教育方针。围绕实战、着眼打赢，紧贴军事斗争准备实际，融入军事训练全过程，时刻不忘话语中的"战味"，突出实战、能战、胜战，重点强调"军队首先是一个战斗队，是为打仗而存在的"，警醒广大学员"天下并不太平，和平需要保卫""思想的锈蚀比枪炮的锈蚀更可怕"，不断强化学员忘战必危的忧患意识、危机意识，更新军事理念和思维方式，把精力和心思用到学打赢、抓准备上，推动战斗力标准意识真正立起来、落下去。通过思政课话语体系有效传播铸牢学员当兵打仗、带兵打仗、练兵打仗意识，不断增强威慑和实战能力，始终做到脑子里永远有任务、眼睛里永远有敌人、肩膀上永远有责任、胸膛里永远有激情。

二是要激发履行使命、保家卫国的责任感。2023年秋季开学之际，习近平总书记给安徽潜山野寨新考取军校的同学回信，肯定了他们把从军报国作为人生追求的光荣行为，勉励他们努力成长为高素质专业化新型军事人才，为国防和军队现代贡献力量。军校思政课话语体系建设要注重让学员正确认识战争的性质，深刻理解战争的政治本质，正确把握政治与军事、政略与战略的关系，从而把"为谁扛枪、为谁打仗"等原则问题根植于灵魂深处，树牢为维护国家主权和核心利益而进行的战争、为维护人民根本利益而进行的战争都是正义的战争观，激发不负重托、不辱使命的责任担当。当前，实现中华民族伟大复兴，是我们国家和民族的最高利益。在这样一个关键的发展阶段，军校学员作为强军兴军伟业中不可缺少的一分子必须要保持战略清醒。军校思政课话语体系要能引导学员，把战争问题放在实现中华民族伟大复兴这个战略目标下来认识，自觉强化打好军事政治仗的思想观念，善于从政治高度思考和处理军事问题，不断强化政治意识、大局意识、核心意识、看齐意识，立足最困难、最复杂情况，加强练兵备战，理直气壮地使用包括武力在内的各种手段，强化保卫国家领土主权完整、维护人民根本利益的使命感责任感。

三是培塑不畏强敌、师出必胜的血性胆气。习近平总书记深刻指出，在战争制胜问题上，人是决定因素。无论时代条件如何发展，战争形态如何演变，这一条永远不会变。战争是一个需要敌我双方进行军事实力和军事潜力综合较量的复杂过程。但是在战争制胜的问题上，无论武器装备如何发展，人始终是决定因素，必须充分发挥人的主观能动性。人民军队曾经用血性胆魄书写了辉煌历史，铸就了光辉业绩，形成了优良传统。军校思政课话语体系建设重点要使学员科学认识马克思主义战争制胜观，深刻揭示"唯武器论"的错误实质，奠定正确地准备战争、指导战争、赢得战争的军事理论基础，打牢敢于斗争、敢于胜利的思想基石；使学员认识到虽然战争形态改变了，但战争制胜规律没有变，要坚定人民战争必胜、正义战争必胜的信念；使学员认识到人依然是战争胜负的决定因素，没有高素质的军事人才和顽强的战斗精神是不可能取得战争胜利的；使学员认识到人依然是战争胜负的决定因素，忽视"人"这一重要因素是不可能取得战争胜利的；使学员认识到在相当长的一段时间内，面对信息化、智能化战争，我们仍然需要发挥和运用高超的技战术水平和顽强的战斗意志以赢得军事斗争的胜利。

（三）形成满足"两个需求"的话语方向

强军之道，要在得人。军校学员是我军未来的希望，是中国特色社会主义的建设者和接班人，是强军兴军伟业的生力军和后继者。党的十八大以来，习近平总书记关于人才强军发表一系列重要论述，提出科学的立场观点方法，引领我军人才工作推陈出新。军校思政课话语体系建构必须深入贯彻落实习近平强军思想，深刻领会习近平总书记关于人才强军重要论述，牢牢把握新时代我军人才工作的根本遵循，始终保持人才工作的正确方向。帮助学员校准成才定位和发展目标，解决好"培养什么人、怎样培养人、为谁培养人"这个根本问题，满足部队对人才的需要和学员自身对成才的需求，既要按照"四有"新时代革命军人、"五好"军队干部标准要求培塑学员理想信念和意志品质，又要遵循客观科学规律和个体成长规律培育学员积极心理品质和健康完整人格。

一是要对准基础性需求找准育人功能方向。学员群体正处在成长成才的关键阶段，其人格、思维、认知的形成是多因素相互作用和影响的复杂过程。一方面，学员个性特点张扬，思维心理活跃，表现欲望强烈，获取信息的渠道比以往更加丰富。另一方面，他们的人生阅历浅，参与社会活动的经验少，必须要发挥军校思政课的引导作用，使他们的行为选择符合部队基础的要求、满足强军兴军伟业的需要、适应个人对未来成长进步的期盼。在全国高校思想政治工作会议上，习近平总书记指出："思想政治工作从根本上说是做人的工作，必须围绕学生、关照学生、服务学生，不断提高学生思想水平、政治觉悟、道德品质、文化素养，让学生成为德才兼备、全面发展的人才。"[1] 军校思政课话语体系建设，必须要发挥好育人功能，坚持"八个相统一"，面对部队、面向战场、面向未来，不断增强学员提高自身思想政治素质的内生动力，培养听党指挥的接班人，砥砺出能打胜仗的战斗队，塑造出作风优良的子弟兵。

二是要适应创新性需求回应学员内心呼唤。对于军校思政课话语体系建设而言，"立德树人"的目标导向，决定了它的建构不仅需要服从理性的认知思维逻辑，也要遵循感性的情感惯性过程，要能够达成知情意的有机统一融合。因此，军校思政课话语体系不但包含马克思主义理论的"逻

---

[1] 习近平：《把思想政治工作贯穿教育教学全过程　开创我国高等教育事业发展新局面》，《人民日报》2016 年 12 月 9 日。

辑—认知"过程，也要能在学员立精神支柱、强政治灵魂上积极作为，更要能够丰富学员内心世界、蓬勃生命活力、塑造完整人格等情感体验与实践领悟过程，最终促进学员实现人格自我完善。当代军校学员是身处社会大变革的一代人，经历经济社会变革和文化多元冲击的洗礼，比如，中美贸易摩擦、全球抗击新冠疫情、俄乌冲突等重大事件，使其思想观念发生了深刻变化，呈现从困惑到认同交织的发展态势。部分学员对社会道德标准产生了迷茫，部分学员表现出以"承认"代替"判断"、以"多元规范"代替"正确正义"的倾向。相当一部分学员否定对各种价值观念和生活方式进行排序，这种对道德规范的多样性认知让部分"00后"学员认同"什么都行"的道德规则，容易陷入道德虚无主义，甚至形成极端的利己主义、养成消极遁世的道德价值观。军校学员身处时代的洪流之中，必然会受到各种多元文化的冲击和影响，军校思政课话语体系必须能够适应学员新的需求和困惑，努力让教育之变紧跟时代之变，回应好时代带来的新的问题和挑战，把准新生代、网生代学员的思想心理和行为特点，让教育打在鼓点上、说到学员心里去，满足好学员因自身成长成才对于军校思政课话语体系的创新性需求。

二、新时代军队院校思想政治理论课话语体系建设的原则

任何实践活动都必须遵循一定的基本原则，军校思政课话语体系的建构也必须遵循科学的建构原则。一定的基本原则是军校思政课话语体系构建的行动指南，只有在原则的指引下才能有意识、有目的地建构军校思政课话语体系，才能更好地"摸着石头过河"，更好地塑造出适应学员需要、符合时代特点、回应强军兴军事业呼唤的具有针对性、科学性的话语体系。

（一）坚持政治性与军事性相统一

2019 年 11 月，习近平总书记在全军院校长集训开班式上强调："要全面贯彻新时代军事教育方针。"新时代军事教育方针，就是坚持党对军队绝对领导，为强军兴军服务，立德树人，为战育人，培养德才兼备的高素质、专业化新型军事人才。其中鲜明地把立德树人和为战育人并列起来，体现了政治性与军事性相统一的原则，彰显了政治建军和能打胜仗对育人育才的要求。新时代军校思政课的目标任务，说到底是为了培养堪当强军重任的新时代革命军人，军校思政课话语体系的建设必须围绕着这一目标任务聚焦用力，实现立德树人与为战育人的统一，这是军校思政课根本任务与核心指向的统一。

一是落实立德树人的根本任务必须坚持政治性原则。军校思政课话语体系建设的政治性，体现在必须坚持立德树人的根本任务，发挥好关键课程的主渠道、主阵地作用。在 2019 年 3 月 18 日学校思想政治理论课教师座谈会上，习近平总书记鲜明指出，思想政治理论课是落实立德树人根本任务的关键课程。党的二十大报告指出："育人的根本在于立德。全面贯彻党的教育方针，落实立德树人根本任务，培养德智体美劳全面发展的社会主义建设者和接班人。"这是新时代全党全社会对立德树人根本任务的价值共识与发展追求，也是对军校思政课根本任务的进一步强化和明确，彰显了军校思政课作为立德树人关键一环的地位作用，具有鲜明的政治性原则。因此，坚持立德树人，既是军校思政课历史发展的要求与使命，也是新时代课程发展建设的紧要任务。军校思政课话语体系建设必须适应时代需求，始终向立德树人的根本任务聚焦，以完成自身的职责与使命，不辜负领袖、统帅的嘱咐和时代的重任，为党育人、为军育才，满足党和国家在新时代对社会主义建设者和接班人的需求。

二是体现为战育人根本属性必须坚持军事性导向。军校思政课话语体系的军事性源于军校思政课独特的军事环境。为战育人，是军队院校与地方高校的本质区别。军队院校因打仗而生、为打仗而建，根本属性是"姓军为战"。院校同部队对接越精准、课堂同战场衔接越紧密，培养的人才越对路子。军校思政课必须贯彻为战育人指向，建立特色鲜明、"军味""战味"浓厚的话语体系。首先是把提升对战斗力生成的贡献率作为育人的根本准绳，话语中融入"战味"，突出实战、能战、胜战，紧贴新时代军事斗争准备实际要求，重点强调"军队首先是一个战斗队，是为打仗而存在的"，加强马克思主义战争观、军队使命任务、国家安全形势教育，不断强化忘战必危的忧患意识、危机意识。其次是必须注重引导学员，把战争问题放在实现中华民族伟大复兴这个大目标下来认识，自觉做到当兵打仗、带兵打仗、练兵打仗，善于从政治高度思考和处理军事问题，不断强化政治意识、大局意识、核心意识、看齐意识，立足最困难、最复杂情况，加强练兵备战，理直气壮地使用包括武力在内的何种手段，以保卫国家领土主权完整、维护人民根本利益。

（二）坚持引领性与需求性相统一

2016 年 12 月，习近平总书记在全国高校思想政治工作会议上强调，"思想政治理论课要坚持在改进中加强，提升思想政治教育亲和力和针对性，满足学生成长发展需求和期待"。军校思政课能够引领学员思想的前提，是学员对于思政教育者的认同与认可，认同和认可的基础恰恰是自身需求的满足。这就要求军校思政课话语体系建设必须尊重和关心学员的现实需求，积极回应学员正当合理的需求，使其自身需求满足与时代价值发展相适应，这样才能更好地实现思政课话语体系的价值引领功能，提升军校思政课话语体系的实效性。

一是把握需要满足是思想引领的前提条件。教育关注学员，学员才会相信教育；教育贴近学员，才能走进学员心里。如果只是坐在屋子里出题目、想思路，想当然地设"思想扣子"、挖"深层问题"，很可能使教学话语体系与学员的愿望和要求拧着来，此时，不管是高深莫测的玄奥理论，还是美丽复杂的修饰辞藻，都难以与学员产生情感共鸣，甚至会引起学员逆反心理。因此，军校思政课话语体系只有准确地表达和回应学员的需求，找准学员的"关切点""痛点"，才能让话语产生巨大的力量。军校思政课话语体系能否保持生机与活力的关键在于，是否回应学员的现实期望。因此，要促进受教育者形成价值认同，引领受教育者的价值培塑，必须先满足受教育者的现实需要，瞄准学员现实关切去做，只有这样才能抓住学员、吸引学员，增强军校思政课话语体系价值引领力。

军校学员虽然来自天南地北、五湖四海，有着各种各样的愿望和想法，但归结起来主要有两条：一是成长，二是成才。军校思政课话语体系要增强学员的向心力、凝聚力，就要紧盯学员成长成才中的需求、愿望和困惑，针对性地进行话语体系的建设。"00后"学员对军校思政课的接受和认可往往是问题导向的，更关心其能否解决自己身边出现的情况和当下存在的问题，因此，对于学员来说，思政课的亲和力与时代感表现为与自身关切的程度。军校思政课话语体系要以向学员讲清成长成才与自我定位的关系，帮助学员正确认识和处理个人意愿和组织需要的关系为标的，找准成长坐标、走好成才之路，使学员能够将个人梦融入强军梦，正确认识和处理个人成长成才与强军兴军的关系，自觉在强军兴军实践中追梦圆梦。

二是体现思想引领是需求满足的最终目的。为学须先立志，树人首在立德。思政课的本质是讲道理，旨在达到沟通心灵、启智润心、激扬斗志的目的。在学校的课程体系中，思政课具有重要的引领作用，只有将学生心中的思想旗帜树起来，学生才能真正成长成才。思政课程关键是"政"，思想引领主要是政治引领。习近平总书记讲"让有信仰的人讲信仰"，何为信仰？何为讲信仰？就是指思政课的施教者和受教者都应该成为坚定的马克思主义信仰者，确保思政课的政治引领。思想政治理论课主要进行马克思主义及其指导下的社会主义意识形态的宣传和教育，具有鲜明的社会主义意识形态政治本质属性，其话语体系必须旗帜鲜明、毫不含糊突出"讲政治"的根本目标。其一，牢固树立"四个意识"。新时代思政课的话语体系要牢固树立"四个意识"，在大是大非面前保持政治清醒，在话语传播的过程中积极传导主流意识，在深化教学改革创新中大力弘扬正能量，将政治立场和政治标准融于话语传播全过程，自觉同党中央保持高度一致。其二，坚定"四个自信"。作为承担关键课程教学任务的思政课，其话语体系在课程教学过程中要理直气壮，注重发挥课堂育人的主渠道作用；在教材体系中，要增强学员对中国特色社会主义的道路自信、理论自信、制度自信、文化自信，自觉从理论学习向信仰塑造转变，确保人生奋斗的政治方向。其三，做到"两个维护"。思政课作为军校传播和维护社会主义意识形态的重要阵地，在话语体系构建上坚决做到"两个维护"，抓住学员成长的"拔节孕穗期"，引导学员牢记时代担当和历史使命，坚持中国道路、弘扬中国精神、凝聚中国力量。

三是正确处理思想引领与需求满足的辩证关系。学员理性共识的建立，离不开军校思政课话语体系的思想引领。但是如果处理不好思想引领和需求满足之间的关系，就容易造成理论与现实的脱节，学员觉得教员讲得不能解决问题而不想听，学员想听的教员讲不透甚至不会讲；或者教员过分关注娱乐化、表面化的话语形式变化，而非真正关注学员对于军校思政课的价值需求，虽然可能快速获得学员的关注和兴趣，但却淡化军校思政课价值引领应有的深度，导致学员只能在学习中收获短暂的乐趣和肤浅的认识，不能真正解决内心的价值困惑。如果军校思政课话语体系引领性不足，必然会弱化立德树人关键课程对学员思想引导的基础性作用，削弱关键课程应有的思想内涵和引导教育价值，制约军校思政课实效的发挥。因此，军校思政课的目标不仅限于满足于受教育者的个人需求，更在于对个人和社会的思想价值引领。军校思政课话语体系的实质是以话语来对既定的教学内容进行讲解分析，增加材料佐证、完善经典注释，进而达到触动学员灵魂，埋下心灵中真善美的种子，推动学员牢固树立马克思主义的精神支柱，激励学员矢志不渝地投身强军兴军事业的伟大实践。

（三）坚持理论性与实践性相统一

真正的马克思主义从来不是空洞的说教，而是行动的指南。1956 年 8 月，毛泽东在同音乐工作者的谈话中强调："马克思主义的普遍真理一定要同中国革命的具体实践相结合，如果不结合，那就不行。这就是说，理论与实践要统一。"坚持理论与实践相统一是马克思主义认识论的根本要求，也应当成为新时代军校思政课话语体系建设的基本原则。在军校思政课话语体系建设过程中，既要在理论上教育学生运用科学的理论"认识世界"，更要在实践中引导学生"检验真理"和"改造世界"，这是马克思主义内在的要求，也是思想政治理论课真正发挥育人实效的基本方式。

一是以"讲透理论"为前提。马克思指出："理论只要说服人，就能掌握群众；而理论只要彻底，就能说服人。所谓彻底，就是抓住事物的根本。但人的根本就是人本身。"思想政治理论课要想真正实现育人效果，就必须在理论上做到真实、准确、科学。军校思政课话语体系要使理论讲透、讲得深入人心，要让学员真正感受到理论的巨大魅力。一方面要把握理论的整体性。把马克思主义经典著作和马克思主义中国化时代化最新理论成果阐释好，尤其能够结合时政深化话语阐释的时度效。既讲清楚马克思主义的原理方法，讲透强军兴军伟业的时代呼唤，讲好我党我军从胜利走向胜利的发展史，阐明中国道路、中国理论、中国制度、中国文化的逻辑与内涵，用理论的魅力、深邃的思想凝聚学员的目标共识、澄清价值判断、促进思想认同，进而提升学员的理论素养和认知水平。另一方面要注重话语传播的效益。构建新时代思政课话语体系就是要打破"我说你听"的单向告知过程，创建"有理有据"的说服和感染过程，将抽象的理论知识和其中的深层内涵进行科学合理的剖析阐释，深挖其特点规律、还原其本来面目，将其内在的科学性和真理性展示在学员面前，用学理分析回应学员困惑、用真理的力量赢得学员。比如，创新转化学术话语，有效回应理论问题和现实困惑，打通理论与现实的道路，在深刻把握马克思主义基本原理的基础上，用理论解释现实，真正让学员领悟到理论的强大生命力。用贴近实际、贴近生活、贴近学生的语言来讲授思想政治理论课，引导学生进行自觉主动的思考，从而充分发挥思想政治教育"解疑释惑"的功能。当然，思政课话语不能片面地追求"抬头率"，偏离政治理论的内容，使政治理论教育教学娱乐化。应该既清楚"是何"，更讲透"为何""如何"，由浅入深、由表及里，让学员感悟理论魅力、升华思想境界、塑造价值引领，真正发挥铸魂育人功效。

二是以"实践育人"为动力。"全部社会生活在本质上是实践的"，马克思的这一箴言依然是推动思想政治理论课话语体系实践性的重要理论依据。习近平总书记强调，理论学习要做到"学、思、用贯通，知、信、行统一"。新时代的军校思政课话语体系必须打破囿于书斋的"掉书袋"，改变传统教学中单纯依靠理论灌输的路径依赖，让学生在鲜活的实践话语中真感受、真思考、真改变，从而实现"知情意信行"的良性转化。首先要强化理论话语的实践指向。构建新时代军校思政课话语体系，内容本身需要具备实践指导性和可操作性。不仅仅要注重课堂的理论传授能力，通过传统课堂讲授方式向学员传授理论性、概念性的原理和方法，通过相应的教学手段实现文本理论向思想精神的深化转变，并促学员将此转化为自身的认知思维方式和价值判断观念，真正使学员做到理论的内化于心；同时，又要注重学员自我学习能力的培养，让学员认知到理论的魅力，感受到理论的说服力，促进学员提升在现实中践行理论的能力和自主认识问题、分析问题、解决问题的能力，能够将内化于心的话语内容转化于外在的行为表现，牢固树立马克思主义的精神支柱，并时刻将其体现在日常生活社会实践和强军兴军的个人征程之中去。其次要运用实践话语创造新的教育环境。新时代的学员必将走出校园，投身火热的强军实践，未来他们是志存高远、矢志强军报国，还是随波逐流、心灵空虚，很大程度上取决于他们能否在实践中具备明辨是非的能力，而这种能力的培养过程中不能让作为立德树人关键课程的军校思政课"缺位""失语"，就必须注重军校思政课话语体系实践性的塑造。理论话语应立足于新时代中国特色社会主义的实践，立足于强军兴军伟大事业的实践、立足于军队思想政治教育的实践、立足于新时代学员的实际，确保话语体系的时代性、客观性和现实应用性。更重要的是，要在话语层面上把思政小课堂同社会大课堂结合起来，把课堂与参与任务、部队实习、第二课堂等结合起来，引导学员走出校门、深入部队、走向社会，用课堂中学到的马克思主义理论解决现实问题，在感受中国变化、讲好中国故事和军队故事、奉献青春力量的过程中提高学员的思想政治素养和科学思维能力，增强学员的使命责任感，从而优化思想政治理论课的育人效果。

（四）坚持主导性与多元性相统一

随着经济社会的发展，当今时代多元文化并存现象愈发明显，军校思政课话语体系一方面必须坚持对我党我军政治理念和核心价值判断的宣传和教育，引导学员思想观念；另一方面要针对学员群体的特点，形成多元化和多样化的话语表达系统，使其更加灵活、更加贴合现实成为因材施教的载体形式。因此，军校思政课话语体系建设必须要在主导性和多样性之间保持一定的张力和平衡，片面地强调任何一个方面都会造成军校思政课质效的减弱，甚至缺失。

一是主导性矫正多元价值取向。新时代的军校学员认知模式和思维习惯有其鲜明的特点。一方面，当代学员的思想开放包容，表现出对争议性话题的颇高接受程度和对边缘性群体的较高宽容度。另一方面，各类亚文化群体也在蓬勃发展，"饭圈"文化、"二次元"文化等以趣缘为纽带的亚文化群体形成了自身独特的认知特点和话语方式，甚至力图让"圈外人"不能看懂听懂"圈内人"在说什么、在聊什么，这就催生出了当代青年"信息茧房式"的排他信息认同模式。学员身处这种时代大氛围之中，不管是主动还是被动，每个人都在期待着与自己志趣相投的人或群体进行交流，也希望自己独特的声音能够被人所"听见"，而不是成为被屏蔽的"背景"

或"杂音"。每个人心中都有"一团火"，渴望获得接受和认可。而网络场域能够很好满足学员这种心理需求，学员可以自由选择感兴趣的内容和话题，接受符合个人价值观的信息，甚至只跟志趣相投的各种人群进行交流。然而，一旦学员在价值观相同的同质化群体中长期沉浸不能自拔，就会导致学员交往对象和信息来源的窄化，就更加不乐于与其他个体和集体进行关联和交往。这就意味着他们身处"信息茧房"之中，一有机会就会期望远离军校现实生活和实践，而当虚拟的认同和现实的排斥发生冲突之后，甚至可能导致他们的认知和行为愈发偏激。军校思政课作为铸魂育人的关键课程，承担着对于学员理想信念塑造、价值观念引领的重要任务，对于军校思政课这种特有的属性，学员有时会先入为主地存有偏见或排斥心理，多元开放的多样性话语体系建构本质上是为了用学员能接受的话、喜爱的话，传导社会主义价值导向和价值观念。军校思政课话语体系的建构要充分尊重学员各种亚文化的需求特点和思维方式，找到合适的途径使教员与学员最终达成交流的共鸣、认知的共识、问题的共解，军校思政课话语为融通二者的"契合点"，促进学员对于军校思政课主导价值的接受和理解。

二是多元促进主导性的发展完善。多元指的是军校思政课话语体系建构既要坚持以包容、开放、多元的心态吸收和借鉴一切有利于话语实效提升的元素、观点、方法，又要让新观点、新表达积极地融入新媒体时代话语传播的潮流中去，让军校思政课话语体系能在相互比较中形成话语优势，在相互竞争中掌控话语主导权，从而提高军校思政课话语体系的竞争力和感染力。进入新时代，"百花齐放、百家争鸣"同样是繁荣发展我国哲学社会科学的重要方针，军校思政课话语体系不能"自鸣得意""曲高和寡"，要能参与到不同学术争鸣的氛围中去，在争鸣中克服不足，在比较中取长补短、相互借鉴，获得比较优势。只有以包容、开放、多元的心态看待兼容并包的多元表达方式，军校思政课话语体系才能有生机、有活力，有说服力、感染力。这就要求军校思政课话语体系既要善于借鉴一切有益于话语体系建构的国内外理论观点、方法技术，比较不同文化体系下思想政治教育的异同特性，夯实军校思政课话语体系的理论基础，丰富军校思政课话语体系的实践内涵和传播方法。同时，不能忽视西方话语体系对于学员的影响，必须处理好军校思政课话语体系和西方话语体系的关系。经济全球化、文化多元化是当前建构军校思政课话语体系的大时代背景，网络技术的发展，让不同意识形态、不同地域环境的人群交往愈加频繁，也为话语权的争夺提供了更为广阔的空间和场域，学员虽然身处相对隔绝的校园之中，军校思政课却是处于意识形态斗争和话语权争夺的第一线。军校思政课话语体系建构不能始终"闭门造车"，而应把西方文化纳入研究视野。但也应注意由于军校思政课具有的政治性特点，必须始终坚持"为我"的立场，探索如何在不同意识形态下取长补短、各取所需。因此，如何与不同话语体系进行比较甚至竞争也是当前军校思政课话语体系建构不能忽视的问题。只有处理好主导性与多样性之间的关系，军校思政课话语体系才能不断发掘出新的话语表达方式、新的话语实践方法，从而符合新时代多元文化背景下军校思政课话语建构的需要，提升军校思政课的质效。

（五）坚持继承性与创新性相统一

每个时代有时代的特征，军校思政课话语体系在不同的时代，也会具有完全不同的形式和完全不同的内容，它始终是一种具体的、历史的教学实践。党的二十大报告中指出："我们从事的是前无古人的伟大事业，守正才能不迷失方向、不犯颠覆性错误，创新才能把握时代、引领时代。""守正创新"是我们党在新时代治国理政的重要思想方法，自然也是军校思政课话语体系构建的基本遵循。在军校思政课话语体系的建构过程中，必须处理好继承传统与创新发展之间的关系，既不能"数典忘祖"抛弃一切传统和经验，也不能"墨守成规"走上封闭僵化的老路，要实现历史视镜与时代视野相统一，提升军校思政课话语体系质效。

一是坚持把握继承传统是话语创新的强大根基。习近平总书记在庆祝中国共产党成立 100 周年大会上的讲话中指出："我们要用历史映照现实、远观未来，从中国共产党的百年奋斗中看清楚过去我们为什么能够成功、弄明白未来我们怎样才能继续成功。"我党我军思想政治教育经验是新时代军校思政课话语体系创新发展的历史前提，但要在今天更好地发挥其对军校思政课话语建设作用，需要将这些经验的"富矿"放在新时代的视镜下重新进行挖掘和理解，融合当前现实的特点以找到能够继承与发展的优秀基因和宝贵经验。毛泽东在《报纸是指导工作教育群众的武器》一文中强调指出，中国共产党"应该把报纸拿在自己手里，作为……组织群众和教育群众的一个武器"，其核心在于强调任何时候都要善用大众传播媒体，将其作为我党思想政治教育的工具。这一论断对于当今的思想政治工作仍具有指导意义，新时代军校思政课话语体系构建不仅要将报纸这样的大众媒体"拿在自己手里"，同时也要将微信、微博等新媒体"拿在自己手里"，使各类新媒体和传统媒体都成为"组织群众和教育群众的武器"。

　　二是深刻认识创新是思政课话语体系发展的本质要求。马克思主义理论在建立之初就是一个开放和不断发展着的体系，它始终随着实践的发展变化而不断发展变化。军校思政课话语体系作为承载马克思主义理论内容的话语实践也必须随着历史和现实的发展变化，而不断革故鼎新，不断用与时代、与环境相适应的话语来阐释马克思主义的创新成果。马克思主义在中国已经经历百余年的历史洗礼，世界环境和格局经历过多次翻天覆地的变革，各国无产阶级革命的实践也在不断向前发展，列宁主义、毛泽东思想、中国特色社会主义理论体系等马克思主义理论成果不断涌现。尤其进入新时代，中国特色社会主义实践进入到前所未有的阶段，时代和现实都在呼唤新的理论和新的思想。随着马克思主义理论的创新发展，新的话语也必然会增加。在每一阶段，军校思政课话语体系都必须不断吸收适应时代特点的新话语，找到与中国实践相适应的话语逻辑，回应学员基于时代提出的问题、疑惑和困扰。因为时代是话语的语境，也是军校思政课话语的语境。只有能够聆听时代发展的声音脉动，回应学员的呼唤需求，认真研究解决重大而紧迫的现实问题，推动理论创新发展，才能确保军校思政课话语成为学员有用、管用、好用的思想武器，而非历史博物馆里的陈旧物件。中国特色社会主义进入新时代，军校思政课也必然进入新时代。当前，微课、MOOC、同伴教学、翻转课堂等新教学形式与手段层出不穷、日新月异，呈现出"百花齐放"的态势，同时也在各教学领域取得了一系列积极的效果和成效。特别是伴随着元宇宙、物联网等网络信息技术的迅猛发展和军队管网用网政策法规的不断完善，"互联网+"也逐步成为军校思政课教学实践的重要"载体"和"媒介"。军校思政课不仅形式在调整和创新，内容也在不断充实和更新。可以说军校思政课改革正在经历从"形式"到"内容"的巨大创新。而军校思政课话语内容的创新发展也是新时代增强军校思想政治教育质效的必然选择与重要路径，只有能够在新的环境下实现"接着说"，面对新问题能够"创新地说"，有效地面对改革开放以来中国社会发生的翻天覆地变化，才能使军校思政课富有吸引力和生命力。

三是深化理解创新是军校思政课话语体系时代发展的客观要求。军校思政课话语体系想要保持旺盛的生命力，就必须在形成和坚持自身"军味""兵味"的话语风格基础之上契合时代的话语特点，这样才能赋予自身话语体系源源不断的生机和活力。新时代军校思政课话语体系创新坚持以"新时代问题"为导向、以"我们正在做的事"为现实基础，从理论与实践双向互动中，根据时代变化、学员变化推进话语表达方式的转变和创新，实现"核心话语"与"时代话语"相互渗透，展现出鲜明的实践性。坚持问题导向是习近平新时代中国特色社会主义思想鲜明的理论特质。新时代军校思政课话语体系创新不仅要满足于理论逻辑的自洽性，还要注重实践性转化，根据时代变迁和社会发展实际，在回应时代问题、解决时代课题中赋予新的时代内涵。人民军队的历史变革、历史成就、历史使命、历史实践为新时代军校思政课话语体系创新提供了坚实基础和思想资源。要坚持"立足当下"，通过挖掘、捕捉优秀军事文化资源和新时代鲜活的军事实践，赋予话语生产鲜明的军事特色；坚持吸收时代大环境中的合理因素，给具有普遍性的"旧问题""旧概念""旧观点""旧范畴"注入新时代的鲜活内涵，不断提炼和打造新概念、新范畴和新表述，避免"新壶装老酒"，削弱了话语力量。丰富大众化阐释，也就是要坚守学员至上的话语立场，一方面，为学员代言，自觉把丰富话语内涵同融入生活实践、满足学员思想情感诉求紧密联系起来，实现"集体话语"与"个体话语"的相互衔接。另一方面，以事实说理，实现"经典话语"与"朴实话语"的相互映衬，赋予话语体系以现实化、人性化、个体化的语言形式和生动活泼、平实质朴的语言风格，借用学员熟知的生活化、网络化语言析理明道，构建起亲和力、时代感、鲜活性和大众化相融合的话语表达体系。

四是在实践中推动军校思政课话语体系守正创新的有机统一。在时代视域下回望历史之轨，我们不难发现，继承之传统、守正之正，其关键在于"实践"，尤其是自身的实践。对于话语体系来说，之所以要守正、继承传统，是要创造源自实践的原创思想，这是军校思政课话语体系的核心竞争力。缺乏思想的原创性，话语体系极易因同质化、依附性而缺乏核心竞争力，从而难以产生普遍性的影响。军校话语体系能否体现时代特色、军队特色，归根到底要看这一体系是否拥有主体性和原创性。军校思政课话语体系传播的目的在于，建立起对新时代军队伟大实践、伟大成就、伟大使命等重大概念、范畴的定义权和解释权，但事实上在很长一段时间内，军校思政课的理论和话语却无法广泛传播，未能激发广大学员的强烈共鸣。教学开展的诸多不足固然是导致这一问题出现的重要原因，但话语本身缺乏原创性也是其不容忽视的因素之一。军校思政课在建设的过程中始终未能产生原创性、标志性的话语思想和理论成果，或依附于传统思想政治教育、不能与时代接轨，又或同质与地方高校思政课教学，亦步亦趋、人云亦云。缺少立足于新时代强军兴军伟大实践，打破传统思政课话语束缚，具有深厚历史渊源和军事特色的话语体系。因此，要大胆提出具有原创性的话语理论观点；以问题为导向，关注新问题、切准真问题、聚焦大问题，在坚持运用辩证唯物主义和历史唯物主义理论研究、分析和解决问题的过程中，提炼具有主体性、独立性和能动性的理论观点，形成自己的鲜明特色和比较优势，不断充实话语体系的语料库，打造具有鲜明原创性和强大标识性的军校思政课话语体系。

（六）坚持规范性与灵活性相统一

思政课的话语既是一种教育话语也是一种政治话语。其基本功能就是，以阐明、论证、劝说、捍卫、情感打动等教育主体间交往式的，而非物质性单向强制的方式提升和扩展政治权力的影响力，从而实现政治理念的"柔性化"输出，乃至政治权力"非暴力化"的运行。在这个意义上，思政课话语就属于西方舆论所说的"软实力""巧实力"。这也就是意味着军校思政课话语必然要有"实力"的规范意义，还要具备"软"和"巧"的灵活性。

一是以规范性校准灵活性。话语本身就具有规范性。按照马克思主义经典作家对于语言的理解，话语可以被界定为语言的社会政治功能实现形式，是一定群体为实现内部沟通认同、对外阐明自身而建构的专门化语言符号系统，由范畴、概念、表述、逻辑、意象、风格等组成，具有历史性、实践性、对话性、开放性等特点[①]。其中对话性是话语的关键，但是要达成"对话"必须有其统一的规定性，才能形成沟通交流的基础。军校思政课话语体系虽不是仅仅存在"课堂之上"讲授"学术理论"，但不可否认的是"理论"军校思政课话语的核心。理论作为军校思政课话语的核心形式，是教育者对马克思主义理论的系统性表达。学术理论可以为军校思政课话语提供学理形式。学术话语与思政课话语在结构上具有一致性，都是由范畴、概念、表述、逻辑组成的。但是学术话语是多样的，有分工并自成体系的，并非所有的学术成果都是思政课话语的表现形式，但学术话语所使用的范畴、概念、表述和逻辑与思政课话语在形式上具有一致性。同时，思政课话语作为教育话语，直接承担着马克思主义理论、习近平新时代中国特色

---

① 杨雪东：《政治话语构建——一个初步分析》，《中国政治学》2022 年第 4 期。

社会主义思想、习近平强军思想的话语转化，意识形态强度高，是理论的隐形体现，直接关系着思政教育的目标。军校思政课代表的是一种国家立场、军队使命，必须以规范的话语来体现国家立场的顶层设计和规范标准。因此，军校思政课不能仅仅构建学员"爱听""能听懂"的话语，还应关注学员在此基础上能否领会和掌握。"枯燥""曲高和寡"的话语，是以强大的规范性达到灌输的目的，实现引领的效果。

二是以灵活性优化规范性。单纯地规范性容易造成空喊口号的窘境，话语对象难以理解内容的深刻内涵。所以，话语体系建构既要深入调查学员的思想实际，充分认识到学员在个性、兴趣、认知水平等方面的不同和差异，尊重和把握学员的思想、心理和生理差异，有区别、有层次、科学地设计话语内容和形式；又要顺应宏观的社会大环境、军队大环境，紧跟时代特点，促进话语内容、话语形式与话语环境的有机融合，充分发挥话语构成各要素之间的综合效益，进而发挥军校思政课话语体系作用，提升话语效果。如果只重视话语的规范性，军校思政课话语体系容易过于聚焦"应该成为什么"，却忽视了学员自身"现在是什么"。然而，恰恰是"现在是什么"的实然状态决定"可能成为什么"的应然状态，进而才可能实现学员"应该成为什么"的目标和层次。例如，在小学阶段如果只是单纯地教育青少年"做共产主义的接班人"，小学阶段青少年受限于自身认知发展水平和道德发展需求阶段的限制，无法真正理解"共产主义"，也不能明白"接班人"，激发他们做"接班人"的内生动力更加困难。因此，脱离顺应来谈超越，只能靠单纯灌输的单向传播话语，难以取得长期效果。军校思政课话语体系的发展性必须建立在顺应性的现实基础上，才能落地见效。因此，军校思政课话语体系要增强灵活性，自觉根据学员的思想实际和特定的语境进行恰当的选择，筛选出学员乐于接受的话语形式和话语内容。

三、新时代军队院校思想政治理论课话语体系建设的思路

"为什么一位教师的话语能成为强有力的教育手段，而另一位教师的话语对学生来说却是难以忍受的折磨？"苏霍姆林斯基的追问至今仍令人深思。为什么明明是一样的教学内容，有些教育者的话语就会让受教育者听得味同嚼蜡、昏昏欲睡；而另一些教育者的话语却能让受教育者听得津津有味、深入其中？军校思政课话语体系的建构直接关乎军校思政课教学质量和教学效果。因此，创新话语体系提升话语质效，不仅仅是一个亟待解决的理论问题，更是一个路径构建的实践问题，可以从更新话语理念、创新话语方式、优化话语内容、提升教员素养、丰富话语实践等五个方面着力。

（一）更新底层话语理念

语言是思想的表达，离开了思想本身，话语就没有了灵魂。话语表达的底层观点决定了话语内容的外在呈现。话语的生成不仅受到它背后的思想的影响，而且还涉及其思想背后的思维理念。因此，建设军校思政课话语体系，首先要在原初思维理念上下功夫。

一是不忘本来，树立"学员为中心"的理念。军校思政课说到底是做人的工作，需要解决学员的理论困惑和思想问题。这个过程是一个你来我往、思想碰撞的过程，也是"教"与"学"合作融合的过程。外因只有通过内因才能起作用，因此要取得好的教育效果，就必须要树立以"学员为中心"的理念，尊重学员的主体地位，准确把握学员思想实际，加强沟通交流，推动"教"与"学"实现良性高效的互动。

军校思政课必须以关注受教育对象的特点为立足点，树立起关注学员需求的思维导向。军校思政课是军校落实立德树人这一根本任务的关键课

程，不仅要让学员觉得"有意思"，还必须让学员认为"有意义"。军校学员正处于世界观、人生观和价值观的形成和塑造期，借用社会学研究中生命历程理论的说法，军校学员正在面临着的生命历程由"标准生命史"转变为"选项生命史"的特殊过渡阶段。在进入军校以前，在什么时间做什么事，被家长和学校安排设定，个人的行动受到相对程度的规范和限制，是一段"标准生命史"；进入军校后，学员个人的生命活动和生活方式在被固定安排之外有了更多的选择，开始进入"选项生命史"，自己能够进行更多的选择和计划。因此，学员更加需要形成一套独立且正确的"三观"，以应对个人成长成才和生活情感中遇到的各种问题和考验。军校思政课作为军队铸魂育人的关键课程，要完成立德树人这一根本任务，就必须满足学员对于"有意义""有用处"的期待和需要。反之，如果军校思政课无力或者无法充分满足学员的期待和需要，则会引起学员的不满甚至排斥，认为军校思政课"无用""没意义""假、大、空"。军校思政课的着眼点和终点都是"人"，因此必须始终要考虑的是"人"的主体性、主动性。重视主体性，首先强调的是主体之间的关系。军校思政课话语体系建设必须坚持"以学员为中心"的理念，让学员不单纯作为一个被动接受者，而是课程的重要参与者，能和教员共享话语权，强化教育者以"以学员为中心""以受教育者为中心"的思维意识，使军校思政课话语体系人本化。同时也应注意，"以学员为中心"并不是要削弱教员的话语主导权。因此，在重视受教育者主体性时，既要保证军校思政课教员和学员之间对话的平等性，也要保证两者话语互动之间的秩序性和层次性。

军校思政课话语体系以学员为中心就是要讲学员需要的话。所谓讲学员需要的话，要解决的就是国家意志与个体意志相统一的问题，主要是指军校思政课既要体现我党我军主流观点立场，又要展现对学员个体的关心关怀关注，能够熟悉学员特有的思维方式并能用其引导学员，用学员乐于并易于接受的方式帮助学员实现人格完善、精神成长。军校思政课话语是教育者与受教育之间交流的工具，学员的思想心理状况、既有知识储备、现实环境特点等因素都会参与话语权的塑造。只有面向现实问题、贴近学员思想，熟悉和理解他们的思维方式和认知习惯，读懂学员的话语内核，才能加强思政课话语体系的价值引导力，扩大军校思政课的影响力。正确的道理归根结底是要说给学员听的，只有贴近学员身处的社会背景，只有针对学员真实的思想心理状况、困惑疑问所在、情绪情感所需、兴奋点和关注点，军校思政课的话语权主导地位才能形成共鸣、获得认同、深入人心，取得最佳效果。

二是吸收外来，树立多学科融合的理念。军校思政课话语体系需要建立在思想政治教育特定知识群和特定知识生态基础之上，但是思政课立德树人的使命任务并不局限于思政学科之中。思政课要讲清楚的道理，是马克思主义理论、中国特色社会主义理论的道理，这些道理具有相当深刻的思想基础，包含着诸多严谨的概念与缜密的逻辑推理，经得起各种"为什么"的追问。正如习近平总书记所说："思政课的政治性、思想性、学术性、专业性是紧密联系在一起的，其学术深度广度和学术含金量不亚于任何一门哲学社会科学！"没有科学的知识作支撑，只有空洞的说教，政治和价值观教育的效果也会大打折扣。当前，军校思政课涵盖的理论和实践内容业已相当广泛，但由于教材内容的相对局限性和现实生活中问题的无限性和随机性，这就使得任何一个单一的知识体系都会出现一些难以避免的阐释缺陷，进而导致学员在面对复杂问题时形成军校思政课对现实解释力不足的认知。从这个角度上来看，军校思政课话语体系建设必须能够处理好如何盘活教材内容的存量知识，以及如何利用多学科资源生成增量知识来解决日新月异现实问题的情况。

军校思政课不能将自身话语体系建设为一个自我封闭的结构，而必须构建出一个兼容并蓄的体系架构，能够有效吸收外来不断扩展军校思政课的知识增量。课程与学科的发展是在不断加强与外部知识体系的交流中前行的，话语体系的借鉴和吸收也是发展的题中应有之义。一个不断变化的现实世界必然会给一个学科带来各种不断变化的新问题。而军校思政课的课程和学科发展所面对的正是处在一个剧烈变革时代的国内外环境，当今世界正处于百年未有之大变局，军校思政课话语体系应对变化的唯一出路就是自身不断地守正创新。事实证明，中国特色社会主义进入新时代，"中国梦""新国家安全观""社会治理能力""法治"等新概念、新论述的广泛使用能更好地激发军校思政课话语体系的说服力与解释力。因此，军校思政课话语体系需要将不断发展着的中外哲学社会科学领域的相关知识和中国传统文化中有益的话语资源都进行有机的结合和吸纳。当然，这一吸纳的过程也必须是一个在马克思主义立场之下进行批判地借鉴与创新的过程。军校思政课自身的属性和特点决定了其话语体系不能完全为了丰富自身而另起炉灶、各搞一套，必须在军校思政课课程和学科的独立性和独特性之下，做好合理的吸纳与改造融合工作，处理好吸收外来和坚持自身的有机关系。

三是面向未来，树立与时俱进的理念。军校思政课话语体系并非一成不变的，而是在多年的改革和发展中与军队、军校学员共同成长，具有鲜明的时代性和进步性。纵观军校思政课的演进历程，军校思政课话语体系的发展也必然是一个随着时代变迁不断进步与完善的过程。因此，军校思政课话语体系必须能够面向未来树立与时俱进的理念，紧跟时代讲好现代话语。任何一个时代都有其自身的时代特征和语境特点，时代和语境不同，语言的含义和影响也不同，话语体系必须随社会的发展与时俱进。实践在发展，理论也要随之创新，每一次理论创新之后也都必然伴随不同话语体系的变革和创新。军校思政课话语体系的境域和场域问题更多是指时代的变迁。当前，军校思政课话语体系既要有国际视野也要有我党我军的鲜明特色，既要遵循思想政治教育相关基本理论，也要紧跟各类前沿学术的最新发展，不断促进话语体系守正创新，提炼凝聚出有感召力、感染力的时代话语，与时俱进地增强军校思政课的教育质效和话语魅力。

任何一种话语体系都会打上时代的烙印，正如恩格斯所言："每一个时代的理论思维，包括我们时代的思维，都是一种历史的产物，它在不同的时代具有完全不同的形式，同时具有完全不同的内容。"标志性的话语会成为时代的最强音，一方面，进入新时代，国际局势风起云涌、波谲云诡，国内经济社会生活也在发生着各种预想到和预想不到的变化和变革，这就必然要求面向现实的军校思政课话语体系建设要不断与时俱进、守正创新，构建出具有我党我军特色和时代特征的新时代话语体系。作为军校中对学员进行理想信念教育的主渠道、主阵地，军校思政课必然要构建符合当代学员话语特征的话语体系，凝练出感召力和影响力较强的标志性话语，奏出时代的最强音，避免出现缺位和失语的情况。另一方面，随着网络信息技术和新媒体的突飞猛进发展，传统的军校思政课话语体系难免存在对当前社会发展中出现的新问题解释力不足和对于学员成长成才引导力不够的倾向。这就要求军校思政课话语体系要主动适应学员需要，借鉴和运用现代技术手段和方法，不断与时俱进地创新军校思政课话语体系，切实增强军校思政课的感染力和说服力。

（二）优化课程话语内容

话语内容是军校思政课话语体系中的核心关键要素，由教材决定，具有规定性，就每门课程而言，都有其基本概念、原理和体系框架。教材是教学的指挥棒，但如果仅仅是教材提供什么，话语主体就讲授什么，这就可能导致"照本宣科"现象。统编教材虽然确保了教学内容的权威性和严谨性，但也不可避免地造成军校思政课与时代特征和社会现实存有一定的疏离感，这就对军校思政课话语体系提出了优化话语内容的现实要求。只有生成出既有知识理论厚度的"高、大、上"，又不失个体人性关怀的"接地气"的生动、鲜活的话语内容，才能使军校思政课话语体系迸发出持久而又深刻的感召力、感染力和亲和力，毕竟"内容才是王道"。

一是注重话语内容建构的实践根基。军校思政课是一门兼具实践性和应用性的学科，它所研究的、关注的必然是社会现实中的问题，不仅仅局限于院校围墙之中的经院式哲学思辨。

构建新时代军校思政课话语体系，要深深植根于强国强军的实践。列宁指出："工人特别容易明白和领会社会民主党的纲领，因为这个纲领所说的，全是每一个有头脑的工人看见过、经历过的东西。"话语是外显的具体表达形式，而思想观念则是内在的本质特征内核。军校思政课话语内容看似纯粹是具体的理论表达形式，实则是在历史选择之下的内容表征，因此不同时代的军校思政课话语内容必然会体现出契合不同时代的价值观和社会导向。新时代，各种新技术、新事物层出不穷，军校思政课必须顺应新时代的发展，话语内容必须能够因事而化，转变"话风"，转换"语调"。军校思政课话语内容要实现具体化、个性化和多样化，要更加注重学员的日常生活体验，渗透和融入学员日常学习和生活的点点滴滴，使他们在潜移默化中对军校思政课话语内容认可和接受，并将其内化于心中形成思想理念认同，外化于行中形成实践行为追求，最终在实现话语自觉中增强思政课话语内容的说服力、凝聚力、感召力和亲和力。

对于军校思政课话语而言，其内容必须能够用生活性的鲜活话语解决学员在日常学习生活中的迷思与疑惑，即话语内容应当来源于学员的具体生活实际，能够回应学员日常生活中的关心关注和所思所想，并能服务和指导其生活实际。因此，军校思政课话语内容的优化必须贴近当代学员的现实生活环境，反映当前时代的社会现实情况，适应当代"00后"学员的现实发展需求。军校思政课绝非象牙塔中纯粹学理式的认知活动，而是必须面向对社会现实、面对部队生活实践。然而，当前军校思政课教学实践中仍存在理论话语与生活世界相疏离的困境。一些军校思政课教员习惯于在课堂进行现有理论知识体系和质性结论论断的单纯传授灌输，仅仅罗列马克思主义基本观点和介绍中国特色社会主义理论体系的理论成果，不注重话语表述在现实生活空间中的动力，也不试图建构教员与学员互相理解的情景空间。

在实践中提炼话语内容，需要军校思政课教员借助教育者与受教者在共同的生活世界脉络中进行良性互动，突破传统思政课话语在新时代新境遇中所面临的种种困境。对社会特别是国防和军队建设中的重大现实问题、热点问题以及疑难问题，坚持求真务实的理性科学态度，灵活运用马克思主义经典理论和中国特色社会主义理论体系的立场、观点和方法引导学员在现实情境中进行探索实践。可以采用探究问题、探索结论的"研究型教学"补充和完善传统的单纯传授灌输式教学，紧跟时代、紧扣社会现实、紧贴部队练兵备战生动实践，在其中挖掘学员"看见过"的典型事例和英雄模范人物，捕捉学员"经历过"的社会热点和问题服务教学内容。以抗疫这堂"大思政课"为例，在抗击疫情的伟大实践中，从抗疫过程中能够挖掘出无数在学员身边不平凡的平民故事；聚焦各国、各地在疫情防控中的不同政策和表现，能够引申出有关社会治理能力、社会主义制度优越性等各类思政问题的深入讨论……这些全部案例和故事都是教员能讲好、学员愿意听的宝贵话语内容素材。既能够避免学员对传统思政教材经典案例产生"审美疲劳"，为其注入生动感和鲜活感，又能够以触手可及的真实体验提升军校思政课的亲和力感染力。此外，这种面向现实生活情境的教学话语内容，还可以将"AI智能""俄乌冲突""日本排放核污水"等当前国内外重大变化和热点焦点引入课堂，促进学员思考，引发学员理性分析、客观看待当前百年未有的国际变局和时代特征，在中外现实对比中引导学员自我教育，达成思维判断能力培养和价值观教育的目的。这就要求军校思政课话语体系建设过程中，教员在运用教学话语传播理性知识观点的同时，能够在教学内容中融入学员关注的现实问题、社会难点，紧扣时代脉搏、常讲常新，从而转变一些学员对军校思政课枯燥乏味的成见，使军校思政课真正成为学员觉得有意思、愿意听的好课程，满足学员期待，消除课上课下的疏离感隔阂感，使学员充分认识到对军校思政课的深入研究学习，能够指导其现实具体的生活实践，能够阐释并解决当前复杂多变社会现象和问题，提升思政课话语体系的解释力和引领力。

二是传承话语内容的优秀文化基因。话语内容的优化，离不开传统文化的浸润。2023年6月2日，习近平总书记在文化传承发展座谈会上的重要讲话中指出:"在五千多年中华文明深厚基础上开辟和发展中国特色社会主义,把马克思主义基本原理同中国具体实际、同中华优秀传统文化相结合是必由之路。这是我们在探索中国特色社会主义道路中得出的规律性的认识,是我们取得成功的最大法宝。"讲话精辟论述了"两个结合"的重大意义,深刻阐明了"两个结合"的丰富内涵和实践要求,也为军校思政课话语体系建设借鉴优秀传统文化指明了方向。

习近平总书记指出:"中华文化源远流长,积淀着中华民族最深层的精神追求,代表着中华民族独特的精神标识,为中华民族生生不息、发展壮大提供了丰厚滋养。"[1]新时代,文化、思潮、科技的共融交锋愈加频发,如何用透彻的学理阐释重大理论和现实问题,讲好中国故事,讲清中国方案尤为重要。然而,在过去的很长时间里,部分学者认为引进某个或某些西方话语理论、方法并用其解释中国问题成为时髦,军校思政课话语内容也不可避免地受到了西化研究方式和价值体系的干扰和冲击,面临着"空泛化、僵硬化、标签化"等诸多问题。因此不忘过往,寻求中国智慧支撑与中国传统文化的涵养,是优化军校思政课话语内容的有效路径之一。军校思政课话语内容融入传统文化容易引起学员的共鸣,一方面,这些文化元素只要出现在浸润于中华文化中的人们的视野中就能天然地让人倍感亲切。另一方面,传统文化元素有别于外来文化,它带有中华民族的儒雅内涵,大到故宫城墙,小到窗棂门钉,都是蕴含着中华文明的血脉传承,时刻影响着中国人的所思所想。当然,必须要用客观辩证的视角去看待传统文化,树立正确、积极的态度,坚持古为今用、推陈出新。

可见,军校思政课话语内容优化的重要途径之一就是要深入挖掘、吸收借鉴传统文化中蕴含的思维理念、道德规范、人文精神,把传统文化的精髓和精华批判地提取出来,在继承的基础上实现超越,因时而进,因势而新,不断结合和适应新时代的具体实践赋予其新的时代表征和内涵。同

---

[1] 习近平:《把培育和弘扬社会主义核心价值观作为凝魂聚气强基固本的基础工程》,《人民日报》2014年2月26日。

时，有些传统话语非但不会随着时间而显得落后和不合时宜，甚至还有借鉴和转换的重要价值，如今军校思政课中的很多话语内容，例如"社会大同""小康社会""和而不同"等均出自中国传统文化，但在新时代的话语体系中仍然不断焕发出生机与活力，中国传统文化中的精华无疑是军校思政课话语内容转换的一个重要思想源泉。

此外，优化丰富军校思政课话语内容，不仅要对中华优秀传统文化的丰厚资源信手拈来、旁征博引，而且要从中汲取与习近平新时代中国特色社会主义思想相关的爱国情怀、理想信念等话语智慧，进而为军校思政课教学提供有力支撑。例如，《经典咏流传》《中国诗词大会》《唐宫夜宴》《国家宝藏》等节目曾掀起一股弘扬传统文化的热潮，通过这种方式让传统文化得以走出博物馆和教科书，坐上"时光机"与当代话语内容迅速产生共鸣与连接，润物细无声地进入人们心中，激发了观众心中的民族自豪感与爱国情怀。传统文化与现代元素有机融合，也会迸发出更为强大的生命力。

需要注意的是，新时代军校思政课话语内容应当从传统文化的话语资源中寻找素材，但不能刻板地拘泥于传统的限制，否则话语内容就无法适应当代军校思政课的要求和当代学员的所思所想。吐故才能纳新，对于与当前新时代特征不相适应的传统文化话语内容也应当要坚决祛除和摒弃。守正才能更好地创新，继承也是为了更好地开创未来，对于传统文化中优秀的话语素材要坚决地弘扬，并注意赋予其新时代内涵和韵律，使其在新时代能够迸发出更加强大生命力。同时要注重把军校思政课话语内容根植于传承千年的中华优秀传统文化之中，增强军校思政课话语体系的深厚底蕴，构建军校思政课话语的优质话语内容。

三是挖掘话语内容的网络积极资源。随着网络信息技术的发展，网络虚拟世界和现实世界的边界日益模糊，军校思政课话语体系不仅要面向现实世界，也必须面向网络虚拟世界，能够用新的网络话语来丰富自身话语素材与内容，提升话语对于"网生代"学员的吸引力和感染力。在当前新媒体时代，学员 95% 以上信息来源依赖于网络和手机，青年一代也成为小红书、知乎和 B 站等流量平台的主要用户，如果军校思政课话语体系还始终是"圈外人"，势必过不了网络关。只有深入学员所在的虚拟网络空间交往场域，积极探索、运用、转化网络世界流行语为积极的话语资源，使话语贴近学员实际生活，拉近教员与学员间的心理距离，真正有针对性地找准军校思政课话语内容的切入点和契合点。为此，军校思政课教员必须要紧跟时代特征，不断从网络流行语中汲取积极话语资源，巧妙地用批判辩证的方式将最新的时代话语、网络用语有机地融入军校思政课堂教学话语内容之中。

现代传播技术、信息和媒体技术的高速发展，既使新时代军校思政课话语体系面临新挑战，同时也为其内容方法的创新提供了重要机遇。尤其是互联网环境的话语内容，具有调侃性、碎片性、拼贴性等特点，这与军校思政课话语内容的规范性、严谨性、理论性等特点差异极大。这就要求军校思政课话语体系必须适应互联网这一新的沟通媒介，捕捉到这些话语背后蕴藏的学员的思想、心理动态，把握学员的思想、心理和行为的变化，吸收其中的积极资源，将原本抽象难懂的话语内容以学员认为"流行""潮流"的形式表达出来，弥补教材话语的概括性和抽象性，消除教员与学员话语交往的鸿沟与隔阂，推进双方思维和情感的碰撞共鸣，提炼出学员喜闻乐见、通俗易懂的积极话语素材，提高话语认可度和接受度，拓宽军校思政课话语内容的广度、宽度、深度，增强军校思政课教学的实效性。

从另一个角度来看，面对互联网环境，如果军校思政课话语体系不去占领、不去应用，就会造成自身的"缺位""失语"，必然会被别有用心的人所利用，那么军校思政课就会走向被动，甚至可能造成"主阵地""主渠道"的关键作用消减和丧失。而当代学员属于网络虚拟世界群体中的活跃用户，他们更注重词语的个性化，一些看似稀奇古怪的新鲜词汇往往都是被他们最先使用的。军校思政课话语内容也必须因势而新，更加注重网络时代学员的主体感受和亲身体验，并充分考虑学员对于虚拟网络中各类社群的独特情感，进而让军校思政课在真实的社会实践活动与网络虚拟世界的交融中打磨出精练、生动的话语。但与此同时，必须始终明确，军校思政课的根本任务是立德树人，吸收融入任何内容方法的创新都是服务于这个任务目标。因此，不论何时，坚持立德树人这个根本任务是第一位的，是我们必须关注的主要矛盾，任何形式和方法的运用都是第二位的，属于次要矛盾，所以要注意现代技术融入军校思政课的适用性和适度性，不能"舍本逐末""捡了芝麻丢了西瓜"，过度追求学员喜爱而忽视立德树人的根本，落入娱乐至上的"陷阱"。

（三）创新教学话语方式

话语方式是指言语交际中人们用来表达思想的形式，军校思政课的话语方式是话语体系中的基本要素。研究话语方式的目的在于改进军校思政课的话语技巧，进而改变军校思政课话语方式一定程度存在着"生、冷、硬"的问题，避免军校思政课形成入耳难、入脑更难的恶性循环。反思这些问题和恶性循环，原因固然复杂，但是，好的道理没有讲好是必须正视的一个原因。军校思政课必须倡导情理交融而又朴实亲切、生动活泼而又严谨细致、柔性优美而又深入浅出的话语表达，以增强思政课话语体系的感染力。

一是促进文本性话语向叙事性话语的转变。习近平总书记在党的二十大报告中号召"讲好中国故事、传播好中国声音，展现可信、可爱、可敬的中国形象"。军校思政课同样要讲好中国故事、军队故事，传播好中国声音、展现好军队形象。如何讲好就是军校思政课话语体系首当其冲解决的问题。军校思政课教学中大多话语形态是文本性的，比如教材、理论、教案等，它们是知识的概念化、抽象化和系统化，由无数优秀案例提炼和凝结而成，这种话语对于对解读理论体系是非常重要的。但在具体课堂教学中，如果军校思政课教材话语体系较多地运用学术性、文件性和书面性较强的文本话语，虽然能够有利于阐释理论的系统性和严谨性，却可能导致"曲高和寡"，缺乏对于学员的吸引力和感染力，让台下学员"昏昏欲睡"。解决这个现实矛盾和教学困境的关键在于教员要能够对教材中文本性话语进行加工和处理，也就是完成由文本性话语向叙事性话语的转变。把真理转化成故事、将道理讲透讲活。关于强国强军的实践、故事、成就有很多，也很精彩，但是仍旧存在课堂上讲与授的"逆差"、客观故事形象与主观叙事印象的"偏差"、故事本身硬实力与讲解故事软实力的"落差"，影响了当代故事与当代军校学员的有效链接。将文本话语转变为叙事话语，就是要我们讲好、讲进学员心里去。

首先，要在教学中把系统化、概念化、抽象化的文本性话语转化成为学员所接受和认可的叙事性话语，实现教员和学员之间的有效沟通。一个有效的话语体系，尤其是课程话语体系，总能够抓住文本话语中的核心和精华，用自然和通俗的故事性话语表达出来，深入浅出、通俗易懂，将理论知识切实传入学员脑中、心中，落实在行动上。军校思政课话语能否由文本性话语转换为叙事性话语和其最终转换的程度往往决定了教学的具体效果。因此，叙事性话语的转化必须考虑学员的认知习惯、思维方式和心理需求，摆脱文本性话语枯燥无味、单调灌输的话语特点，克服教材、书籍、材料等同质化话语特点，避免话语的"飘浮"和"空转"，尽可能增加话语亲和力和感染力。用鲜活的语言释放严肃的、固定的文本话语的活力和动力，使军校思政课话语既能够实现言之有理的"深度"，也能使学员感到鲜活生动的"温度"。

其次，军校思政课话语体系不但要注重学员爱听的感官体验，更要在叙事中融入为学员立精神支柱、强政治思维的理想信念教育。具体而言，在叙事性话语转化过程中既要通过从漫画、视频、动画短片等形式增强故事性话语的画面感和趣味性，更要蕴含说透道理与事实的哲理感，不仅让学员能够在故事中品味趣味化、动态化、情境化的大道理和大思想，觉得军校思政课话语"有意思"，更要让他们觉得"有意义"。例如，陈望道先生一边翻译《共产党宣言》，一边蘸着墨汁吃白米粽，在墨汁之中他却感到"真理的味道，有点甜"。这个故事的叙事既阐释出马克思主义信仰对于革命先烈的重要意义，由此可以引出，作为"四有"新时代革命军人，学员还能否在人生砥砺奋进过程中用心体会"信仰的味道，有点甜"。

二是引导单向性话语向交互性话语的转向。教学话语和话语的方式，是教育者与受教者之间话语权力函数关系的具体展现。这种函数关系不仅建构和生成了话语本身内容和特定，也在影响着话语表达的形式、路径和方法。在传统军校思政课的话语实践中，由于军队本身层级观念的影响，教育双方在教育过程中往往不可避免地以上级和管理者的身份出现，教员成为话语权唯一拥有者，习惯运用单向灌输甚至命令式话语，形成传统单向性的话语方式，话语表达中也时常会带有"必须""确保""应当"等公文式、命令式的话语风格。因此，教员的话语往往呈现出一种居高临下的态势，让教员的话语显得不可置疑，它在课堂中强调了教员话语的支配性和独断性地位。单向性话语方式固然存在很多不可磨灭的优点，但其弊病也是显而易见的。教员的声音虽然显得很强很高很正确，却没有留下与台下学员交流和对话的空间，台下无论有没有听众好像都不会导致台上声音的变化，因此也就没有了真正的听众。甚至可能由于直面反馈的缺失和疑惑置疑的回应，反而导致单向灌输的理论和真理得不到共鸣，引发学员的误解与质疑。交互性话语主张教育者与受教育都是地位平等的表达者，两者之间必须通过平等的沟通和理性的对话共同面对理论知识和现实问题。相较于传统教育者在单向性话语中的"答案代言人"角色，交互性话语要求教育者更多地去回应受教育者的各种疑问甚至置疑，而不是维护自身不可动摇的地位。交互性话语让军校思政课不再是教员的"一言堂"，而是能够容纳各种不同观点、不同思想相互激荡、共同探讨的平等场域，使军校思政课教员不容置疑的话语权威让位于平等的话语交往。交互性话语秉持自由平等的商谈理性，要求教育者和受教育者彼此尊重、理性讨论。对话的场域不再是教育者说、受教育者听的单向度的灌输过程，而必须是双方互说互听、双向互动、互相交流的动态过程。同时，无论是前面所述的单向性话语还是交互性话语，都是为了理论探讨和分析而建构起来的"典型模型"。在思政课的具体话语实践中更多只是具有某一模式的话语特点而已，并不一定是完全对应于其中某一模式话语。任何话语方式都同时包含了单向性和交互性的元素，向交互性话语的转化不是"有没有"，而是"多与少"的问题。

与此同时，从教学对象角度来看，当前"00后"的学员群体思维更加活跃、观念更加新颖，他们呈现出更强的主体意识、参与意识，渴望表达，希望发出自己的声音，而传统的单向话语愈发不能适应这种变化，也必然会影响军校思政课话语体系的吸引力、说服力和感染力。这要求军校思政课实现交互式话语方式的转变，摒弃"一言堂"，转向交互式的主体间性，共享话语空间。构建军校思政课话语体系，不仅需要形成准确、科学的单向话语，也需要以学员关注、学员接受的交互性话语，聚焦关注学员健康成长、全面发展的现实需求，将单向性的命令式话语转化为交互性的平等话语，拉近与学员的心理距离，促进双方心灵相通、思维契合、情感共振，进而激发学员的主观能动性，营造出更加平等、和谐的教学场域，进一步提升军校思政课教学的针对性和实效性。目前，军校思政课的话语表达方式中学员的压抑状态较为明显，这与军校固有的管理模式相关，但也并非不可避免的。增强军校思政课的实效，提升学员的课堂关注度和投入度，就必须有意识地克服这种"一言堂"的现象，创造性地构建对话式、交互式的话语空间，主动将话语权与学员共享。但是对于"交互性话语"，不能将其简单地理解为教员提问、学员回答。如果只是"为问而问""为互动而互动"，教员仅仅为了完成一种营造互动的课堂教学氛围的任务和要求，只是提问一些事实性的问题，问一问"是不是""有没有"，或者提问刚刚在授课中已经明确阐释过答案的问题，而不去考虑是否能让学员在回答中运用理性思维对现实问题进行思考和分析，是否能培养他们的思辨能力和探索精神，这种交互性话语无疑是没有起到真实作用的。例如，教员可以借鉴哈佛大学公开课《公正》中引入开放性话题的火车撞人选择问题，让学员在公序良俗、道德观念、法律制度之间进行思维的博弈，进而找到属于自己的答案。为此，军校思政课教员要摆正自身所处的立场和位置，塑造出平等性、开放性的教学场域，做一个引出问题、共同交流的引路人，促进学员自我反思、自我启发，充分尊重学员的话语表达和交往意愿，善于倾听他们的声音，而不是始终抱持着一成不变的教材和教案，每堂课都说同样的话，进行同样的互动，要始终以交互中的学员为指向，在互动中帮助学员培塑独立判断的能力和健全完整的人格。

三是促成单一话语向融合话语的转型。新时代，媒体传播的渠道、载体、速度等都在发生着飞速的变化，媒体融合是在当前网络信息迅猛发展的条件下新媒体与传统媒体的有机整合模式，是一种呈现多功能一体化的媒体发展趋势。媒体的发展实践已经表明了传统媒体和新媒体不是谁取代谁的问题，传统报纸可以有公众号，公众号也可以发行实体的纸质读物，二者之间是迭代升级、共存共荣的关系，能够进行优势互补。在这一环境下的军校学员尤显特殊，呈现出与以往任何一个时代学员不同的特点。一方面，他们获得信息的渠道越来越多，获取知识的成本越来越低，使学员表现出既有知识储备较为丰富和思维认知活跃的特点，这使得他们不再仅仅甘于成为课堂中的被动"聆听者"，而是成为能够主动学习、主动思考、主动搜寻资源的学习主体。另一方面，因技术发展带来的人际沟通与交往模式的变化，让学员接受信息的渠道不仅仅来自具体的实在的生活空间，更多的是来自各类媒体。这就要求军校思政课话语方式不仅要适应课堂，还要能利用媒体融合的趋势，打通思政课堂融入学员日常生活的渠道。

在这一背景下，新时代军校思政课话语方式的创新更需顺应这种媒体高度融合的趋势，站在时代的潮头，善于利用各种技术和方法，增强军校思政课话语的说服力和传播力。在话语体系中兼容并蓄推动传统媒体与新媒体的融合使用，把传统优秀话语融入各种媒介之中，既要做好图文并茂、音视同行的可视化呈现，也不能忽略传统媒介的直观灌输传播作用，实现线上与线下共同发力，形成传统话语资源与网络新话语资源共存共荣的良性循环，持续拓展和畅通军校思政课话语的传播渠道。同时，注重运用大数据技术掌握学员的认知渠道，有针对性地将军校思政课教学内容用学员喜闻乐见的媒体语言进行传授，改变以往"孤芳自赏""曲高和寡"的方式，在数据反馈指导下分析学员的具体心理行为特征，因材施教，投其所好，让军校思政课不仅成为学员听得懂的课，还要努力成为学员觉得"时髦""爱听"的课。

（四）提升教员话语素养

提升军校思政课教员的能力素质，历来是办好思政课的一项十分重要的工作。思政课教员处在军校思政课教育组织的最末端，在话语主体构成中处于基础性地位，是思政课堂上主要的话语发出者。教育的内容和方式方法能否落实，学员的思想问题和心理困惑能不能得到解答，归根到底取决于思政课教员的能力强弱和素质高低，因此提高思政课教员素养是军校思政课话语体系建设中不可或缺的关键一环。习近平总书记针对思政课教师提出了政治要强、情怀要深、思维要新、视野要广、自律要严、人格要正的"六要"素养要求，这既是对所有思想政治教育者提出的基本要求，也为军校思政课教员提高自身素养提供了遵循。军校思政课的教学质量、效果与承担思想政治教育任务的教员息息相关。思政课教员是军校思政课话语体系的主要表达者，是立德树人、为战育人，培养德才兼备的高素质、专业化新型军事人才的关键一环。培养一批具有学术水准与人格魅力的思政课教员是当下军校思政课话语体系建构过程中不容忽视的重要因素。

一是要强化马克思主义理论素养。话语体系要想引领思想，就必须以厚实的科学理论为根基。生动活泼、通俗易懂、打动人心的话语表达背后，反映的是话语主体思想理论与知识体系的储备与层次，因此，军校思政课教员必须提升自身的理论素养。从军校思政课教员队伍来看，以"80后""90后"为主体的中青年教员正在逐步成为军校思政课的骨干和核心力量。青年教员出生在新的社会环境中，思维活跃，视野广阔，乐于接受各种现实和虚拟中的新鲜事物，善于与学员进行平等开放的交流和讨论，课堂教学注重融入生动鲜活的实例，勇于尝试形式多样的教学方法。但是从客观情况来看，部分青年教员的教学效果还不够理想。造成这一状况的原因固然很多，但其中一个重要原因就是，部分军校思政课教员自身还存在理论素养不足的问题，没有真正掌握马克思主义理论的本质，导致教学内容较为肤浅、教学话语有趣却无益。"理论只要说服人，就能掌握群众；而理论只要彻底，就能说服人。所谓彻底，就是抓住事物的根本。"因此，军校思政课教员必须在理论素养上下功夫，任何教育者都不可能以己昏昏使人昭昭，只有教育者先有"一桶水"才能给学员"一杯水"。军校思政课教员首先必须对理论学深悟透，掌握真谛，才能深入浅出地进行阐释和讲解，润物无声地培育学员理想信念，进而才能对各种话语方式运用自如，恰当准确，从而使理论具有真正打动人心的魅力。

二是要提升人格师表素养。军校思政课教员既要重视言教，更要重视身教，军校思政课区别于专业课程的关键点就在于思政课不仅仅是知识的传授，更是价值观的塑造，要对学员的思想、心理和行为施加影响。

一方面，思政课教员的道德品质、人格特征、心理情感等必然会通过一定的话语呈现出来，并直接塑造了其个人形象。因为教员的话语虽是教育艺术和技巧的具体体现，但更是自身思想观点、态度立场、能力水平、内在情感的反映，可以说，教员的人格师表的外在表征与话语息息相关。学员对教员的直观感性认知和主观印象评价，直接来自教员的人格师表素养。如果思政课教员自身没有令人信服的话语形象和人格魅力，其话语内容就不会被学员所相信，就会导致由"不信这个人"的信任危机，发展到"不信这个理"的信仰危机。军校思政课教员必须利用好课堂育人的渠道，既要"敢说"又要"会说"，在将身边的实例融入课堂教学时，能够树立起鲜明的话语底线，针对当前学员身边出现的各种矛盾问题，能够科学、合情合理地解释，而不是利用课堂打着"批判"的旗号，肆意地宣泄情绪，传播谣言甚至抹黑现实。与此同时，军校思政课教员必须拥有良好的形象素养，不能课上要求别人是一套，课下要求自己又是另一套，必须发挥好示范引导作用。军校思政课教员要通过一言一行、一举一动展现出自身高尚的道德情操、完善的道德人格、良好的道德示范，形成言传身教的良好教育效果。

另一方面，教员的人格师表会以话语的形式对学员造成直接影响。军校思政课教员承担着立德树人、为战育人的重要职能，一言一行不可避免地对学员的人生道路和选择判断产生深刻而长远的影响。因此，无论是思政课还是日常的思想政治教育都需要教员自身具备真挚情怀，军校思政课教员不仅仅要传授知识，更要培育学员完整健全的人格和持续一生的信仰追求。在教员与学员的交往中，教员良好的话语形象能对学员产生积极的心理暗示，产生不可忽视的凝聚力和感召力。因此，军校思政课教员必须恪守政治底线和道德底线，自觉完善道德修养，树立责任意识，形成强大的人格魅力，才能以身教和言教形成良好的话语形象，成为学员人生路上的榜样。军校思政课教员要将自身对我党我军的忠诚挚爱和对学员的关心关爱有机融合，将言之有物的话语温度与言之有理的话语高度充分结合，形成具有鲜明军队特色的话语形象，使学员在军校思政课话语传播中得到熏陶与感染。

三是要丰富科学文化素养。文化自信，在国家层面而言直接关系中华民族和中国人民的精神家园，而军校思政课教员的文化素养，则直接影响着话语体系的发展方向。习近平总书记多次强调"文化自信，是更基础、更广泛、更深厚的自信，是更基本、更深沉、更持久的力量"，文化，无疑也是军校思政课教员厚实文化底蕴和提升文化素养的宝贵资源。

从话语主体能力提升角度而言，可以通过多种渠道提升思政课教员的科学文化素养。首先，军校思政课教员提升文化素养首先可以从中华传统文化中汲取智慧。通过读经典学名著、国学经典研究等方式，加强中华优秀传统文化对军校思政课教员的感染和熏陶，不断深化思政课教员对传统文化内容的理解与认知，使他们能够在批判的视角下形成对中华传统文化认同和自豪，进而提升他们的民族归属感、国家自豪感。此外，军校思政课教员还要能从发展变化的环境中收获知识，不能始终"闭门造车"，而应利用各种机会，积极地"走出去"或者"请进来"，充分地去了解世情、国情、社情、民情，了解剧烈变化的时代，实地去感悟现实中的新问题，持续进行各种类型的调研、实践和现地学习，深化自身对于社会现实的把握，从而能把鲜活的社会实践融入自身的教学话语中去。同时，军校思政课教员还需重视学习科学技术，了解军兵种发展历史、文化传承、武器装备等知识，拓展眼界视野，丰富知识结构，提升人文素养。

从人才结构优化提升角度而言，可以通过扩大和充实军校思政课教员，使人人皆可为师，择其优者而用之，综合加强教员的文化素养基础。现实情况来看，部队中很多官兵有思想、善表达、敢上台、能授课，对很多问题有自己的视角和见解，而军校思政课教员在获取信息渠道、教学话语技巧等方面的优势逐渐缩小。因此，要主动作为，把部队中符合授课要求的人员"引进来"，增强军校思政课教员队伍建设，不应该只限于对军校思政课教员的培养，还要把全党全军的精兵强将、行业"大牛"纳入思政课中来，让他们用自身的真实经历和亲身感悟助力军校思政课教员讲好思政课。同时，虽然人人都可以成为思想政治教育者，但也要依托军校思政课固有的机制和制度，确保受邀请的授课人员能够按照教材和教学大纲的要求，真正参与到军校思政课中来，根据思政课各门课程的授课要求和教学要点来设计授课内容，坚决避免把各门课都上成"形势与政策"课、讲成"人生体验课"。总之，就是要充分调动起一切育人主体，通过加强军校思政课教员队伍建设，提升军校思政课教员文化素养，专兼职密切配合，共同讲好思政课。

四是增强媒介传播素养。传播学研究表明，受众对传播者的话语内容有注意、理解和接受的认知心理发展过程。在军校思政课中，学员作为受众存在主观能动性，他们会对思政课教员传播的话语内容进行自主选择，只有被他们注意到的内容，能吸引他们的话语，才能实现有效的传播。而根据当前学员的心理认知特征，传统模式化、公式化的传播话语不容易被他们所接受。当前社会各种利益关系错综复杂，传统的一元制传播方式逐渐演变为多元的价值判断方式，迫切需要思政课教员能够加强舆论媒介传播素养，提升军校思政课的舆论引导力。要求军校思政课教员能够紧跟学员的思想心理变化，理解学员的现实诉求，选择适当的媒介传播方式，进行话语的建构；学会运用适当的沟通、反馈和评价方式，利用大数据方式充分了解学员的需求，以便及时对传播进行调节和控制。

与此同时，新时代军校思政课面临着网络环境的冲击和影响，要求思政课教员必须提升网络媒介素养。当前，自媒体的兴盛使舆论传播方式发生了巨大的变化，人人都掌握了传播的选择权和话语权。这就要求军校思政课教员必须加强相应的舆论传播素养，能够在向学员传播科学的价值观之前，对多元价值观进行筛选甄别，积极主动进行自我认同的价值观建构，主动提高网络舆论传播环境中自身的政治敏锐力，培养对舆论传播场域中国家军队政策话语、时事政治军事话语的理解力和领悟力。一方面，军校思政课教员要具备相应的网络技能素养。工具是语言的重要载体，对于网络技术手段的应用是推动传统军校思政课话语向新媒体时代思政课话语转化的基础。军校思政课教员自身要保持对媒介知识的学习与运用，掌握新媒体的规律与特征，把握媒介信息的筛选、判断、剖析和概括。同时也要掌握新媒介技术传播与应用技巧，使自身的媒介素养走向专业化、多样化。另一方面，军校思政课教员不能置身事外做一个"旁观者"甚至"圈外人"，要能够充分挖掘"新媒体故事"，积极参与网络思想政治教育话语传播的实践。要充分了解媒体、参与传播，从当前学员的话语习惯、话语交往模式、话语思维出发，集合媒体热点焦点，采取有针对性的、正面的，同时又是亲和的、有吸引力的话语，增强军校思政课话语体系的针对性和有效性。

五是培养同理心素养。世界上没有完全相同的两片树叶，更没有完全相同的两个人。军校思政课话语对象彼此之间是有差异的，因此，军校思政课教员不仅仅需要学会观察学员、分析学员，充分了解学员的基本信息，还需要尊重学员立场地位、价值判断、思维方式、个性心理等方面的差异，在说出自己话语的同时，也要能接收和理解学员的话语，能够聆听到"讲台下的声音"，而不是始终"自说自话""曲高和寡"。军校思政课教员的话语资源供应如果不能与学员的现实需求同频共振，就会造成教员与学员成为"两条平行线"，双方都在各行其是，都对对方的话语体系抱有排斥和疏远的态度，最终就会导致话语关系中的"话不投机"。因此，军校思政课话语体系建设必须注重培育和塑造教员的话语接受能力，畅通话语发出与话语接收、话语反馈与话语分析的通道，使教员的话语真正融进学员的思想观念、价值取向和日常生活。

首先，军校思政课教员必须赋予学员话语权力，因为在军校的思政课中也会出现"权力即话语"这一典型的现象，其中的权力，既是表达权也是话语权。赋予学员话语的权力，就要求军校思政课教员要培养自身的话语接受素养，主动地去尊重学员与自身的差异、理解学员所处立场角度，尤其要保护学员表达自身认知思维和阐释个人态度情感的欲望和想法，进而构建教员与学员之间话语关系的平等互信，为理解和交流奠定基础。但同时也应让学员明白，课堂中教员对于学员话语的接受并不是教员让渡话语的主导权，而是为了构建彼此之间的良好话语关系，更好地服务于军校思政课的教学实践。当学员获得表达的话语权力之后，军校思政课教员应该能够积极地进行倾听，正如伏尔泰所说："耳朵是通向心灵的道路，倾听是一种心灵的沟通。"其次，还需要培养军校思政课教员学会倾听的素养。只有倾听学员发出的信息，才能理解和接受学员的思维和困惑。在军校思政课话语体系建设中，教员要能积极地把自己包括感觉、知觉、情感认知在内的全部精力，投入对学员的倾听活动中去。实现"倾听"不是仅仅单纯地在"听"，因为"倾听"与"听"所表达的含义并不完全相同，"倾听"代表着需要有情感地融入，而反观"听"反映的只是一个单纯的状态。如果教员仅仅是消极地听，只是人在而心不在，就很可能会"答非所问"，失去学员的信任，失去与学员进行沟通交流的机会，让军校思政课变成另一种形式的"独角戏"。因此，军校思政课教员必须学会积极地倾听，要加入个人的情感和态度，要带着对对方话语的好奇心认真倾听学员的每一个话语、每一点感悟，这样才能真正提升自身话语接受素养。

（五）丰富话语实践途径

军校思政课话语实践是指在实践维度上，话语主体通过话语进行信息传递、调整和反馈，以实现与话语对象的沟通理解、情感共鸣和价值认同，进而达到预期教育目标的活动。军校思政课作为一种融合理论性、抽象性和具体性、实践性的社会化活动，不断丰富和拓展话语实践的途径，完善与优化话语体系的构建。

一是注重拓展话语实践的时空。首先，坚持"大思政"理念，将"思政课程"与"课程思政"有机融合于军校人才培养的全过程，拓展军校思政课话语实践的时间。着眼立德树人、为战育人实际需求，积极推动军校思政课的品牌化建设，带动其他专业课程、军事类课程的课程思政同步展开，多角度全方位贴近生活、贴近社会、贴近军校学员，积极引导学员关注社会热点与社会实践。其次，要运用新技术拓展军校思政课话语实践空间，军校思政课教员应当充分运用新媒体、人工智能等新技术的交互性特点，更为精准、更为及时、更为有效地发现引导学员的思想动态与价值困惑。通过专题式教学、同伴式教学、互动式教学、情境式教学等课堂教学方法的交互运用以及慕课、微课、微电影、课堂思政小话剧等课堂表现形式的轮动呈现，向学员讲授好中国特色社会主义理论体系中所蕴含的中国特色、中国品格与中国气派。最后，紧扣时代脉搏，增加军校思政课话语实践的维度。抓住军队重大活动、党和国家重要庆典和重要会议召开的节点，因时而动、因事而化，创新军校思政课话语实践路径，突出话语实践的时代气息。通过组织形式多样的校园文化活动，借助文体艺术、志愿服务等形式，将人生观、价值观和理想信念教育融入话语实践中，充分树立思政课的实践意识，从正处于"进行时态"的社会实践中不断及时发现鲜活生动的军校思政课话语实践新的场域和新的元素。

二是注重丰富话语实践的感官体验。可以充分发挥"双重场域效应"，增强话语实践中的体验功能。可以探索利用虚拟现实技术增强学员沉浸式体验，切身感受虚拟影像还原的现实环境进而增强学习体验感。还可以利用虚拟现实技术突破话语表述的局限性，将过去用语言描述的抽象概念和概括性场景，以数字建模的形式，进行立体化、全息化、全景式的呈现，并且能够让学员切实地沉浸其中，设身处地去思考和感悟。例如，还原红军长征途中冒着枪林弹雨飞夺泸定桥的艰险困苦、1949 年开国大典时的激动人心等特定的历史场景，让学员完全进入这些场景中去，沉浸在其中，从而极大地激发学员的好奇心和学习兴趣，很好地解决学员学习专注度不够的问题，促进学员在虚拟现实环境中形成真实课堂中可能无法快速形成的情感认同和理论认知。

可以侧重运用"互联网 +"传播方式，使军校思政课得到"万物互联"的技术支持，激发军校思政课话语发展的"互联增强效应"的系统展开。如，推动在军校思政课中融入虚拟现实技术，这不仅仅是军校思政课教学话语实践方面的探索，也是信息技术发展与人文学科情怀教育融合的未来趋势。在军校思政课话语实践中融入虚拟现实的技术，能够有效促进立德树人、为战育人的理想信念教育入耳、入脑、入心，打破现实空间和现实场域的禁锢，让教学效果"不虚拟"。此外诸如课堂派、慕课、微课等新媒体的"互联网 +"传播方式也有可能造成军校思政课"弱关系传播"的"教学模式之弊"。军校思政课话语实践应将新媒体的"互联网 +"传播方式与传统军校思政课的"强关系传播"教学模式优势进行有机融合。比如，军校思政课教员应在传统思政课中加强新媒体技术的运用。比如，在军校思政课"教学方法资源库"注入了视频、音频、动画、图像等"互联网 +"技术元素充实话语实践，提升感官体验。

三是注重增强话语实践的对话交互。增强话语实践的交互性，也是提升话语实践效能的关键一环。当前，以"00 后"为主的学员，自出生开始就伴随着信息技术的迅速迭代发展，具有较强的"去中心化"思维和交流互动的意愿。在知识学习中他们不仅仅关注知识内容本身，还更加关注知识传播的途径方法，更加偏好互动式学习、沉浸式学习。为此，军校思政课话语应该主动延伸出课堂，随时随地进行线上教学，拓宽学员自主学习渠道。首先，要重视微信、微博、QQ 等媒介载体的话语介入，主动搭建校内师生红色微信平台、校内师生红色邮箱平台与校内师生红色学习平台等军校思想政治教育"红色阵地"，打破学员学习时间和空间的限制，强化军校思政课话语实践的"沉浸、交互、智能"性。其次，要积极创建话语交互实践的平台。例如，根据课程性质特点，在相关法规制度和条令条例允许范围内，有意识地利用 MOOC 平台集聚不同高校优质课程资源，积极在讨论区和学员进行课后交流沟通与答疑解惑，利用各种信息化网络化渠道拓展教员和学员以及学员之间的心灵碰撞与思想交流渠道。使学员在交互学习的情境和体验中，完成对思想信念和价值观的构建与重塑。这种交互对话为主的知识获取方式满足了学员的个性需求，也提升了军校思政课话语实践的有效性和趣味性，更能激发学员的学习兴趣和沉浸感，也为解决军校思政课话语难以深入人心、感性教育不足的问题，提供了一种新的途径和方法。

第五章
新时代军队院校思想政治理论课话语体系
建设促进机制

　　军校思政课话语体系建设促进机制是指各话语体系要素之间的结构关系优化和运行方式改进。新时代军校思政课话语体系必须以促进机制建设为支撑，从话语体系构成的全要素出发健全完善促进机制，促进话语内容、话语传播载体、话语表达形式的有机融合，保证思想融会贯通、逻辑认知合理、术语表达规范，协调推进话语主客体、话语生产、话语生态、话语传播和话语成效保障全要素建设，不断提升思政课话语体系的创新性有效性，确保新时代军校思政课话语体系目标明确、内容完善、创新拓展、运行科学、保障有力、成效显著，切实巩固马克思主义在意识形态领域的指导地位和话语权力，确保新时代军校学员在强军征程中的政治自觉与坚定。

一、健全新时代军队院校思想政治理论课
话语主体联动增强机制

　　从层次划分上看，军校思政课话语体系的话语主体要素可分为四个层次：领导决策层，即党中央、中央军委和军种党委；管理筹划层，即军委和军种机关思政课教育主管部门、全军统编教材编审专家组；组织实施层，

即院校及其主管机关；执行落实层，即思政课教研室、教员以及学员。思政课话语体系主体要素的层次性，决定了各主体要素不同的地位功用，需要在坚持党对思政课话语体系建设统一领导下，发挥军委机关主管部门统筹管总、军种机关主管部门指导抓建、院校党委机关主导建设、思政课教研室和教员学员贯彻落实的作用，使主体各要素之间上下贯通同步协调、一体联动形成合力，构建形成思政课话语主体创新发展的有效驱动机制。

（一）建强话语组织主体党的领导机制

"党政军民学，东南西北中，党是领导一切的。"坚持党的领导是我们做好一切事情的根本和基础，军校思政课话语体系建设亦是如此。毫不动摇地坚持加强党的领导，是推进军校思政课话语体系建设的根本保证。加强军校思政课话语体系建设，必须坚持党对话语主体的绝对领导。

首先，要加强党对军校思政课话语主体的组织领导。办好中国的事情，关键在党。思政课是用党的话语传播知识、思想和真理，肩负着培养社会主义建设者和接班人的光荣使命，时刻离不开党的领导。只有牢牢掌握党对思政课话语的主动权和领导权，把思想政治工作贯穿军事教育管理全过程，才能使军事教育领域成为坚持党的领导的坚强阵地。党的十八大以来，以习近平同志为核心的党中央全面加强党对教育工作的领导，坚持立德树人，先后召开全国高校思想政治工作会议、全国教育大会等重要会议，深刻回答了事关高等教育事业发展、高校思想政治工作、办好人民满意的教育等一系列重大问题，教育现代化加速推进，人民群众教育方面获得感明显增强，思想道德素质和科学文化素质全面提升[1]。特别是在学校思想政治理论课教师座谈会上，习近平总书记特别强调指出，要建立党委统一领导、党政齐抓共管、有关部门各负其责、全社会协同配合的思政课工作格局。实践证明，抓住、抓好党对思政课建设的领导，思政课建设就能沿着正确

---

[1] 陈秉公:《学习习近平关于教育的重要论述　探索高校立德树人创新体系》,《思想教育研究》2018 年第 10 期。

的方向前进，放松、丢弃党对思政课建设的领导，思政课建设就有偏离正确方向、脱离正确轨道的危险。加强党对军校思政课的组织领导，必须把思政课话语体系建设摆上重要议程，作为党委工程、主官工程、灵魂工程，加强统筹规划，定期分析形势，研究解决思政课话语体系建设中的重大问题，在工作格局、队伍建设、支持保障等方面采取有效措施，搞好督促检查和服务保障，为办好思政课创造有利条件，推动形成各级各部门高度重视、党员干部一起来做、广大学员积极参与的生动局面。

其次，要加强党对军校思政课话语主体的思想领导。思政课作为军队思想政治教育的主渠道，院校落实立德树人根本任务的关键课程，其话语主体必须坚持马克思主义的指导地位，高举习近平新时代中国特色社会主义思想，始终用习近平强军思想引领思政课建设。军校思政课话语主体要充分认清思政课在军队建设和人才培养全局中的重要地位作用，把思想认识统一到党中央、习主席和中央军委决策部署上来，始终坚持不懈用习近平新时代中国特色社会主义思想和习近平强军思想武装头脑。话语主体在构建话语、发出话语时，要以新时代军事教育方针为根本遵循，把立德树人、为战育人为根本遵循，为培养德才兼备的高素质、专业化新型军事人才奠定坚实的思想基础，着力引导军校学员自觉增强"四个意识"、坚定"四个自信"、做到"两个维护"，贯彻军委主席负责制。同时，话语主体要坚持言教与身教相统一，率先垂范、躬身力行，带头弘扬和践行社会主义核心价值观、当代革命军人核心价值观，争做"四有"新时代革命军人。

（二）优化话语社会主体多场域协同机制

当前，现代媒介环境形塑了全新的多元话语语境，"话语赋权"唤醒了个体的话语活力和话语潜能，多元话语形态延展至一元主导的思想政治理论课课堂，打破了思政课原有的话语格局。军校思政课话语体系建设不可能仅仅局限于课堂场域，一方面，思政小课堂的话语空间与社会大课堂紧密关联，另一方面，思政课话语场域起着连接个体生活场域与宏观世界场域之间的中介与桥梁作用。党的二十大报告强调指出："深化教育领域综合改革，加强教材建设和管理，完善学校管理和教育评价体系，健全学校家庭社会育人机制。"明确了教育协同的要求。习近平总书记多次指出："学校思想政治工作不是单纯一条线的工作，而应该是全方位的。"思想政治教育作为一项系统性工程，应调动一切育人主体、发掘一切育人资源、形成强大育人合力。2022 年 8 月，教育部等部门印发的《全面推进"大思政课"建设的工作方案》提出，要充分调动全社会力量和资源，推动思政小课堂与社会大课堂相结合，这都说明了思政教育协同趋势。对于军校思政课话语而言，也应该应汇聚更加开放多元的"大思政课"话语资源，形成全域融通的"大思政课"话语合力、构建系统一体的"大思政课"话语协同机制。

一是推动全社会形成统一话语口径。社会协同首要的是思想协同，或者说首先是思想的统一。社会各部门的不同人员站在不同的视角，承担不同的社会功能，其话语表达的角度和方式会有一定的差异。不管采用何种表达方式，都要坚持运用习近平新时代中国特色社会主义思想和习近平强军思想的话语内容体系占领思想高地，从各个不同角度为建设中国特色社会主义强国、建设世界一流军队同心发力发声，在社会层面形成正向思想引领，推动思想政治教育工作同向发展，促进新时代学员自觉培育践行社会主义核心价值观。从社会发展个体层面而言，军校学员个体与社会成员有着千丝万缕的联系，要从制度层面高屋建瓴做好顶层设计，将军校课堂中的思政课话语体系和全社会的思政课话语体系紧密结合，形成一致口径。

二是促进社会积极话语反哺思政话语。军校思政课话语体系要立足军校放眼社会，依靠社会各级组织部门特别是宣传部门协同配合，推动军校思想政治教育工作理论教学与社会反馈特别是部队反馈同心同向。军校思政课注重理论教育，思想政治教育是理论与实践的高度统一，要让军校学员真切地感受到课堂理论知识在社会实践、部队备战打仗活动中得到印证。让学员在看到听到感受到社会高质量发展和人民生活水平的提高中得到正反馈，在思政课正向引导和社会生活反馈中促进学员思维能力、认知水平和理论层次的不断提升。通过相关制度规定促进社会人员的协同配合，完成对军校思政课话语体系运用的协助工作，有效形成军校与社会协同配合的途径和方法。与此同时，有意识地让军校学员参与到社会实践活动中去，用理论水平的升华进一步强化学员实践能力的提升，形成循环式思想政治教育促进机制。

三是完善家校话语协同同向育人机制。社会是由一个个家庭构成的，军校学员同样是家庭组织的重要成员，家庭环境和价值体系对青年学员发展和价值观形成有着深远而重要的影响。构建发展军校思政课话语体系要主动与学员家长沟通联系，一方面发动广大学员家庭与军校合作，将叫得响、立得住、有示范引领作用的家规家训家风故事融入思政课话语内容，围绕家庭传统美德培塑学员核心价值观；另一方面影响和推动家庭成员与军校思政课话语体系保持高度一致，推动或强化家庭成员积极加强学员思想引领，家校之间在思想理论教育上形成共同声音双向发力，形成家校共育机制。

二、构建新时代军队院校思想政治理论课话语生产体系增质机制

思政课话语生产机制是指在思政课话语体系建构过程中话语内容产生的方式，主要解决的是"说什么"的问题，因此，在全要素促进机制建设中处于基础性地位。话语内容的产生并非一蹴而就的，而要经历不同的阶段，从而更好地实现教材话语向教学话语的有效转化，提升话语内容的吸引力、感染力。

（一）立足常态一体打造权威话语内容集智机制

话语体系的生产是将党的理论体系有效转化为思政课教学体系的过程。

军校思政课话语体系的产生必须以马克思主义经典著作、马克思主义中国化时代化最新理论成果、以习近平同志为核心的党中央决策部署、人民军队历史和社会实践为来源，采取相同的话语内容和话语方式。权威话语的产生和表达具有基础性、战略性导向作用，与此同时要考虑其产生、发展和生成学理规律与在立德树人落地生根中的实效性，要避免一言堂，充分吸收和借鉴各方面的积极有益的方法和视角，形成机制生产机制。

首先，军委机关统一口径、协调各军兵种和地方优质资源构建军校思政课一体化教学交流平台。要发挥军队党政意识形态管理部门在院校思政课运行过程中的总控制和总协调功能，强化思政课话语建设主体在彼此联系与多重互动中形成环环相扣的系统性思政课话语供给端①。依托"大中小学思政课一体化建设指导委员会"资源，借助强军网和地方现代信息技术手段，打造军校思政课教员网络集体备课平台，畅通思政课教学上传下达渠道，通过网上网下有机结合，结合重大理论创新时间节点定期开展军队专家集体备课、课程建设研讨、理论讲座等多种形式的互动交流。比如，针对建党一百周年重大理论创新实际，邀请各军兵种专家和优秀教员集体线上备课，集思广益，对伟大建党精神最新理论研究成果进行深刻解读和全面阐释。通过一体化备课平台的建设，军校教员及时了解党的创新理论最新动态，准确把握党的创新理论的深刻背景和丰富内涵，贯彻落实党中央和中央军委的决策部署，特别是关于思政课的一系列要求，从而为思政课话语体系的产生奠定深厚的理论基础和强大的政策支撑。

其次，要对军校学员的政治思想动态进行跟踪并形成常态生产反馈机制。军队党政意识形态管理部门要系统管总，科学分析和全面把握思政课话语建设和实施过程，并注意及时吸纳话语传播和铸魂育人过程中的积极反馈建议和意见。具体而言，就是要坚持以学员为中心的理念，灵活采用问卷调查、面对面访谈等形式主动跟踪、科学调查，了解学员的思想动态

---

① 李志远，董晓辉：《略论军校政治理论课一体化建设》，《思想理论教育导刊》2021 年第 5 期。

和对思政课的实际需求与意见，并及时高效地反馈给宣教管理部门、思政课教员队伍和教材编写团队。对军校一线教员而言，思政课教员在教学实施的过程中，要及时并善于发现学员对教材等话语生产口存在的需求和意见以及话语形式、表达方式和内容编排上存在的问题，及时反馈给话语生产口团队，进而推动军校思政课话语生产的不断完善。同时鼓励学员向一线思政课教员和政治工作处（部）等宣教管理部门提出对思政课的具体需求和意见建议，定期汇总分析。通过畅通的反馈机制，有利于党中央和中央军委及时了解军校思政课教学过程中存在的矛盾，坚持以问题为导向，以学员需求为着力点，科学应对，精准施策，形成良性循环，从而推进军校思政课话语体系高质量发展。

（二）突出多维立体形成教材话语内容导航机制

习近平总书记强调："要加快构建中国特色哲学社会科学学科体系和教材体系，推出更多高水平教材，创新学术话语体系。"[1] 思政课教材是教员在教学过程中的基本依托，是学员学习马克思主义基本理论、党的创新理论等相关内容的重要渠道，更是构建思政课话语内容的主要组成。在军队思政课话语体系建设过程中，要注重发挥和运用好教材话语基本依托功能和作用，科学构建教材话语体系编写的过程与方法机制，有力推动思政课话语体系建设高质量发展。

一是要建设教材话语精品导航机制，形成核心教材为主、辅助教学读物为补充的立体化精品体系。首先构建既能体现鲜明的政治性又能体现学理性的核心教材话语机制。军校思政课核心教材必须以马克思主义基本理论为依托、以中国特色社会主义的伟大实践为核心，以习近平新时代中国特色社会主义思想为指导，贯彻落实习近平强军思想，进行教材编写，打造核心课程的精品骨干内容。具体而言，要在教材编写过程中建立论证、

---

① 习近平：《把思想政治工作贯穿教育教学全过程　开创我国高等教育事业发展新局面》，《人民日报》2016 年 12 月 9 日。

立项、编写、评审、审批机制。军委机关牵头抽组精干专家力量组建核心教材编审委员会，建立评审委员会工作制度机制。教材编写专家首先要吃透习主席重要论述和党中央系列文件的精神实质。同时，要深入研究马克思主义经典著作和马克思主义中国化时代化的最新理论成果，并结合新时代具体实践，用新概念、新表述对经典著作做出新阐释、新表达，清晰阐明理论和政策文本话语，注重逻辑表达和学理性。此外，还需要充分吸收党的理论创新最新成果、教学组织实施过程中教员和学员的意见与建议，形成思政课核心教材话语体系。其次，发挥军兵种及院校自主意识编制特色鲜明的辅助辅导教材，构成核心教材的有益话语补充。鼓励各院校在核心教材的基础上，坚持按纲施训和特色育人紧密融合，结合军兵种特色特点、优良传统、地域特征、红色基因、党史军史和院校历史的特色教育内容编写思政课教学案例、辅导读物、教学研究等辅助教材。形成以核心教材为主导、以辅助教学读物为补充的立体化思政课教材体系，为教材话语体系向教学话语体系转化提供有力支撑。

二是强化教材话语系统化分层机制，从教材话语结构上，形成整体性层次性衔接性强的结构体系。首先强调整体性。有机统一教材话语中的马克思主义经典作家话语、政策性文件话语、学术研究话语、教材讲授话语、社会实践话语、传统文化话语、大众文化话语等各个部分，从整体宏观视角充分论证不同话语类型在整体中的科学构成，形成结构化教材话语体系。其次，要注重教材话语结构的层次性。不同话语构成在话语体系中的功能、地位和作用不尽相同，马克思主义经典作家话语是根本、政策文件话语是先导、学术研究话语是支撑、教材讲授话语是基础、社会实践话语是生命、传统文化话语是血脉、大众文化话语是有益补充，要区分不同话语部分的功能作用，形成相得益彰的良性机制。此外，还需要跳出军校教材话语本身，站在大中小学一体化构建教材话语体系的视角，合理优化思政课的内容安排，推进军校思政课话语内容与中小学思想政治课教学内容的有机衔接。在内容编排上，按照军校学员认知思维水平和理解能力，科学设置军校思政课教材的内容体系，尽量避免与中小学思政课在内容上的简单重复。具体来说，就是要在内容上科学增加符合学员思维特征的新材料、新方法和新内容，采用专题式编排组织话语内容体系。

三是加强教材话语动态更新机制，着力体现话语的时代变化特征，提升话语时效性。首先，要用发展的理念完善军校思政课的教材话语体系。时代是不断变化发展的，军校思政课要想在价值观念多元化的新时代中国获取话语权，就需要具有一定的时代前瞻性。为此，加强军校思政课教材话语建设，需要紧跟中国社会发展和时代进步，不断吸纳党和国家的新时代"好声音"进入军校思政课教材体系，进而增进军校思政课内容的吸引力和感染力。具体而言，军校思政课的教材话语体系要形成解释和回答中国特色社会主义在建设和发展过程中遇到的新问题、新现象，解决军校学员在现实生活中遇到的思想理论困惑，有效回应和反驳在日常生活中可能影响新时代青年学员的各种错误社会思潮的机制。其次，要紧跟军校学员思维发展规律和特点，有的放矢设置教材内容话语体系。根据维果茨基教育心理学理论，设置让学员"跳一跳"才能理解和参悟的内容体系，一方面可以激发学员的学习动机、提高其学习兴趣；另一方面也可以让新知识更好地融入军校学员原有的认知结构体系，促进学员价值观的有效形成和发展。为此，根据当代军校学员的认知心理特点科学设置军校思政课的话语内容，是军校思政课教材建设需要形成的机制。

（三）着眼创新高效构建教学话语转译对标机制

党的理论体系和军校思政课教材体系向教学话语体系的转译过程是思政课话语生产的最终环节。思政课教材是马克思主义话语的理论化、体系化，是知识的概念化和系统化，在一定程度上解决了教学话语基本依据的问题，无疑是解读思想政治理论的基础。军校思政课话语体系需要把握的是，思政课教学最核心的任务是要在课堂上把抽象的知识转化成为军校学员所能消化和吸收的行动指南，只有有效地把教材话语转化为教学话语，才能架起教育者和受教育者之间沟通的桥梁。为此，思政课话语体系的生产还需要实现由教材话语到教案话语再到教学话语的转化，教材话语转译为教学话语和转换的效果是话语体系生产的重要一环，准确科学、巧妙合理地转译教材话语为教学话语，在一定程度上决定了思政课教学的效果。

一是对标对表，军校思政课教员必须准确把握思政课教材话语的体系结构，确保教学话语始终坚持正确的政治方向。教材话语涵盖了马克思主义基本理论、中国特色社会主义理论体系和党的理论创新最新成果，内含了特定的政治立场、政治观点，具有鲜明的阶级性，体现了社会主流意识形态的方向。通过健全和完善思政课教材话语机制，能够为思政课教学话语指明方向。为此，教员的教学话语体系首要的是要讲政治，而准确全面地掌握思政课教材话语的基本内容是必要前提。这就要求军校思政课教员不断增强理论功底、深研弄懂悟透思政课核心教材的内容和结构体系，以便站在总体和全局的角度深刻进行阐释与解读，确保坚持正确的政治方向。

二是真理真情，军校思政课教员必须不断提高理论阐释和解读能力，确保教学话语能彰显真理，以情动人。思政课教学话语在很大程度上以教材话语体系为基本依据和遵循。政治性话语往往有抽象晦涩的一面，如果再考虑学员参差不齐的理解能力，教学话语将直接影响教学过程顺利实施、直接影响学员对理论内容的接收、消化和吸收程度。马克思曾一针见血地指出："理论只要说服人，就能掌握群众；而理论只要彻底，就能说服人。"① 他所说的"彻底"，除了理论本身具有很强的科学性外，还要求教员把理论说"透彻"。为此，政治理论课教员需要把教材话语中所蕴含的思想和理论在融会贯通的基础上，深入浅出地解释和传递出来。教员在真正把握科学理论的基础上用自己的深刻理解去讲解、去教学，才能触动学员、启发学员，才能真正实现党的科学理论入脑入心。

三是讲活讲新，军校思政课教员要着力促进固态话语向动态话语的转

---

① 马克思、恩格斯：《马克思恩格斯选集》第 1 卷，人民出版社 1995 年版，第 9 页。

译，确保教学话语富有吸引力感召力。一般来说，教材话语较为标准、规范、固化，而教学话语是具有针对性、时代性和灵活性的动态话语，富有随机应变的特征。要让思政课生动、鲜活，富有感染力、感召力，这就要求把固化形态话语转化为形式多样、语言生动、方式活泼的动态话语，特别是要体现新时代中国特色社会主义的话语表达特征，讲好中国故事，传播好中国声音；要紧密联系中国国情和军队发展实际，聚焦中国现实、贴近中国生活、回应中国问题、发出中国声音，善于转化为"中国话"；要体现时代特征、展示国际视野、适应新时代要求、回答新时代课题，紧紧把握时代特征，善于转化为"时代话"；要立足学员实际、把握学员特点、针对学员需要、解答学员疑惑，牢牢对准学员要求，善于转化为"大众话"。

四是入脑入心，军校思政课教员要善于尊重学员个体经验、知识储备和话语偏好，确保教学话语易于被学员吸收接纳，确保思政教育入脑入心。在新媒体时代，军校学员很多信息来源于网络和手机，网络话语具有开放性、调侃性、平民性等特点，军校学员往往更容易理解和接受。这与军校思政课教材话语的严谨性、严密性、规范性、理论性存在较大的差异。这就要求军校思政课教员善于捕捉学员的思想、心理动态，把握学员思想和语言的特征特点，巧妙地将"理论话语"转化为"学员话语"，将"书本话语"转化"生活话语"，将"政策话语"转化"叙事话语"，将"说教话语"转化为"互动话语"，用通俗易懂、生动活泼的话语，以平等的形式用贴近学员的生活语言和表达习惯，以军校学员喜闻乐见、易于接受的语言形态，把深奥的理论转化为形象、透彻的平等话语，在话语转化过程中多用对话话语、互动话语，用真情实感去感染感动学员，使话语传播往深里走、往实里走、往心里走，使学员真学真信真用、学懂弄通做实。

（四）依托载体平台强化话语传播主体双向互动机制

话语存在于传播之中，话语体系的建设不能脱离传播过程。军校学员是军校思政课话语传播的接受者，对于话语发出者的动机、情感，话语传播的效果都有极大影响。《义务教育课程方案和课程标准（2022 年版）》明确提出"以学生为主体"的理念，不仅是对课堂教学实施的要求，也鲜明指出了话语传播中受者的关键作用。新时代学员民主观念、主动作为意识明显增强，要发挥军校学员在思政课话语体系建设中的主人翁意识和作用，让学员成为话语体系高质量发展的重要推动力量。鼓励学员参与，推动话语传播双向互动机制，使包括军校学员在内的广大官兵和社会成员自觉参与思政课话语体系建设，丰富话语内容、创新话语形式，形成百花齐放的良好态势。

一是话语建设激活学员内在需求。首先要不断激发军校学员对共产主义理想信念和社会主义核心价值观的内在需求。马克思在"三级阶梯"式需要理论中指出，人的全面发展和自我实现是最高层级的需要。社会主义发展和共产主义实现的一个重要目标是人的全面发展和个体潜能的充分发挥，学员个体发展和社会主义的发展两者之间具有高度的契合性。为此，可以从学员内心深处唤醒其与生俱来的自我意识和创造潜力，帮助学员实现自我生命意义与价值体系的建构，从而有效激发学员的内在需求，统一到社会主义思想政治教育目的和功能上来，激发学员更好地参与到思政课话语体系的建设中来。

二是话语建设保障学员合理需求。思政课话语体系建设要主动倾听和了解学员个性化心理需求。从表象上看，新时代青年学员的价值需求是多样的，甚至有多元性的特征和趋势，同时也是随着社会发展的变化以及个体发展不断发展变化的，但其核心心理诉求与思政课话语体系价值体系所倡导的目的具有一致性，只不过在诉求形式上会有一定的差异。为此，要主动为军校学员价值观发展提供基本保障，采取具有针对性、有效性的价值引领措施，同时注意规范取向和科学引导。形成军队院校思政课话语建设价值引导与学员合理需求满足和发展同向推进、共同促进良性互动机制，实现话语体系建设发展与学员价值成长发展双向共赢。

三是话语建设满足学员表达需求。要发挥军校学员主动作为意识，吸纳学员在思政课话语表达、实践方式等方面好的意见建议，在满足学员个性化需求的基础上丰富和发展多样化的话语形式。与此同时，结合重大节日、重大理论创新时机，精选、策划、设计系统化制度化的、具有代表性的爱国爱党仪式（如升国旗、唱国歌）；结合学员个人成长发展重要节点有计划地开展爱国爱党教育（如在学员入党周年时开展重温入党誓词、重温入党志愿书等活动），鼓励和帮助学员积极参与社会仪式活动，在参与社会仪式活动中对学员进行思想政治教育。通过一系列有组织有计划的社会仪式活动，充分激发、激活军校学员内在的精神力量，在思政课堂上进一步引导学员进行个人的观察、思考、领悟，将这种自觉运用、自我内省的力量和感悟内化为自身的政治素质、道德修养和价值准则，促进学员与社会的良性互动中丰富思想政治教育的组训形式，为军校思政课话语体系建构创造社会共建体系机制。

（五）聚焦"大思政"格局完善话语执行主体融合育人机制

2020 年 5 月和 2022 年 8 月，教育部分别印发的《高等学校课程思政建设指导纲要》《全面推进"大思政课"建设的工作方案》都强调，专业教育课程要深度挖掘提炼专业知识体系中所蕴含的"思想价值"和"精神内涵"，结合各专业的特点和实际情况，分类推进课程思政建设，要深入梳理教学内容，结合不同课程特点、思维方式和价值理念，深入挖掘课程思政元素，有机融入课程教学，达到润物无声的育人效果。军校思政课话语体系构建势必需要考量军校课程思政话语体系的纳入，注重将军校思想政治教育贯穿到学员的各个专业、各门课程、各项教学内容、各种教育活动之中，在专业能力培养过程中升华价值体系培养和培育，使思政课与专业课在话语体系上形成协同效应，构建全科思政育人机制。还需要全方位、立体化、多角度地挖掘课程思政教育资源，扩展军校思想政治教育范围和领域，多个方向多个角度共同发力，共同实现思政课所要达到的目的和效果。

各科教员皆应该价值塑造、知识传授和能力培养三者有机融合，增强话语能力，促进学员与党、国家和军队人才培养要求发生"化学反应"。

此外，还需要重点指出的是，以学员队干部为代表的管理干部与学员接触最多、联系最为紧密、沟通更为顺畅，他们的一言一行直接影响学员价值观的形成和思政课话语体系的具体效果，是十分重要的思政课话语执行主体，必须高度重视加强学员队管理干部队伍在思政课话语传播体系中的作用，构建完善的管理育人制度机制。一要注重运用学员队管理干部的言传身教培养学员爱党爱国情怀、培塑学员价值，学员队管理干部在日常生活中要自觉做社会主义核心价值观、习近平新时代中国特色社会主义思想的宣传者、践行者，以自身的实际行动感化学员、教育学员；二要加强学员队管理干部话语体系传播能力的培养，使其能充分利用党团日、日常管理教育、晚点名、"三个半小时"等时机加强学员思想政治教育，让思政课话语内容贯穿学员军校生活全体系、全流程，在日常点滴中融入社会主义核心价值体系，培养学员端正的学习态度、正确的学习目的、科学的学习精神，培塑学员健康独立的人格；三要完善学员队管理干部工作考核机制，把思政课话语体系运用实施情况作为考核的重要指标和参照，加大党纪监督检查力度，建立健全学员队管理干部思政课话语体系传播评估督导机制，形成制度机制强化管理育人。

三、完善新时代军队院校思想政治理论课话语传播融合增效机制

解决好新时代军校思政课话语体系生产机制相关的问题，还需要充分结合最新传播理念、遵循传播规则和规律，依托新媒体技术，灵活运用多元化传播平台，打破传统时空限制、方式单一、场域固化的局限，实现思政课话语载体的互联、互通、互融。解决好"如何科学有效传播"的问题，

是促进党的理论体系更加有效地传达到军校学员的关键一环，需要在机制上有所创新发展，从而促进思政课教学效果稳步提高。

（一）话语传播思维理念优化迭代机制

理念决定方向，思想决定行动。传播过程的增效体制离不开传播主客体的认识提升与理念创新。话语传播主客体需要坚持马克思主义的立场、观点、方法，以自觉的话语传播意识，提升传播能力，创新传播方式。

一是不断创新话语传播思维。从本质、构成、过程来看，思想政治教育是一种传播活动，它是以一定的思想观念、政治观点、道德规范等价值观念和意识形态为主要内容的特定的人类传播活动。美国实验心理学家霍兰夫在传播有限效果理论中提出了"说服理论"，阐明了说服者、说服内容、说服情景和受众四个要素对于说服效果的影响。这无疑也是军校思政课传播思想观念、政治观点，使学员内化于心外化于行的教学目标。因此，强化传播思维、提升传播素质，本就是军校思政课的必须。在新媒体成为学员接收信息重要渠道这一背景下，军校思政课教员要学习掌握并运用好现代传播理念，特别是新媒体思维，把思政课话语体系准确及时地传播到学员接收端，为思政课教学体系有效转化为学员价值体系奠定坚实的基础。同时，要着力提高话语主体新媒体媒介素养，提升话语体系传播效果。这就需要从提高思政课话语主体的新媒体技能入手，强化媒介知识的学习和运用、了解新媒体的特点与规律，把握媒介信息特别是新媒体条件下信息的辨析、优选、分析和概括的具体技巧与方法。随着时代的发展，军校要适时组织相关媒介技术和技巧的培训，组织网络和新媒体条件下思政课教学手段方法、教学理念等方面的研讨，不断强化思政课话语主体媒介素养，向多元化方向发展。与此同时，思政课话语主体要充分运用矩阵式传播思维，积极参与多元布局操作和自媒体形式的多元参与创作，努力挖掘和宣传新媒体中各类新闻故事潜藏的思想政治教育成分和力量，不断提升网络思想政治教育话语传播的质效。话语主体要充分了解话语客体的话语方式、话语习惯、话语偏好、话语交往模式、话语思维等情况，要使各类媒体协调一致，增强网络思想政治教育的合作性和全局性。关注网络和新媒体热点话题，把准时机，对其中符合社会主旋律、蕴含正能量、积极向上的话语内容给予正面回应，强化引领作用。通过实践参与，不断提高思想政治教育话语传播主体的思维层次水平和媒体运用能力。

二是不断强化受众意识。"以学员为中心"是新时代军校思政课增效提质的关键，学员是军校思政课的受众，强化受众意识就是从话语传播的维度强化学员的中心地位。约瑟夫·克拉柏在《大众传播的效果》中提出了受众选择性理论。该理论指出，从表象上看，传播的过程是传播者发出信息达到受众这一目的地。事实上，信息从传播者发出到传播效果的产生还需要通过受众的选择心理这一中介，受众选择心理依据传播时间序列要经过选择性注意、选择性理解、选择性记忆等心理过程[①]。这一论述说明受众不是一味接受信息的靶子，在具体传播过程中，受众是在发挥一定的主观能动性的基础上实现信息输入而不是绝对地被动接受。传播者需要在深入了解受众生理心理和行为特征的基础上，采取合适的方法手段才能实现信息的有效传播。在具体教学准备和实施过程中，思政课教员需要有能动的受众意识，在遵循思想政治教育教学基本规律的基础上，以促进学员对党的思想理论体系的消化吸收转化为目标，注重使学员达成知情意行统一。在教学传播过程中，以吸引学员选择性注意为导向，以学员喜闻乐见的形式呈现教学内容；以加深学员选择性理解为导向，运用多样化实施载体、设计多样化课程教学组织形式，探讨启发式、研究式、探索式教学，激活激发学员对思政课的求知心理和探索精神；以促进学员有效记忆为导向，尊重学员记忆心理规律，优化信息呈现方式和顺序，改变单向强行灌输的方式方法，让学员在自觉主动参与思政课教学的实施过程中，激发学员对思想政治理论的兴趣，加深对马克思主义理论和中国特色社会主义理论的

---

① 魏然，周树华，罗文辉：《媒介效果与社会变迁》，中国人民大学出版社 2015 年版，第 374 页。

理解和记忆，从而促进其理论认同感，增强自觉运用党的思想理论体系塑造自身价值观的积极性、主动性和创造性。

（二）话语传播场域平台完善拓宽机制

拓宽话语的平台，就是要打通学员视觉、听觉、触觉等多通道感知觉链路，以多通道方式让教学话语内容入耳入脑入心，实现铸魂育人的根本目标。

一是要通过媒体融合打通军校思政课话语多元传播平台。现代信息社会，各种各样形式不同的媒体呈现多功能一体化的融合趋势，媒体融合是计算机、手机网络迅猛发展并与传统媒体有机整合的必然结果和趋势。对于军校思政课而言，学员在哪里，军校思政课就在哪里；学员思想场域在哪里，军校思想政治理论主题话语就在哪里，思政课要与时代同频共振，必须适应媒体融合大趋势。需要注意的是，传统媒体信息传播和新兴媒体信息传播不是取代关系，而是迭代进步发展关系；不是谁为主导谁为辅助的关系，而是此长彼长双向推进的关系；不是谁强大谁弱小，而是相互促进优势互补的关系。新时代军校思政课话语的有效传播需要推动传统媒体与网络、手机等微媒体的高度融合，从而增强话语的说服力和传播力。媒体融合有利于在话语传播过程中与学员形成共享和共识良好态势，有助于消除思政课话语的隔阂感、弱化学员对政治性话语对抗性[1]。军校思政课要线上和线下共同发力推动传统优秀话语与网络新话语共生共存，与学员之间开展多样化话语交往，构建融合式传播平台，突破传统时空限制，畅通军校思政课话语的传播渠道，推动思政课话语传播向更广阔的空间发展。首先要坚守课堂主阵地，借助新兴媒介功能和技术手段，把传统思想政治理论话语以图文并茂、音视同行等可视化方式加以呈现，增进传统课程的直观性、形象性、真实性和可靠性，增强说服力，发挥传统理论传播的权威性和与学员交流的便利性。其次要形成线上课堂和线下课堂话语联动机

---

[1] 张蕾蕾：《网络时代的智慧思政课》，上海社会科学院出版社 2021 年版，第 221 页。

制。积极运用新媒体手段和技术，调动形象气质佳、语言表达能力强的教员集中建设一批微课、慕课、线上线下混合式思想政治理论金课；同时丰富和完善思想政治理论教育类主题网站、微信公众号等内容和形式，发挥"智慧课堂""智能课堂""学习强国"等手机应用、课堂派和学习通等网络教学软件的作用，依托"智慧教室""新型教学场所"，增强教学的交互性、体验感，实现线上线下联动教学。最后充分开发和利用微信、微博、雨课堂、网课等多样化思政课话语传播的渠道，在网络和新媒体上弘扬社会主义正能量、发出社会主义最强音，增强网络、新媒体空间以主旋律引导舆情话语、传递正能量的作用和效果，牢牢掌握网络新阵地的话语权，强化主流意识形态话语在网络空间的主导力量，点亮军校学员思想的灯塔。

二是要通过议程设置创设军校思政课话语体系传播旋律。传播学议程设置理论指出，在自媒体时代传播媒介或平台虽然不能决定受众是否接收到某一事件，但可以通过议题设置左右受众对某一事件的具体理解和判断。该理论进一步指出："媒介不仅仅提供了信息传播的平台和工具，并且在传递和表达信息这一基本功能的基础上，逐步演化成为一种催生话题、引领方向的信息形态。"[①] 新时代，伴随着自媒体、微媒体的兴起和信息化水平的不断提高，需要抓住现代媒体信息传播的特点和规律，充分运用现代传媒手段在思政课话语传播中的优势和长处，发挥传统媒介在思想政治教育中的优良传统，科学设置话语主题和话语议题来引导主流舆论导向，并借助现代媒体技术手段多样化信息传导的优势，综合采用微图文、微音视传播社会主义核心价值观主旋律，为当代军校学员思想政治教育和价值观引导提供丰富多样喜闻乐见的手段和方法。具体说来，要提升军校思政课话语主体对网络热点话题的敏感度和判断力，找准军校学员的兴趣点、敏感点，通过对网络话语进行合理筛选和有效排序，主动设置话语主题，把握新媒体时代价值传递的主动权，占领学员话语阵地的制高点，牢牢把握军校思

---

① Maxwell E.McCombs，Donald L. Shaw，David H.Weaver：*Communication and Democracy*：*Exploring the intellectual Frontiers in Agenda-setting theory Routledge 2013*，152.

想政治理论教育的话语权。在这个过程中，需要运用网络和自媒体等信息传媒的表达习惯方法和技巧，掌握话语传播的技巧，用妙趣横生的话语艺术，增强思政课话语的生动性、感染性和吸引力。通过议程设置预设学员信息输入话语语境，不断拓宽思政课话语空间，在共鸣、共享、共情中为军校思政课话语体系创设有效的传播场域。

（三）话语传播要素整体联动激活机制

军队思政课话语传播需要发挥各要素整体作用，发挥联动优化效应，提高话语传播的质效。联动优化效应是指推动系统总体功能和作用产生超越各部分和各要素非简单相加的质变，产生 1+1>2 的效果。军校思政课话语传播效果的有效发挥需要实现传播主体、传播平台和传播客体等各要素的联动来优化整体状态，在持续不断联动和要素优化中催生话语"发酵作用"，达到话语传播效果最大化的目的。

一是要着重加强话语客体话语辨析选择能力培塑。在军校思政课话语传播过程中要推动教育者与受教育者进入同一个话语频道、进入同一个话语结构、形成一种"共同话语"范式。一方面取决于思政课话语主体引导能力的提升；另一方面还与学员这一话语客体的话语接受能力息息相关，畅通话语发出与话语接收、话语消化、话语吸收、话语反应的通道，使思政课话语真正融进学员的日常军事生活、思想观念、价值塑造。在当今"后真相时代"，人们选择话语资源往往受到自身偏好、立场和利益的影响，特别是青年学员思辨力尚不成熟，在大众话语的影响下容易出现从众心理，表现出人云亦云的一面，在不知不觉中成为"后真相时代"的"乌合之众"。为此，增强思政课话语传播效果的重中之重是学员爱憎分明、明辨是非的信息辨识能力的提升。要不断提升学员的媒介素养，增强弘扬社会主义主旋律、传播正能量的自觉意识，全面强化学员筛选口头话语、提取文字话语的能力、获取实践话语的能力，使学员能够凭借自身的信息选择能力在思政课和书籍、报告、文件中筛选话语主体的话语重点，进而根据自身的实际需要有效内化为自身价值观，并在思想政治理论教育实践和日常生活管理训练活动中应用强化。同时，加强引导学员在网络和新媒体中科学选择话语内容，在主体多元性的网络空间中自觉形成思想政治教育所倡导的价值导向。

二是要努力强化教学双向互动反馈有效循环。思政课话语传播应在话语主客体有效充分互动的基础上，建立良好的信息反馈循环机制，推动促进教育者（传播者）与受教育者（受传者）共同话语同频共振。在现阶段思政课教学话语体系中，传播者的话语资源供给侧与受传者的话语需求侧在一定程度上还不在同一频道，彼此沟通交流在话语内容、话语方式等方面存在自说自话、各行其道的现象，造成了话语关系的"话不投机"，其中的重要原因是信息反馈循环机制尚不健全不完善。在思政课话语传播过程中，要坚持主导性和主体性相统一，在把握好传播者为主导的交流原则基础上进一步深化优化双向互馈模式。在具体的思政课传播实践中，要充分考虑军校学员的知识结构、接受理解能力和兴趣爱好点，准确把握军校学员的关注热点、问题难点、需求要点和认知盲点，以理论性、科学性、价值性和实践性强的优质内容输出赢得学员、打动学员；与此同时，赋予学员正确表达话语的权利，发挥学员间同辈教育的作用优势。军校思政课要秉持新的话语理念，尊重学员的个体差异，让学员合理运用自己的话语权利，站在自身立场正确理解党的思想理论体系，保护学员表达话语文本信息和解释自己道德行为的权利，帮助学员主动跟上话语交流的节奏，让学员也参与到阐释基本内涵、内在逻辑、时代价值的完整话语内容中来，使学员在同辈群体中对思想政治理论教育勇敢发声，谈出自己的心得体会，构建思政课话语传播的主体共生体，形成教育者与受教育者共同创设思想政治教育话语的良好语境局面。

三是要深化促进供需双方对接联动精准高效。军校思政课话语传播高质量发展，还需要建立供给侧和需求侧多层次复合化的连接点和着力点，进一步促进思政课话语的精准有效传播。思政课话语传播是一种多要素、多层次、多维度的复合结构。不仅包含传播者、思政课堂、网络宣传等显性传播主体和传播过程，同样也要考虑意见领袖、信息传播推送手段、信息平台或社交平台的设置模式等不直接发声和直接参与传播过程的"隐含作者"和潜在传播者，发挥其隐性力量作用。目前以抖音、今日头条为代表的信息传播平台采用算法为驱动力的信息技术实现了传播供给与传播需求的精准对接，这对进一步联动传播要素、增加话语传播主体和客体的连接点，提高思政课话语传播效果具有较好的启示作用。在思政课话语传播过程中，可以优化算法变量在各类传播平台的设置模式，通过综合分析学员个体的性格心理特点获取其差异性特征和行为倾向，增加对主流话语的信息选择路径依赖性，推进大数据与思政课话语发展，实现话语传播内容的"升级订制"和精准推送，从而有效建立话语传播的连接点和着力点。同时，通过大数据分析技术不断挖掘话语传播中受众的高价值目标，发挥不同圈层组织意见领袖的话语权优势，使其承担起思政课话语传播的社会责任和义务，积极理性正向地引导网络和社会舆论。多方面、多角度、深层次推动思政课话语传播内容精准化、精细化，不断提升思政课话语传播的引导力、影响力和感召力。

四、优化新时代军队院校思想政治理论课话语生态净化增纯机制

2019 年 3 月 18 日，习近平总书记在学校思政课教师座谈会上强调："推动形成全党全社会努力办好思政课、教师认真讲好思政课、学生积极学好思政课的良好氛围。"对于思政课话语体系来说，就是形成良好的话语传播生态系统。思政课话语生态系统是思想政治教育的关键要素和重要环境，并影响思想政治教育全过程。思政课话语传播生态系统是指在思想政治理论话语传播过程中影响传播要素的所有条件和因素的总和，是思政课话语

传播过程中社会生态与自然生态、微观生态与宏观生态、隐性生态与显性生态的有机统一。对于思政课话语体系建设而言，营造良好的话语生态系统至关重要。好的话语生态系统能够促进党的理论话语体系更好地传播，更好地被军校学员理解消化和吸收，更好地实现党的铸魂育人目标。

（一）正向赋能促进话语生态积极阳光机制

话语生态包括自然语言和人工语言所产生的环境。不管是话语信息的发送还是接收阶段，个体的话语运用，如话语理解、话语表达，都受到话语生态的制约与补充。举个例子来说，"我们为社会主义建设取得的伟大成就而感到骄傲与自豪"与"成绩是谦虚者前进的阶梯，也是骄傲者后退的阶梯"，两者虽然在字面意思上都有"骄傲"二字，但其所表达的话语内容却完全不同。可见，话语表达内容因为不同的描述对象、语言环境等生态环境的不同会产生较大的差异。同时，话语生态对话语内容和思想具有补充作用。同理，思政课话语也将受到话语生态的制约与补充。为此，新时代军校思政课要发挥话语交流与话语生态之间的耦合关系的作用，要主动赋能话语生态的正向积极引导作用，为军校学员营造一个积极阳光、健康向上、和谐顺畅、科学合理的话语生态，切实让思想政治理论价值在现实语境发挥实际作用和效果，促进思政课从理论到实践再到理论的良性互动循环。

一是要营造积极主流现实话语生态。在现实语境中，思政课话语往往受到各种纷繁复杂意识形态话语的影响，必须坚持主流价值观的领导、平衡各方话语，建立起开放包容、去伪存真的话语生态，引导和帮助军校学员沿着可控可靠的价值观成长路径不断前进。把控军校思政课的现实话语生态，形成以求同存异为原则的开放性主流价值观话语环境。首先要坚持意识形态话语一元主导与多元辅助相结合。坚持意识形态话语指导思想的一元化是社会主流意识形态建设领域的客观规律。纵览古今中外，任何一个社会或国家，其统治阶级意识形态建设的指导思想都是以求同为主旨。

在军校思政课话语生态建设中，一方面必须坚持马克思主义意识形态在学员价值观形成过程中的一元主导地位。通过不断加强对军校主流意识形态话语的传播，强化马克思主义意识形态的一元主导作用。特别是面对和处理一些事关国家和军队利益重大原则性问题和事件，必须坚持用中国特色社会主义主流意识形态话语对其进行阐释、评述和答疑解惑。另一方面也要考虑到多样性是为了丰富和充实主导性，否定了多样性，主导性的内容也就会变得抽象、单一，就会显得僵硬、教条。在剔除别有用心的西方社会思潮、不可被其所利用的前提下，建设宽容并包的话语生态环境，允许积极向上的异质声音被纳入主流话语环境成为其发展进步的必要养分，以便使军校思政课主流意识形态话语发挥更好的作用。其次要坚持批判性与包容性相结合的原则。当前全球化经济社会发展中，中国与世界休戚与共、密不可分，世界的发展影响中国，中国也在世界舞台上占据日益重要的地位。西方社会思潮不可避免地随着经济、文化全球化的发展而进入我国，这对马克思主义主流意识形态的主导地位提出了挑战，尤其是青年学员群体容易受到一些西方思想的影响甚至蒙蔽和蛊惑。当然，其中也会有一些有利于社会主义主流意识形态发展的成分。为此，在军校思政课话语生态建设中，话语主体要加强批判性引导，不断完善现实主流话语生态。当然，这一过程我们也并不是对来自西方的所有社会思潮都进行一味地批判，一些先进的社会思潮也可以为我们的话语生态建设和话语转化提供借鉴思路，因此需要坚持批判性与包容性相结合。营造包容和谐的传播话语生态，坚持一元主导与多元辅助相结合，坚持批判性与包容性相结合，建设开放性的话语生态，促进军校思政课话语生态机制不断完善。

二是要培塑阳光向上社会话语生态。军校思政课话语传播营造良好话语生态，还离不开坚持弘扬社会主义主旋律正能量、创造积极向上的社会话语生态。从话语定位角度来看，社会系统中经济、政治都是话语生态。社会语境是指与话语交际活动相关的一切社会、文化等因素形成的语境，关系到经济政治文化等各个方面。当前，我国正处在社会转型发展期，随着我国全面建成小康社会，人们的物质生活水平提升之后，因为生活经历和背景的不同对社会文化、价值观也有了更高的、复杂多样的社会追求。与之相对应的社会思潮、价值取向、思维观念也呈现出多样化特点，各种思想观念激烈碰撞。虽然军校思政课对学员价值观形成具有引导引领作用，但是作为社会存在的重要成员，新时代的军校学员与社会融合度越来越高，军校思政课话语效果与社会话语环境的关联度越来越大。社会话语生态和语境对当前军校学员的价值观形成有着重要的影响，甚至影响到思政课话语传播的效果和作用。为此，必须要用社会主义主旋律和正能量主动占领军校学员价值观社会场域。首先要唱响主旋律，推动报刊、电视、网络、广播、新兴媒介等各种媒体深度融合，共同促进社会主义核心价值观的宣传和教育，充分发挥各种媒体手段的优势和特长，用社会主义核心价值观引领主流意识形态，形成全社会大力弘扬和宣传社会主义核心价值观的良好态势。其次要用中国共产党人的精神谱系加以引领，让党在革命、建设、改革过程中形成的井冈山精神、长征精神、遵义会议精神、延安精神、西柏坡精神、红岩精神、抗美援朝精神、"两弹一星"精神、特区精神、抗洪精神、抗震救灾精神、抗疫精神等伟大精神成为社会话语生态的航向，使军校学员能从日常生活点滴中感受社会主义精神力量、不断汲取人格的力量。最后要利用全媒体大力宣传经济社会发展中的英模人物、典型事件，宣传大国工匠、道德模范、感动中国人物等，发挥榜样示范作用，以榜样的力量引领社会风尚，让榜样成为青年学员的偶像和价值引领。

三是要形成自信自强世界话语生态。军校思政课话语传播营造良好话语生态，还要积极探寻中国话语在世界舞台的主导权，营造具有中国力量、底气自信的对外语境。中国日益走向世界舞台的中央，中国声音在国际上越来越有力量，国际话语权不断增强，为优化思政课的对外语境创造了客观条件。但西方主导的话语生态依然没有得到根本改变，西方国家诋毁污蔑中国形象的声音层出不穷，甚至污损中国军队形象，影响价值判断力有限的年轻学员的自尊与自信。纵观世界，国际金融危机的阴影依然挥之不去，全球生态面临诸多新的问题和挑战，中国经济社会发展的伟大成就、抗疫取得的伟大胜利极大地增强了中国人的自信心和自豪感。但一些别有用心的西方国家极尽污蔑之能事，把一些不良的国际社会影响甩锅推责给中国，给一些不明真相的国人带来认识上的误区。西方极力标榜的民主、人权、自由等所谓的"普世价值"难免造成一些人思想上的混乱。因此，要以积极争夺国际话语权为重点，创设反映中国价值观的对外话语生态环境，利用国际媒体向世界讲好中国故事、传播中国价值、贡献中国力量，积极发出中国正向声音和正能量，进而维护中国形象，不断增进国人的民族自豪感自信心。新时代的军校面向世界、面向未来，新时代的军校学员有实现中华民族伟大复兴、承担强军兴军的使命感，同样也有谋世界大同、维护世界和平的责任感。自尊自信的对外话语生态对于培养具有国际视野的新时代革命军人具有十分重要的意义，同样也是新时代军校思政课话语体系传播要达成的效果之一。

（二）负向净化形成话语生态清朗有序机制

习近平总书记强调指出："运用网络传播规律，弘扬主旋律，激发正能量，大力培育和践行社会主义核心价值观，把握好网上舆论引导的时、度、效。"① 随着新媒体的兴起，宣传思想工作所面临的话语传播生态日趋复杂和严峻。一方面，西方某些国家习惯以敌对思维对我进行攻击打压，企图运用政治渗透、经济控制、文化输出、军事威胁等多种手段危害我意识形态安全。另一方面，迅速兴起的新媒体改变了人们信息获取和信息传播的传统主渠道，新媒体热词、网络话语、网络新闻也成为人们津津乐道的话题。但是新兴媒体网络话语中鱼龙混杂、泥沙俱下，诸如颓废、消极、色情、暴力等不良元素充斥其中，给军校思政课话语体系传播带来新的挑战。为此，必须使话语传播生态清朗起来，与思政课话语体系形成合力，共同推

---

① 本书编写组：《习近平新闻思想讲义（2018年版）》，人民出版社2018年6月版，第131页。

进军校立德树人、铸魂育人。

一是要加强话语生态持续净化，构筑"亲、清、新"的话语生态。新兴媒体的发展进步，为军校思政课创新发展提供了支撑条件和丰富信息资源，但信息传播的碎片化、人际关系的虚拟化、功利化倾向特征也非常明显。这在一定程度上催生了教员与学员之间思想政治理论话语互动的疏离与分化。与此同时，信息传播的开放性、隐匿性、交互性也为西方错误思潮和市场经济中的不良价值观念戴上娱乐化、生活化的面具悄然入侵提供了可乘之机，再加上别有用心的不良信息刻意"植入"，使军校思政课话语传播的信度与效度也容易在"放大效应"作用下被集体情绪所遮蔽，致使军校思政课话语传播陷入"话语空洞"的尴尬时空场域。这些都对缺乏成熟事实分辨能力的军校学员价值观形成具有极大的话语"魅惑"，军校学员面临的是纷繁复杂的话语生态，这也难免让他们对话语内容存在"选择性困惑"。为此，必须加强话语传播生态的持续净化和空间占领，强化思政课话语的正向社会动员作用和效果，对隐匿于新媒体和网络空间中的错误思潮和价值观念给予强有力的正面回击、"去魅"和清理，以延展军校思政课话语效果的生态氛围。积极联动各方话语，全力解决思政课"沉默的螺旋"教育困境，用充满正能量的积极话语生态激活激化社会反响，推动军校学员主流价值认同和情感共鸣，为增强军校思政课渗透力营造晴朗有序的话语氛围，进一步提升课程话语生态中主流价值观和意识形态的感召力、渗透力和吸引力，强化军校学员政治意识、增进政治认同，牢固掌握军校思政课话语权。

二是要强化治理能力体系建设，清理"丧、佛、躺"拟态环境。拟态环境是由大众传播活动所形成的信息环境，它并不是客观话语生态环境的镜像再现，而是通过大众传播媒介对事件或信息进行有选择性的理解和加工后向公众所呈现的虚拟环境。网络传媒技术的迅猛发展，为大众在信息生成和传播上提供了一个参与性强、互动性好并可以实现实时反馈的拟态环境，大众意见表达变得越来越便捷、话语表达利益诉求也变得多样化，党和政府主导的价值观传播权受到冲击和弱化。拟态环境虽然不是客观话语环境，更多的是一种象征性的话语环境，但同样具有社会控制功能，是影响个体行为和价值观的重要因素。社会化网络媒体作为新时代思想政治理论传播的特殊场域，不仅影响当代军校学员的学习、军事训练和日常生活，而且是学员连通外界的必要社交工具。社会化网络媒体生成的拟态环境消解了传统话语主体的主导权，增强了学员的自主性、参与性，对青年学员群体的世界观、人生观和价值观以及行为方式都产生着重要影响。首先要建立话语引导与话语监督相统一的处置机制。主流价值观要主动发声，在网络传媒上建立一批影响力大、宣传广泛的红色文化网站、微博、公众号等网络平台，为思政课抢占主流话语制高点奠定基础。同时，进一步提升全面治网的能力和水平，建立一支能有效开展网络舆情监测、行为追踪的网络清洁队伍，加强网络信息后台监管，规范用户的言论发表、信息传播，防止低俗庸烂的病态文化在网络上传播，控制有损主流话语尤其是误导军校学员价值取向的网络舆论。面对出现的"丧文化""佛系文化""躺平文化"等亚文化负面舆情，加大主流舆论引导力度，先入为主、主动及时发布正面信息，让青年学员受众产生强烈的第一感知，抑制负面舆论、弘扬正面舆论，不断消除拟态环境"聚集"的消极影响，防止负性网络群体性事件发生。其次要加强社会化媒体和网络的综合治理管理。建立健全网络治理相关法律法规，确保有法可依、可管可控，实现对社会化媒体直接有效管控，积极引导社会化媒体舆论正确走向。立法部门要尽快形成新媒体和互联网领域完善的制度法规法律，监管部门要积极主动运用相关法律制度来规范管理社会化媒体和网络活动，强化法治化管理，积极主动推动社会化网络媒体的自我管理、自我净化，为形成清朗有序的拟态环境创造条件。加强网络媒体的引导监督和治理，坚持网络治理与价值引导相结合，建设弘扬主旋律、充满正能量的话语传播与反馈拟态环境，为军校思政课话语建设创设正向积极场域。

五、提高新时代军队院校思想政治理论课
话语保障综合增力机制

在建立健全话语主体、话语生产、话语传播和话语生态机制后，还需要有完善的保障机制作为成效保证的基础，这样才能进一步发挥军校思政课话语体系在主流意识形态宣传和教育中的自觉性，从而为推动军校学员形成正确的世界观、人生观和价值观提供有力有效的成效保障。具体来说，新时代军校思政课话语质效保障机制的完善需要从队伍、制度、物质以及激励等方面综合施策。

（一）建立健全人才保障机制

军校思政课成效的最终显现是教员专业队伍、管理干部队伍和宣传教育管理队伍综合作用的结果。马克思指出："思想根本不能实现什么东西，为了实现思想就要有使用实践力量的人。"[1] 习近平总书记在学校思想政治教育座谈会上，系统阐述了办好思政课意义重大、办好思政课关键在发挥教师的积极性主动性创造性、推动思政课改革创新不断增强思政课的思想性理论性和亲和力针对性、加强党对思政课建设的领导等重大问题。新时代军校思政课话语体系要实现既定成效，就必须建设一支既有坚定的马克思主义信仰信念、又有强大的思想政治教育工作实践能力的专职队伍。这支队伍既要有扎实的学识基础、高尚的人格魅力，又要乐于献身信仰教育，还能善于驾驭现代传媒传播技术，且能够积极主动将党和军队有关的政策制度落实到军校学员具体的思想和行动中，队伍建设可以说是关系到军校思政课能否实现最终成效的关键。

---

[1] 马克思、恩格斯:《马克思恩格斯全集》，人民出版社 1957 年版，第 152 页。

一是要优化提升思政课教员队伍主体能力。军校思政课教员既是专业的，也是专职的。军校需要吸引、选拔和培养一批具有强烈责任感和使命感的优秀教员，潜心搞好思政课教育教学。要充分释放军队政策制度红利，利用军官交流任职、研究生毕业分配接收和文职人员招聘、招录等，选拔部队优秀指挥员、军地高层次人才充实政治理论教员队伍，打造一支政治素质过硬、理论造诣深厚、了解熟悉部队、整体结构合理的教员队伍。这些教员要拥有坚定的马克思主义信仰，能够正确认识到思政课在学员学习、训练和生活中所发挥的重要作用，始终坚持马克思主义的世界观和方法论塑造和引导学员。与此同时，思政课教员还要树立立德树人的观念，将主流意识形态和具体教学实践紧密结合，构建自身完整的知识框架、形成自己独到的见解，向学员传授马克思主义和社会主义核心价值观，不断增强学员爱国爱党爱军情感和政治敏感度，启发和引导学员自觉培塑主流价值观，达到铸魂育人的根本目的。可见，思政课教员不仅要有扎实的马克思主义专业学识，能够将思政课基本观点精准有效地传递给学员，还要形成自己独特的人格魅力，以自身的价值观念、行为风格等潜移默化地影响学员，给予学员崇高的精神引领，推动思政课话语效果推陈出新。

二是要注重提升学员队管理干部思政能力。学员队管理干部作为与学员接触最直接最亲密的管理人员，这支队伍的建设和完善在思政课话语体系成效中的作用不容小觑。首先要保证给学员队管理干部足够多的时间和精力，让他们成为思政课主要话语精神平时宣贯的引导员和工作者。在保证学员队管理干部和学员数量比例适中的基础上，强化学员队管理干部在学员思想政治理论传播工作中的作用和地位，明确具体责任和义务，注重发挥他们与学员接触时间和频次的优势，加强对学员价值观的引领和培育。其次要不断培养并端正学员队管理干部开展思想政治理论教育的工作态度，建立有效的制度机制体系激活激发学员队管理干部的工作热情，使他们主动热心地参与到学员思想政治理论工作中来。最后要强化学员队管理干部政治理论专业功底和工作方法的训练，帮助提高他们思想政治理论传播专业化程度。可以通过思想政治教育相关专业的学历提升、定期开展马克思主义理论和方法的相关培训与其他学习交流、论坛等活动，多种举措形成制度机制，使学员队管理干部能够准确抓住学员的思想动态，并及时开展思政课话语体系的传播。

三是要加强线上思想政治工作队伍建设。网络是军校思政课话语传播的重要阵地和战场。建立一支政治思想素质好、业务能力强的网络思想政治工作队伍，组织其主动在网络和新媒体上大力弘扬社会主义主旋律、传播正能量，营造气正风清、积极向上的拟态环境，对军校思政课话语体系建设十分必要。为此，军校要把网络思想政治教育工作队伍建设纳入学校人才队伍建设的总体规划之中，采取政策吸引、福利待遇保障等综合措施，建立公开招聘、选拔培养机制，吸引和吸收既懂思想政治教育规律和方法又具有较强的网络工作能力的教职员工，充实队伍配额，补齐短板。要建立常态化机制，加大网络和新媒体思想政治工作队伍"学网、用网、管网"的培训力度，不断提升军校网络思想政治教育队伍的综合素质。此外，还需要坚持"谁主管、谁主抓、谁运行、谁负责"原则，形成网络思想政治工作区域"属地化归口"的责任制度体系机制，并建立"党委集中统一领导，部门管理分工协作、学员广泛积极参与"的网络人才管理组织体系，有效地推动军校思政课话语体系网络人才队伍机制建设。

四是要完善军校机关干部思政能力素养。军校机关部门的政策引导一定程度上具有方向和指针作用，军队院校思政课话语体系高质量建设和发展离不开一支抓思政课的高素质机关干部队伍。这支队伍首先要高度重视思政课话语体系工作，围绕立德树人、为战育人的根本任务，贯彻新时代军事教育方针，树牢政治方向，坚定政治信仰，把准舆论导向，坚持用党的创新理论武装头脑。机关干部要有文化育人的基本意识，充分发挥和运用文化育人的功能和作用，发挥校园文化在铸魂育人的作用，牵头建设和加强校园文化建设。机关干部要自觉提高政治理论素养和文化修养，对马克思主义科学理论体系有全面深入的理解和掌握，切实提高对思政课话语体系工作的监督、指导力度，不断加强思政课话语工作的领导权、监督力。充分发挥军校党委对思想政治理论教育的领导作用，把思政课教育教学纳入各级党委议教议训范围，群策群力集思广益要把做好思政课话语体系建设工作放到党委重要位置。在具体的工作落实中，还要加大对马克思主义理论学科建设的支持力度，加大对思政课程和工作帮带、把关和支持力度，积极推进军校思政课话语体系建设。

（二）优化调整制度保障机制

军校思政课要坚持马克思主义的指导地位，深入贯彻落实习近平新时代中国特色社会主义思想和习近平强军思想，围绕社会主义核心价值观和革命军人核心价值观，始终坚持正确的舆论导向。客观上要求话语制度保障机制建设要以军校党建和思想政治教育制度建设为引领，以"教、学、管、保、评"制度建设为依托，以建立健全师德师风建设和学员民主管理制度为重点，不断完善相关政策法规建设。

首先，完善军校党建制度在思政课话语体系中的保障作用。军校要增强并充分发挥党组织在思政课话语体系中的引导和监控能力，不断完善基层党建工作，建立健全各级党组织建设制度。一要完善理论学习制度。马克思主义理论不仅是建设强大的世界一流军队的思想武器，也是认识和改造主观世界的强大理论武器。要确立理论学习制度，用彻底的马克思主义理论武装头脑，旗帜鲜明地反对、抵制各种错误思潮。理论学习要坚持整体性原则，在内容上应涵盖习近平新时代中国特色社会主义思想和强军思想全部内容，在方法上要运用马克思主义唯物辩证法认识和解决工作生活中所遇到的现实问题和热点难点问题，在方式上则坚持个人自学与集体辅导相结合，通过党委中心组学习、听讲座报告、小组讨论、座谈会以及个人思想汇报等多种形式进行。军校党委要发挥理论学习的组织领导功能，为理论学习提供可靠的组织保障。二是要严格党员管理制度。军校不仅是培养强军胜战人才的场所，也是培养党的优秀人才的重要阵地。军校党建部门要严格遵守党员管理制度，坚持党员定期向党组织汇报思想和工作，加强对党员干部日常行为的管理、教育和引导，坚持正确政治立场，主动担当，积极传播社会主义正能量，敢于同各种错误意识形态作斗争。三是要加强对基层党组织落实思政课话语体系建设情况的考核。要以解决问题为导向，形成简便易行、务实管用的考核制度，围绕明确考核对象、科学量化考核内容、创新考核方式和强化激励导向、加强考核结果运用四方面来进行考察基层党组织在思政课话语体系建设中发挥作用的情况，推动党建制度在思政课话语体系中的制度保障机制的形成。

其次，健全军校思政课管理制度对话语体系建设的保障作用。军校要切实采取硬实举措，推动军队有关思政课各项要求在院校落地见效。要在创新思政课教学内容上形成明确的管理制度，认真贯彻落实《军校政治理论课程设置方案》，确保思政课按纲施教要求落细落实。要在创新思政课教学方式方法上有具体的制度办法，使各级话语主体能适应院校转型和人才培养实战化新要求，系统推动改进传统课堂教学、探索网络课程教学、深化主题实践教学，切实提高思政课教学质量效益。在打造过硬政治教员队伍上形成管理制度和激励措施，按照"政治要强、情怀要深、思维要新、视野要广、自律要严、人格要正"的总体要求，进一步探索优化队伍结构、注重奖励激励、建强人才队伍的具体机制办法，为政治理论课教学高效实施提供人才支撑和制度保障，为形成院校办好政治理论课、教员讲好政治理论课、学员学好政治理论课的良好局面提供制度保障，为把立德树人的根本任务落到实处提供政策制度支撑，避免出现一蹴而就、朝令夕改、变化无常的现象，走好军校思政课话语体系建设发展和创新的正确道路。

（三）完善加强物质保障机制

经济基础决定上层建筑。军校思政课话语体系保障机制构建要有必要的物质支撑作为话语主体和客体基本学习交流环境的保障。物质保障机制是思政课教学、科研和管理的基本载体，是军校推动话语体系建设的重要结构保障层面。需要从基础设施和物质文明建设两方面来构建保障机制。

首先，完善军校思政课话语基础设施。教育条件直接或间接地影响思政课话语传播的效率和效果。为此，军校应加大对思政课话语基础设施的投入力度，形成有效的物质保障机制，为话语主客体提供良好的教学、科研条件，创设良好的学习环境以及完备的科研平台。一是要完善基础设施条件建设，适应现代传播技术手段要求，建设功能完备的智慧教室、智能录吧、教员发展中心、学员交流俱乐部，完善网络教学功能条件，为雨课堂、微课堂等线上话语传播提供系统配套措施条件，形成配套完善、技术先进的思政课话语线上线下传播保障体系。要加强互联网、强军网技术和新媒体技术的投入、开发力度，从基础设施、技术条件上就能让学员充分感受到思政课话语传播的高大上。二是要加强日常管理维护，保证设施设备的正常运行。要安排专门经费、专门人员对思政课教学保障条件进行管理和维护，及时更新和完善技术条件，保证思想政治理论话语传播手段和技术的先进性。三是要加大思政课话语宣传设施设备建设（如展板、宣传栏、条幅、电子显示屏等），营造有利于思政课话语传播的积极氛围，将思政课相关宣传标语、口号、主要话语内容展示在校园的教学楼、图书馆、学员宿舍等场所。只有拥有良好的思政课话语基础设施的保障，话语体系传播才能正常有序高效，军校思政课掌握意识形态话语权才能有充分的物质保障。

其次，加强军校思政课话语物质文明建设。思政课话语物质文明渗透到教学过程、科学研究、行为方式以及各种活动在内的军校运行的每一个环节当中，体现了思政课的教育理念和人文精神，直接催生了思政课话语对学员的生活方式改变、价值观念提升、思维方式变化等。因此，军校应根据思政课物质文化建设的需要，以党和国家、军队的新时代教育方针以及院校特色的培养目标为指导，不断提升物质文明建设和发展水平。围绕学校的综合理念，不断开发思政课话语校本资源，建设具有自身特色的思政课话语物质文明；重视传承与发展，从学校传统、校风校训中不断挖掘思政课话语的时代要素，与时俱进推动思政课学科建设发展，凝练特色研究方向，夯实特色学科平台建设基础；不断改革创新，在发展规划、人才引进、科研立项、经费投入、公共资源使用等方面给予思政课话语物质建设大力支持和优先保障，建设合理有效的物质保障机制。通过综合施策，不断扩充和发展军校思政课话语物质文明，探索属于军校独特的人文物质环境、营造有利于学员价值观形成和发展的校园物质文化环境，作为军校思政课话语体系建设基础的物质保障，最终指导学员规范自己的行为，激发内在的道德情感。

（四）推动形成激励保障机制

军校要完善激励机制建设，充分调动思政课话语主体和客体教学科研的积极性主动性创造性，从而有效地保障话语体系传播的具体成效。要综合采取有效措施，能动地发挥物质激励与精神激励有机结合作用，形成话语体系激励保障机制，让话语主体以及学员切身感受到在思政课话语建设中的个人价值、获得必要的满足感，从而更充分地发掘自身潜能、展现思政课话语传播的魅力。

一是要形成思政课话语主体发展激励体系机制。话语主体作为思政课话语传播的重要环节，对其发展进步进行合理有效的激励，能够在一定程度上建立话语主体自我发展与个体自我实现的需要强化联接，从而从更高层面更好地调动话语主体参与到思政课话语体系建设和传播的积极性[1]。为此，军校应当为话语主体队伍建设发展创设有利条件，充分发挥思政课教员的主导作用，采取多项措施调动思政课教员的潜力，不断增强教员的使命感、责任感和荣誉感。比如将教员队伍发展建设纳入学校高层次人才培养项目，在师资建设上予以优先考虑、在职称评任上予以政策倾斜、在资金投入上予以优先保障，在资源配置上予以优先满足，激励和满足思政课

---

[1] 聂庆艳，贺俊杰：《思政课一体化的建设机制研究》，《思想政治课教学》2021年第7期。

教师高层次需要，促进教员队伍的发展。当然，也要加大思政课话语体系专项经费投入力度，对于思政课教员的待遇给予政策上的倾斜，改善提高思政课教员的教学科研工作条件，激发激活政治教员积极投身思政课话语建设和传播的潜能。

二是要健全多元化的学员发展激励体系机制。青年学员群体在院校的成长是一个连续的过程、不是一蹴而就的。军校学员的思想发展、价值成长、自制能力、未来发展规划等各方面都有一个逐步成熟的过程，因此要用发展的眼光、采取科学有效的激励措施强化学员的人格成熟、价值观发展。军校应主动作为，建立健全学员价值观发展指导激励体系，帮助学员更好地找到强军事业的契合点，明确奋斗的目标与方向，使之能更好借助思政课话语传播力量健康成长。比如：建立健全学员参与学员队管理工作体系、评价体系和保障体系，促进学员在自我管理、参与管理中自觉运用马克思主义基本方法分析和解决现实生活中遇到的问题，从而更好地促进学员思维层次的提升和个体的发展；创新形式多样的思想政治教育俱乐部活动，开展优秀学员、典范人物交流等朋辈引领活动，给学员提供锻炼自己的多样化平台和动力保障，鼓舞、引领学员发展自己、充实自己、完善自己。

三是要形成广泛协同的话语传播激励体系机制。话语传播除了理论本身的魅力之外，有效的激励措施保障可以更好地促进思政课话语更为有效和广泛的传播。完善参与激励机制，增强和发挥军校广大师生参与思政课话语传播和实践的主人翁意识，采取可行措施和方法激励院校及其社会各界扩大参与话语体系传播的渠道，鼓励、引导或安排师生积极参与形式多样的话语体系传播和实践活动。要将思政课话语传播工作融入全体教员授课讲评、先进评比，机关和管理干部的争先创优、进步考核评价，以及学员评先评优中，激发全体师生参与思政课堂、课堂思政和实践教学的热情，真正实现社会主流意识形态在军校各层级中的全员、全方位、全过程持续健康推进和广泛有效的传播，形成军队各要素、各系统广泛参与思政课话语传播的良好的氛围，使青年学员能时时处处感受理论的魅力、价值引导的牵引，在全面漫灌和精准滴灌的协同作用之下有效达成铸魂育人的教育教学目的。

本章在已有的军校思政课话语体系理论支撑、生成机理和现状审视基础上，构建思政课话语体系促进机制，以增强话语体系的实效性。在研究过程中主要借鉴和参考了传播学、管理学和心理学理论，提出了基于话语传播各构成要素实现整合运行的五大机制系统，包括话语主体联动、话语生产、话语传播、话语生态、成效保障等职能组成的运行过程。其中，话语主体联动机制是话语主体的互动方式分析，属于机制运行过程的管理和激活阶段，主要阐述激发话语主体能动性、资源整合协调促进的路径；话语生产机制侧重阐述话语生产源头，属于话语传播基础内容阶段；而话语传播机制属于机制运行过程中传播路径，是思政课话语传播主体和客体间的行为互动分析，是话语体系的核心环节；话语生态机制是话语环境对主客体的行为方式分析，属于机制运行的总体舆论氛围问题，侧重阐述为话语传播机制运行创设良好氛围和实时调控的路径；而成效保障机制主要解决机制运行构建的动力问题和保障路径问题。这五大机制相互作用、协调运行，共同完成了思政课话语体系在军校的传播和反馈过程，实现了军校思政课话语体系机制从理论源泉到实践力量的有效转化，是对军校思政课话语体系的理论构建和具体实现路径探析，以期实现思政课话语体系各要素从单向整合向协同配置的转化，发挥思政课话语体系机制的效能，推动新时代军校思政课话语体系的改革创新，更好地贯彻落实习近平新时代中国特色社会主义思想和强军思想进教材、进课堂、进学员头脑工作，增强"四个自信"，引导军校学员树立正确的世界观、人生观、价值观。

第六章
新时代军队院校思想政治理论课话语体系质效评价

　　话语体系质效评价是话语体系构建的必要环节与运行支撑。军校思政课话语体系质效评价针对的是话语体系的水平和价值，涉及思政课话语体系所产生的效果、满足思政课教学目标的程度，学员在思政课教学活动中所获得的知识、技能和价值观，以及思政课与军校思想政治教育条件和需要相匹配的程度。科学有效的质效评价，有助于话语体系的与时俱进与优化创新，有助于提升话语体系在改进过程中进一步加强针对性、有效性。本章从军队院校思政课话语体系质效的理论阐述出发，明确质效评价的具体指标、原则和方法，科学构建质效评价系统。

一、新时代军队院校思想政治理论课
话语体系质效考察指标

　　军校思政课话语体系质效指思政课能否实现话语有效传播，并达到预期目标。军校思政课话语体系质效具体可以概括为三个层面：一是认知层面，指知识量的增加和知识结构的改变；二是情感和态度层面，指情绪情感和态度方面的变化，由否定态度转变为肯定态度、由消极态度转变为积极态度、由错误态度转变为正确态度，或者是培养与维系肯定的、积极的、正确的态度，并由此而带来的感情色彩的分析、判断和取舍；三是行动层面，指言行方面的转变，包括对抗行为消除、合作行为引起、上述两种行为转化三种形态。衡量话语体系在以上三个层面的效果质效，其指标特征分别是话语吸引力、话语解释力和话语引导力。

（一）足够的吸引力

"吸引"一词的含义是某一事物在一定的权力范围内，以其自身实力、魅力等吸引、引导其他事物在思想或行动上向某一方向前进运动。军校思政课话语的"吸引力"，即指吸引学员的力量、能力，是话语对学员产生作用的前置条件。话语体系是否能够取得足够的质量和效益，首先要能对话语客体产生足够的吸引力，这样才有可能被话语客体所接收并在一定程度上产生相应的作用和价值。为此，评价军队思政课话语体系的质效，首先需要考虑是否对学员产生强大的吸引力。

一是话语体系与客体培养目标的融合度高。新时代军校思政课构建话语体系归根到底是为了更好地履行思政课立德树人、为战育人的根本任务。因此，构建话语体系首先要契合思政课人才培养目标。这需要从两个层面理解，宏观层面上，是中国特色社会主义教育事业的需要。培养什么人，怎样培养人以及为谁培养人，历来是教育的根本问题。党的二十大报告指出："全面贯彻党的教育方针，落实立德树人根本任务，培养德智体美全面发展的社会主义建设者和接班人。"思政课是落实立德树人根本任务的关键课程，对于军校思政课来说，其核心就是要在党的旗帜下铸牢军魂，用习近平新时代中国特色社会主义思想，特别是用习近平强军思想灌注部队、武装学员，为强国强军的伟大事业培养绝对忠诚、绝对纯洁、绝对可靠的新时代革命军人。微观层面上，是学员成长成才的需要。青少年阶段是人生的"拔节孕穗期"，对于军校青年学员来说，他们思想尚未成熟、价值观尚未定型，最需要精心引导和栽培。在这个人生的关键阶段，思政课的作用不可替代，其实质是通过对青年学员有目的、有计划地施加影响，使学员形成正确的思想观念、政治观点和道德规范。因此，军校思政课可以说是学员成长成才的关键一环，它能够给青年学员的心灵埋下真善美的种子，为青年学员提供精神支撑和心灵慰藉，引导青年学员扣好人生的第一粒扣子，把自己的个人价值同社会价值相结合，促使其更好地成长为德才兼备的高素质、专业化新型军事人才。

二是话语内容与客体思想生活实际贴合度高。所谓贴合度高，实质在于军校思政课话语能以理论说服学员，以真情感召学员，切实回应学员关切、解决学员问题，提升学员的获得感和满足感。首先，多数青年学员因理论基础较为薄弱，存在普遍关注且一时难以解开的思想"疙瘩"，比如，"为什么必须坚持党对军队的绝对领导？""世界正经历百年未有之大变局，变在何处？""高技术非接触战争条件下，为什么还要强调战斗精神培育？"等等，针对这些问题，军校思政课要紧跟时代发展，扎实推进党的创新理论"三进入"，强化学理分析，引导学员感悟真理的强大力量，正确理解把握政治与军事、战略与战术、物质与精神、继承与创新等关系，为广大青年学员排除"理论之忧"。其次，青年学员思维较为活跃，获取信息的渠道多、速度快，但由于信息世界良莠不齐、鱼龙混杂，青年学员的社会阅历、知识经验有限，在一定程度上难以全面理解和把握社会热点事件的主流与本质。军校思政课需要从学员实际出发，巧妙运用社会热点，把思政小课堂同社会大课堂紧密结合起来，通过对当前社会热点问题的深入剖析、分析评价和归纳总结，实现知识性与价值性的有机结合，提高学员对社会现象的甄别和洞察能力。最后，除了聚焦学员关注的理论难点、社会热点，军校思政课还要回答好学员在学习交往、训练工作、日常生活等方面的问题，切实掌握学员的个性特征，遵循学员成长成才规律，解决好理想与现实、竞争与合作、理性与感性、理论与实践等方面的矛盾问题，从而引导学员正确看待"成长中的问题"，迈好军旅生涯第一步。

三是话语言说与客体话语表达方式习惯匹配度高。新时代军校思政课要立足我国发展新的历史方位，着眼强军兴军的使命任务，认真分析发展过程中出现的新情况、新问题，善于创新话语言说的方式方法，始终做到因事而化、因时而进、因势而新。首先，话语内容要"新"。马克思主义的立场、观点、方法是不变的，但在教学过程中应尽量避免翻来覆去地举一些老例子，而要引用当下的新故事、新事例，使话语体系与时俱进，着眼时代大势和学员需求。其次，表述风格要"新"。一般而言，思政课话语较为晦涩难懂，抽象化、规范化表达的理论话语较多，思想性较强，军校思政课要将教材话语、学术话语、政策话语等转化为学员喜闻乐见、通俗易懂的时代话语、生活话语和大众话语，让话语内容不仅"有意义"更"有意思"。最后，传播手段要"新"。习近平总书记曾强调："政治工作过不了网络关，就过不了时代关。"随着互联网技术的迅猛发展，军校思政课要把握好这一新的机遇，充分借助融媒体、微媒体等新型媒介的优势，突破传统时空的局限约束，积极开展线上线下融合式思政课教学活动，不断拓宽话语言说的渠道和途径，努力营造思政课堂"无时不在""无处不在"的良好氛围。质效评价过程需要充分考虑话语体系是否包含新媒体新技术的话语表达方式，除了让思政课的话语符合学员的语言使用习惯，更易于为其所接受，还要贴近学员思想实际和找准其思想困惑的现实需要。当然，也不能由此走向另一个极端，无视甚至绝对否定传统思政课"声音中心"的话语表达在说理教育中所具有的互动对话、言传身教以及声情并茂的优势，陷入"新媒体新技术崇拜"。

（二）充分的解释力

马克思指出："理论只要说服人，就能掌握群众；理论只要彻底，就能说服人。"所谓"彻底"，就是抓住事物的根本。"事物的根本"即事物的本质和规律，也就是社会生活的实践本身及其内在运行机制和规律。因而，话语阐释的彻底性，在于以事物本质和规律的底层逻辑去阐明事理、指引行动。对军校思政课来说，就是以"彻底的"思想理论说服学员，以"透彻的"学理逻辑分析回应社会现实问题和学员的思想实际问题。高质效的军校思政课话语体系，要以强信度、强逻辑的话语深刻揭示现象的本质，准确预测、判断事物发生与发展的客观规律，使话语表述能切中要害、正中靶心，彻底地说服学员。军校思政课话语的解释力表现为讲清楚理论与现实的关系、把握好学理性与政治性的平衡、科学运用学术、教学、宣传三个方面。

一是需要考察能否处理好理论和现实之间的关系。黑格尔认为哲学必须与现实和经验相一致，以"达到自觉的理性与存在于事物中的理性的和解，亦即达到理性与现实的和解"。这里说的"和解"是指理论（"自觉的理性"）与现实（"存在于事物中的理性"）达到本质上内在关联的辩证统一。尽管黑格尔的这种"和解"是建立在"抽象理性"上的客观唯心主义，但其关于哲学要求理论和现实达到辩证统一的思想是科学的，马克思进一步把理论和现实"和解"建立在实践中，指出理论与现实的矛盾，只有在实践中才能真正得到解决。哲学在内容及其实现方式上，"都要同自己时代的现实世界接触并相互作用"，"光是思想力求成为现实是不够的，现实本身应当力求趋向思想"。也就是说，应当在实践中去理解和解释理论与现实双向互动的辩证关系。因而，军校思政课话语一方面要做到理论面向现实，以正在做的事情为中心，研究现实问题，构建反映时代精神的话语体系；另一方面，理论又要回到现实中去接受评价、指导实践、改变现实，并在实践中创新发展。简言之，实践是理论与现实"和解"的基本路径。习近平总书记强调"理论性和实践性相统一"，指出把学理逻辑分析建立在以实践为基础的现实生活之中，实际上表明了理论和现实矛盾之对立、冲突以及"和解"的途径，是让学员在"根本"上理解"理论的逻辑"与"生活的逻辑"的契合机理。由此可见，话语的解释力，在于理论透过现象把握事物本质从而反映和切中现实的矛盾和"要害"的逻辑力量。同时，习近平总书记提出"建设性和批判性相统一"的方法论，是指既要重视对现实的反思批判去发现问题，提升学员批判性的辩证思维能力，又要在解决问题中阐明"现实趋于思想"的实践途径，培养学员理论自觉和理论自信，帮助学员坚定科学的理想信念。

二是需要考察能否处理好政治性与学理性之间的关系。思想政治教育是中国共产党意识形态建设重要的组成部分和途径，新时代军队思想政治教育的方向和任务是紧紧围绕实现党在新时代的强军目标，把人民军队全面建成世界一流军队，培养听党指挥的接班人、砥砺能打胜仗的战斗队、塑造作风优良的子弟兵。军校思政课话语要体现马克思主义理论教育的本质、习近平新时代中国特色社会主义思想的政治信仰与以党对军队绝对领导这个军魂为核心的坚定的理想信念，这是思政课作为意识形态教化方式的特性，也是政治性或者意识形态性。但是，思政课对现实的阐释毕竟是"理论的"，如马克思所言："哲学的实践本身是理论的"，因为哲学对现实的批判要"依据本质来衡量个别的存在，根据观念来衡量特殊的现实"，这要求思政课仍需"以理服人"，重在学理逻辑分析。因此，思政课话语处理好政治性与学理性相互关系的表现。一方面，政治性是军校思政课话语体系需要守的正。"没有正确的政治观点，就等于没有灵魂。"坚持马克思主义在我国意识形态的指导地位，用党的创新理论凝心聚魂、固本培元，以习近平强军思想为主脉构建内容，增强学员向战而行、保证打赢的信心决心，是军校思政课的遵循和价值。另一方面，军校思政课又要强化话语的学理性。以理服人，要求有扎实的知识基础和深透的学理分析，帮助学员解决好思想实际问题。思想实际问题关涉人的立身之本而非谋生之术，是世界观、人生观、价值观、思维方式、理想信念、道德品质以及家国情怀、人类关怀等人生的"根本"问题。抓住和围绕这些实质性问题，把其中一些道理讲清楚、说透彻，话语才有解释力，理论方显魅力，学员才会真切体悟到思政课使其终身受益的深远价值。

三是需要考察能否处理好多维多层话语的转化关系。政治话语、学术话语、教学话语、生活话语是思想政治教育在不同情境下使用的话语，不同话语有各自的目标、界域、功能以及表达方式。比如政治话语强调价值指向性和政治引导性，旗帜鲜明地把党的创新理论成果、路线方针政策等传达给学员，帮助学员扣好人生的第一粒扣子；学术话语侧重于理论研究，强调学术性和学理性；教学话语（课程话语）重在教书育人，强调知识性、思想性和价值性；生活话语，则现场感强，是家常话语、通俗话语，能够打破居高临下的生硬说教模式。思政课的教学话语应继续强化政治话语与学术话语互应关系，吸收马克思主义中国化时代化最新理论成果，增强话语的思想含量和理论厚度，便于把道理讲清楚、说透彻；同样，思政课可以积极将宣传话语转化成为课程话语，并注重穿插生活化，用关注社会民生、治国理政、强军兴军的"热点热词热事"，讲好军队的故事和学员身边的先进典型故事，增强话语的时代性和现实感，引导学员对现实生活观察分析、反思批判，从中思考和解决好个人成长成才、坚定理想信念、矢志强军报国等问题。总之，在军队思政课话语体系质效评价过程中，需要充分考虑多种话语融会贯通，进而评价是否有利于突显话语体系的思想性、逻辑性和价值性的阐释性。

（三）科学的引导力

军校思政课话语交流的物理性时空场域是课堂，但整个话语体系是在思政小课堂与社会大课堂的结合体中运行的。思政课教学是借助话语叙事使宏观的外部世界不断向话语言说对象的精神世界敞开的过程。引导力反映出话语接收者对于话语认同的范围和程度，即学员认知、情感、态度、行为发生正向变化的程度，这是评价思政课话语贯穿始终的黄金标准。

一是考察军校思政课的施教者是否具有话语权。话语权与话语体系的引导力密切相关。话语权作为一种在精神文化上对人们思想和行为产生约束和支配的权威力量，是以人们对话语体系的价值认同和自愿服从为前提的，并非依靠外力强制、心理操控以及诱惑欺骗而取得的。可见，新时代军校思政课话语体系传播过程中，施教者是否具有话语权，对学员是否接收话语、接受话语，并因话语传播而产生思想和行为的变化具有重要作用。但值得注意的是，考察施教者是否具有话语权，应该从施教者（教员）的主导作用和受教者（学员）的主体作用两个方面进行考察。因为，军校思政课并非教员作为单一主体向学员单向输出的简易教学过程，军校思政课话语实践也不仅仅存在于教员—学员的话语传播过程中，而是一种于师生共在话语场域、共构话语场景、双向沟通、达成共识的话语交往过程。因此，考察话语权的确立必须在"自主式、双向式、参与式"的话语关系中完成，这就要运用习近平总书记指出的"主导性和主体性相统一、灌输性和启发性相统一"的方法论要求。首先。要注重考虑施教者对受教者展开话语传播时所处的社会关系，一般情况下，由于社会对主体等级和能力分级的客观存在，不同的主体具有大小不一的引导力，等级和头衔越高，引导力越大；实力越强，引导力越大。比如，教员的学术地位、职称、头衔，教材的版本、出版社等要素，包括教员的授课能力与水平，如教学成果、教学比赛奖项等数量都会影响话语权的获得。施教者在结构中处于优势地位，比如具有考核评价学员、毕业分配、心理测评等结构功能时，也会影响话语权的获得。其次，要注重施教者与受教者在话语传播中的合作幅度和强度，合作是推动各个领域发展的动力，主体与客体之间的合作幅度和强度越高，引导力越大。话语主体合作表现为思政课教员队伍建设情况，如专职教员的数量、学历层次、学缘结构、兼职教员进入课堂等。话语主客体的合作，主要表现为学员在课堂上的表现情况、学员对教员的信赖程度，学员对教员所学知识、方法的利用程度等等。

二是考察军校思政课话语体系是否具有交往性。思政课话语体系的交往性是指思政课的受教者在话语体系传播中实现精神交往。作为精神生产活动的军校思政课教学，以学员认知、情感态度、行为作为出发点和落脚点，把社会生活转变为话语叙事，再把话语叙事引向社会生活，借助教学话语实现社会生活场域与学员的精神世界场域的融通。从话语交往媒介看有三种：文本（文字语言）、口语（声音语言）、"媒介话语"（视听电子多媒体语言和移动互联网的新媒体语言）。思政课话语势必是教材话语、教学话语、"媒介话语"的转换和融通。通常，思政课的教学过程主要是经过由教材话语向教案话语转换，再由教案话语向授课话语（口语为主）转换，以期获得受教者，也就是话语接受者的受与馈。随着信息技术的不断发展，形成全球化和信息化等多重语境中，"互联网＋"的教育理念，正促使信息技术和思政课深度融合，军校思政课已逐步走向连通传统课堂与新媒体新技术的"慕课""微课"，课内课外、网上网下"全媒体"的"大思政"话语格局，尤其是人工智能已经是信息分发的主流模式。智能算法能够追踪用户网络轨迹，推测习惯偏好，实现信息与用户间的分众化、精准化供需匹配，具有迎合用户偏好、精准分发信息、个性化推荐内容等特征。通过智能算法，可将思政课话语和教育、经济、社会、文化等热点问题相关联，将马克思主义中国化时代化理论成果、人民军队强军实践伟大成就匹配融入受教育者的日常生活信息推送，实现思想政治教育话语的生活化延伸。当前，考察军校思政课话语体系的交往性可以尝试立足于智能化手段的运用，如个人信息偏好的定制化、个性化推送，激发人与人之间的良性互动；点赞、转发、评论反馈，形成具有共同价值和文化特质的网络社群等互联网的"交往方式"入手进行考察。

三是考察话语体系多种话语类型的系统效应。军校思政课话语体系要切实发挥引导力，需要话语体系中的各类话语同向发力、互融共生。习近平总书记强调"统一性和多样性相统一、显性教育和隐性教育相统一"原则一致。这种不同形式下的话语表达和话语方式其作用方式、效果点和综合成效不尽相同，同样需要采取系统的、全面的、整体的观点和视角综合衡量话语体系整体建设过程和具体效果，考察是否有效达成军校思政课所要达成的整体性目标和效果，考察其价值引导是否充分体现科学性。比如，军校思政课话语体系建设和传播具体过程中，往往在形式上采取一切有益于充分发挥学员主体性的教学策略和方法，比如议题设置、专题研讨、结构性讨论以及"翻转课堂"等。在这些策略和方法下所使用的话语类型可能产生对抗、矛盾，如何对其进行整合、统一是话语体系质效评价过程中不得不考虑的一个重要的特点。再如，学术话语与理论话语有机结合不局限于思政课语境内，还包括单门政治理论课知识体系的构建与主流意识形态传播之中，思政课与其他学科专业之间可能产生的矛盾。又如，不同话语媒介中产生不同的话语类型之间的互融关系也应是考察环节，因为话语传播媒介的类型不同，其承载的资源数量不同，话语客体在不同方式中的活跃度不同，引导力就会不同。因此，在评价过程中需要综合考虑不同话语类型可能给话语体系质效带来的系统性作用和影响。

二、新时代军队院校思想政治理论课
话语体系质效评价原则

评价原则的确立是新时代军校思政课话语体系质效评价的关键和基础，其科学与否直接影响话语体系质效评价结果的导向性。开展军校思政课话语体系的质效评价还需要把握一定的原则，必须针对军校思政课的特点特质，科学合理地确立相应的指标原则，发挥其风向标作用，促进军校思政课话语体系提质增效。使得质效评价遵循思政课话语的规律，适应新时代军校思想政治教育的需求。综合而言，需要评价主体以战略视野和时代眼光观照军校思政课话语体系质效评价，充分把握好政治首要性原则、价值引导性原则与向战聚焦性原则。

（一）把握政治首要性原则

军校思政课是党在军队铸魂育人工作的重要组成，是军队思想政治教育的主渠道，是党对军队实施思想政治领导的基本途径。军校思政课的特殊地位与作用决定了话语体系质效评价要坚持政治性原则，必须做到立场坚定、旗帜鲜明，必须始终坚持正确的方向。

一是要看军校思政课话语体系是否聚焦强军兴军这个鲜明主题。强军兴军是党的十八大以来国防和军队建设的鲜明主题，规定着新时代军队思想政治教育的方向和任务，军校思政课话语体系必须立足于思想政治教育

面临的新形势、新任务、新情况、新问题，进行话语阐释、交流与传播。比如，军校思政课话语体系是否在面对"两个大局"深层联动的时代背景下抓住了掌握思想、占领思想的主导权。当今中国面临中华民族伟大复兴战略全局和世界百年未有之大变局，这"两个大变局"相互交织、相互激荡、相互影响。我国日益走近世界舞台中央，国际影响力、感召力、塑造力日益提升，成为引领全球经济发展、推动全球治理体系变革的重要力量。但我们也要清醒地认识到美国等西方国家对我国的快速发展是排斥的、不接受的，它们千方百计地实施西化、分化和遏制打压。尤其是意识形态领域的斗争愈演愈烈，如大肆宣扬"军队非党化、军队政治化"和"军队国家化"；传播西式价值，诱导"崇美"意识回潮；打阶层矛盾牌，鼓噪"草根抗争"；炒作少数群体矛盾，制造敏感话题；鼓吹民族主义，挑动"排外情绪"。随着中美博弈加剧，两条道路、两种制度的斗争将更加尖锐。思想领域斗争虽无硝烟，却是殊死拼搏。面对复杂的意识形态斗争形势，军校思政课话语体系能否把思想建党、政治建军要求落到实处，树牢精神支柱、塑造政治灵魂，在思想上政治上牢牢掌握学员，不仅是话语体系质效的体现，更是评价质效的重要依据。

二是要看军校思政课话语体系是否把正新时代军队思想政治教育的目标任务。军校思政课是军队思想政治教育的重要组成部分，二者在目标任务上具有内在一致性。新时代军队思想政治教育，必须紧紧围绕实现党在新时代强军目标、把人民军队全面建成世界一流军队，培养听党指挥的接班人、砥砺能打胜仗的战斗队、塑造作风优良的子弟兵。从历史上来看，军队思想政治教育的目标任务历来是根据党和军队的目标方向确定的，军校思政课话语体系也是如此。党在新时代的强军目标是军队建设的聚焦点和着力点，是新时代军队思想政治教育创新发展的方向引领，也是军校思政课话语体系建设的目标。军校思政课话语体系要回答新时代人民军队"培养什么人、怎样培养人""塑造什么样的部队、怎样塑造部队"的根本问题，反映铸魂育人、为战育人的内在要求，保证党从思想上政治上牢牢掌握军队，把党管思想这个大原则牢固树立起来，确保军魂永驻、铁心向党。

三是要看军校思政课话语体系是否体现出新时代的新风貌、新图景。习近平总书记深刻指出军校思政课话语体系的核心任务是铸牢军魂。"四有""四铁"的实践标尺，"真情、真理、真实"的力量源泉与时代性、感召力的发力重点，这是为新时代我军思想政治教育绘就的"新图样"。军校思政课话语体系构建以此为蓝图才能发挥作用，使军校思政课呈现新风貌。比如，新时代军校思政课需要应对讲授方式与学员接受习惯、认知方式对接难的矛盾；形式主义、官僚主义等还依然存在的问题。军校思政课话语体系是否针对这些时代问题进行阐释、解答，能否破解问题、消除影响，极大地关乎军校思政课话语体系质效。

（二）突出价值引导性原则

军校思政课话语体系质效评价的价值引导性原则指的是军校思政课话语主体是否体现自身应有的价值，在一定时期、一定话语空间、一定话语语境内发挥价值导向和价值塑造的功能。新时代军校思政课话语体系的最终指向和价值旨归是以习近平新时代中国特色社会主义思想和习近平强军思想灌注部队、武装学员，培养德才兼备的高素质军事人才队伍。具体而言，主要包含如下三层内涵。

一是考察军校思政课话语体系是否做到用党的创新理论凝心聚魂、固本培元。首先，是否坚持用马克思主义教育人培养人。用马克思主义教育人培养人是思想政治教育的本质特点、思政课的根本要求。早在古田会议上，中国共产党就将马列主义基本理论列为党内教育的重点内容。中国共产党、中国人民解放军之所以历经艰苦而不断发展壮大，一个重要原因就是始终用进步的政治精神灌注部队、用党的科学理论武装官兵。其次，是否坚定习近平新时代中国特色社会主义思想的政治信仰。习近平新时代中国特色社会主义思想是马克思主义中国化时代化的最新理论成果，是当代中国马克思主义、21 世纪马克思主义，要引导学员深刻掌握习近平新时代中国特色社会主义思想的核心内容、精神实质、重大意义等，坚持理论联系实际，深刻认清其科学性真理性，增强学员维护核心、听从指挥的思想自觉和行动自觉。最后，是否能够坚定理想信念，铸牢党对军队绝对领导的军魂。坚持党对军队的绝对领导，是我们党在血与火的斗争中得出的颠扑不破的真理，是革命军人坚定理想信念最集中的体现。一方面正面加强军魂教育、忠诚教育，让党对军队绝对领导直抵人心、根植灵魂，教育学员绝对忠诚、绝对纯洁、绝对可靠，一切行动听从党中央、中央军委和习主席指挥；另一方面批驳错误政治观点，抵制敌对势力误导、历史虚无主义，特别是歪曲我党我军历史、抹黑革命先烈和英雄人物的错误言论。

二是考察军校思政课话语体系是否以习近平强军思想为主脉优化内容。首先，话语主题是否鲜明。比如，紧紧围绕党的理论与实践创新最新成果，帮助新学员从兵之初就扣好军旅人生第一粒扣子；根据政治信念、政治属性、政治能力三个板块夯实听党话、跟党走的思想政治根基；按照想打仗、谋打仗、能打仗的履职尽责要求增强练兵备战、履行使命的意识和能力；遵循葆本色、正品行、严法纪的要求发扬我党我军光荣传统和优良作风；突出军种特色、符合军种需求等方面。其次，话语是否精要管用。军校思政课话语体系质效并不仅仅体现在数量多、体量大，更忌讳"高、大、空"。有的话语主体缺乏受众、媒介意识，上下一般粗、表达一个样，既解决不了问题，也进不了头脑，还可能激起话语受众的逆反心理和抵触情绪。有的则是平均用力、面面俱到、蜻蜓点水，没有重点、没有设计，使得课堂教学重心不稳、效果不佳。

三是考察军校思政课话语体系是否坚持"灌输"这个马克思主义理论教育的基本方法。马克思认为先进理论不会自发产生，只能从外面灌输进去。"灌输"是指正能量的灌输、撬动人心的灌输，是永葆我军性质、宗旨、本色的灌输。"灌输"作为思政课发挥主渠道作用的主要方式，是军校开展思政课的基本方法。2009 年中国人民解放军颁发的《军队思想政治教育大纲》，规定课堂教育灌输为实施思想政治教育的首要方法；2021年新颁发的《军队思想政治教育规定》，第一条就是课堂教育灌输。同时，"灌输"不是"填鸭"，是奔着现实问题和活思想去的，应注重从时代之变分析思想之变。比如，注重网络对于学员的影响；高强度高频率的练兵备战造成的学员的身心压力；一些学员存在恐战怯战的和平积弊等。军校思政课话语体系要把准学员思想脉搏，与之同频共振，既要有着眼于整体提高、进行党的科学理论的普遍灌输，还要有针对性的、区分不同个体的精确灌输。最后，"灌输"应具有说理性和战斗性。要旗帜鲜明讲道理，坚定自信，用大道理管小道理，用正道理批驳歪道理，用实道理戳穿伪道理；要敢于斗争批错误，面对形形色色的错误观点、思潮，以战斗的姿态阐释清楚是非对错，捍卫思想阵地，从根子上澄清学员思想上的疑虑困惑；要尊重事实讲道理，事实最具说服力，讲道理要以事实为依据，讲道理要讲通俗讲透彻。

（三）体现向战聚焦性原则

所谓向战聚焦性原则是要考察军校思政课话语体系是否体现我军思想政治教育强军打赢的指向。习近平总书记反复强调，军队首先是一个战斗队，必须把全部心思向打仗聚焦，使各项工作向打仗用劲。军校思政课话语体系也是如此，应当把牢固树立战斗力这个唯一标准作为话语体系质效评价的重要原则。在话语体系质效评价过程中需要重点把握向战聚焦性原则的以下三层主要内涵。

一是要考察军校思政课话语体系是否具有向战而行、保证打赢的特质。军校思政课不同于其他院校、领域的思政课，向战而行、保证打赢是其最鲜明的特质。一直以来，"一切为了前线的胜利"是我军思想政治教育的优良传统，进入新时代，军队一切工作向"能打仗、打胜仗"聚焦，就是要回归"一切为着前线的胜利"这个本真。当前和今后一段时间，世界处于动荡变革期，我国国家安全进入高风险期，新一轮科技革命和军事革命进入加速发展期，制信息权成为夺取战场综合控制权的核心，一体化联合作战成为基本作战形式，战争进入发现即摧毁的"秒杀"时代。这意味着当前军队最紧要、最现实的挑战就是打仗，尤其是我军已经多年没有打仗了，长期的和平环境容易滋生和平积弊，军校思政课话语体系建设要归正教育教学重心，把战斗力这个唯一的根本标准立起来，聚焦练兵备战这个中心。

二是要考察军校思政课话语体系是否找准教育服务备战打仗的增长点。新时代条件下，军校思政课必须适应战争形态演变和战斗力生成规律，紧紧围绕当兵打仗、带兵打仗、练兵打仗等方面的问题，挖根源、去聚焦、寻突破。比如，面对战争形态、作战样式和军事斗争任务发生深刻变化时，军校思政课话语体系能否提升备战打仗的贡献率；能否在理念、作风上确保一体化联合作战，发挥科技的核心战斗力作用，形成战术行动战略保证。再如，考察思政课话语是否提升学员研战谋战的自觉。一些学员头脑中单一军种作战的惯性思维尚未彻底改变，联战联训、联合制胜的意识还没有完全建立起来；有的学员缺乏对手意识，敌情研究薄弱。针对这些问题，军校思政课话语体系是否能够引导学员紧贴作战任务、作战对手、作战环境，大兴作战问题研究，把对手的作战规律特点搞清楚，瞄准强敌练兵，比肩强敌备战，超越强敌谋划；加强联合文化培养，培塑联合价值观念、联合思维方式和联合行为规范，练思想、练技术、练作风、练战法。同时侧重磨砺学员血性胆气也是向战性原则的表现，2021年中央军委下发的《新时代培育战斗精神实施纲要》提出新时代战斗精神，强调"忠诚坚定、英勇无畏、坚韧顽强、团结协作、机敏严谨"，这是军校思政课话语体系需要讲清楚讲明白的重要内容。

三是要考察军校思政课话语体系是否紧贴作战训练任务。思想政治教育应该与作战训练任务相互促进、相得益彰，就是要考察军校思政课话语体系能否因敌因时因势不断创新。这需要紧贴学员思想实际，把强有力的话语灌注到任务一线，形成人人都在语境中，事事都有话语说，时时都有话语传的良好局面。尤其是在常态化紧抓练兵备战的背景下，需要考察战时教育动员的实践。战时教育动员是为了保证作战任务的完成，对参战人员的思想发动和教育引导工作，是战时政治工作的重要内容。革命战争年代，人民军队凭借强有力的战时教育动员，使部队保持了有我无敌的必胜信念和一往无前的战斗精神。现代战争发生深刻变化，这对军校思政课提出了新的更高要求。

三、新时代军队院校思想政治理论课
话语体系质效评价方法

科学合理的评估方法是评估结果公平、公正、有效的重要保证。随着教育教学理论和实践的发展，学者对教学评价对象的认识更加全面，由一元走向多元，同时也把教学活动作为一个动态的过程和有机的系统，从整体上来认识和把握。军校思政课话语体系质效评价同样是一个动态的、长期的过程，涉及思政课教学管理、思政课教员的教学能力、学员的学习效果等多个方面。军校思政课话语体系传播，其本质是思政课教员与学员的互动过程，是教员教的活动与学员学的活动的有机统一[1]。因此，在军校思政课话语体系评价对象的诸多因素中，教员及其教的活动、学员及其学的活动是话语效果质效评价的中心环节。为此，需要根据评价对象的不同，区分不同的评价方法，一类是评估教员话语传播质效的方法，另一类是评估学员话语接受质效的方法。

（一）针对教员话语传播效果的评估实施方法

军校思政课教员发挥着主力军的作用，任课教员几乎全程参与所有话语传播过程和环节，而教员主导的教学活动具有不可复制性，话语质效水

---

① 杨廷强:《思政课课堂教学评价研究——以学生课堂参与为中心》,《教育理论与实践》2021 年第27 期。

平如何，教员是最重要的把关人。习近平总书记在全国高校思想政治工作会议讲话中指出，"办好思政课关键在教师"。为此，在军校思政课话语质效评价中，应充分考虑思政课教员的主力军作用，确立科学的教员话语传播能力评价方法，推动思政课话语传播水平有效提高。具体而言，包括以下评价实施方法。

一是问卷评价法。问卷评价法是根据思政课话语传播对军校教员评价的需求，采用心理测验编制的手段和方法科学编制相关问卷，选取有代表性的样本进行问卷调查，通过对问卷的回收、整理和分析，评价思政课话语体系质效的一种方法。问卷评价法可以充分了解代表性群体对思政课话语体系质效评价的真实意见和看法，得到有关思政课话语体系质效评价全面真实可靠的数据，调查者也可以从中获取大量的第一手材料，从而对军校思政课进行科学全面的评价。在具体实施过程中，要根据测验目的科学设置逻辑结构严密的问题，同时要注意问题的简洁易懂性和针对性。需要注意选取有代表性的调查样本，邀请问卷填写人根据自己的真实想法如实地回答问卷中所涉及的问题。调查实施者需要秉持严肃认真的态度科学分析数据，小心求证数据所得到的结论，以便对思政课话语体系做出科学评价，为进一步加强和改进军校思政课话语体系提供科学数据。问卷评价法因为其方便、有效性，在各种活动中被广泛采纳，因而也是军校思政课话语体系质效评价的重要方法。

二是自我评价法。自我评价法是任课教员根据自身在思政课话语传播过程中的情况进行自我分析，找出优点和长处，发现不足和问题的方法。自我评价是教员对自身理论知识素养、信仰信念、课堂表现和话语传播成效的充分程度或有效性的主观评估，自我评估可以使他们更好地反思并改善自身话语传播质效[1]。教员自我评估方式包括填写自我评估问卷、观看视频录像或录音带记录、审阅教员档案、查看学员成绩数据、邀请同行听课

---

[1] 佘双好，张琪如：《高校思政课课程评价的特点及改革路径》，《思想理论教育》2021年第3期。

并反馈、征询外部的或同辈的意见建议、教学日志的撰写等。也可以采用归零思考法、SWOT 分析法全面分析自身在话语传播过程中的优势、不足、机会和挑战等。在具体实施过程中，可通过院系或教研室活动，由各任课教员自己总结汇报其完成思政课教育目标的成果和发现的问题以及今后努力的方向等，教员的自我评价结果应纳入思政课教学评价环节。教员的自我评估实际上就是一种教学过程中的自我分析和反思。它能有效调动教员在思政课话语传播中的主动性和积极性，激发教员对自己教学过程的反思，更有助于教员从实际经验中学习[1]。在军校的教学质效评价体系中，任课教员往往只是被动地接受他人的评判，教员的自我评价往往没有纳入教学评价从而使教员自身丧失参与评价的机会和权利，这违背了教学评价的科学性和全面性原则，不利于思政课话语体系质效评价的有效开展和顺利实施。事实上，自我评价法是一种自我反省式的评价方法，能更好地激发任课教员的主体意识，推动教员自觉地研究自身的教育教学活动，从而更好地审视自身教育教学理念和促进教学方式技巧的更新和完善。

三是专家评价法。专家评价法是指邀请军内外具有思政课相关教育教学背景专家学者对被评估教员话语体系质效进行评价的方法。专家评价法就是借助专家学者在思政课话语体系中的知识、经验与判断能力进行话语质效评价的一种方法。目前，军校大多采用教学考评中心成立教学专家督导组的方法实现，在提升思政课话语传播质效方面发挥了重要作用。在具体评估实施过程中，各级教学评价中心要优化督导组人员结构，科学选取学术地位高、教学能力强、群众反映好的思政课专家组成结构合理、人数适当的专家评价小组，建立动态评价机制，对思政课教学准备、教学实施、考试考核和学员反馈进行全流程督导与评价。综合采取听查课、审阅教案、与教员本人进行访谈提问、召开师生座谈会多种手段和方法，全面了解思政课管理端、同行端、学员端及教员本人的意见，综合各方面的评价信息，进行具体问题具体分析，做出个性化总结性评价。专家评价法可以充分将专家学者的优秀经验和方法通过评价反馈的方式有机内化到教员教学组织实施过程中，进一步提高思政课话语传播的质效。在具体实施过程中，也要注意不能简单地仅凭某位专家的一两次评估就对某位教员的教学水平和能力做出判断，同时也要考虑专家评价过程中主观因素的影响。

四是同行互评法。同行互评法是指邀请思政课同行教员对其话语体系传播质效进行评价的方法。虽然同行对思政课话语体系及其传播会有不同的理解和看法，但对话语结构、话语内容、话语传播途径和方法、话语传播效果都比较熟悉和了解，同行之间的评价往往也能够做出客观准确、恰如其分的判断；再加上同行教员知识背景、工作经历和职级身份都比较接近，隔阂较小、沟通交流比较顺畅，更有利于评价效果反馈。与此同时，也有利于教员之间的相互学习和交流，提高思政课话语传播队伍的整体水平①。具体操作是邀请同行对任课教员的备课试讲、课堂教学、教研活动、实践教学等教学过程进行评价。在这一过程中，要注意质性评价和量化打分相结合，既要给出评价性结论，也要对比不同教员的水平给出量化分数；互评还要注意要全面、客观，既实事求是地肯定成绩，挖掘同行在话语传播过程中的优势和长处，又要找出不足分析产生问题的原因，提出改进和努力的具体方向和方法。需要指出的是，单个或少数教员的观点和理解难免会有一定的偏颇，难以达到全面客观评价的效果。在具体操作过程中，可以邀请多个同行教员从各个不同的角度对某名教员的思政课话语传播质效进行评价，采取类似头脑风暴的方法，发现话语传播过程中的优势和特长，查找问题与不足，从而对教员的话语传播质效进行准确公正的评价。

五是学员评价法。学员是思政课话语体系的最直接感受者和受益者，对话语主体的传播质效最有发言权，因而也是最重要的评价主体。学员对思政课教学质效进行评价是最为常用、最为直接的方法。通常的做法是，

---

① 万雪黎：《高校思政课评价优化研究》，西南大学出版社，2017 年。

由思政课教员本人、领导、专家通过召开座谈会、进行个别谈话、开展问卷调查等形式听取学员对课堂教学、课后辅导、实践活动、师生关系、师德师风、行为示范等方面的具体意见。学员对思政课教员话语传播质效评价可以直观地反映出教员对学员价值观形成和发展的影响、教师的人格魅力、在学员中的威信、受欢迎程度、师生之间的关系融洽状况以及教员的教学风格、教学方法、教学手段是否符合学员的需求等情况。当然，在具体实施过程中，可能因为学员个性化需求、能力水平差异和主观态度的不同，对同一教员的评价出现一定的差异，这就需要综合考察学员群体中绝大多数的意见和看法，采取中位数、众数等统计测量指标客观反映教员的话语传播质效。此外，还需要注意因为教员在教学过程中占据主导地位，学员由于担心自身考试成绩等因素会有刻意迎合教员的想法而给出相对较高评价的倾向。这就需要在开展具体评价之前，对学员的评价过程进行正确的引导，教育和培养学员实事求是的正确态度，以便从学员方面得出思政课话语体系客观公正的评价，进而改进和提高思政课话语传播的质效和效果。

针对思政课教员的话语评价是一个综合全面复杂的过程，在具体实践操作过程中往往是多种方法的综合运用，以便从不同的视角综合分析得出科学的结论，从而更好地改进和提高思政课话语传播质效。

（二）针对学员话语接受效果的评估实施方法

思政课话语传播最终体现在提升学员的学习效果上，即教育引导学员树立正确的世界观、人生观和价值观，能否实现这一目的是判断话语质效高下的根本标准。为此，思政课话语体系质效评价要抓住这一核心本质要义，采取科学有效的方法准确反映话语质效的真实状态。一般而言，可以综合采取下述方法。

一是课堂观察法。课堂观察法是通过对学员在思政课堂上的行为表现评价话语体系质效的一种方法，是指思政课评价者根据评价目的和要求，依据自身感官以及相关辅助工具（观察表、录音录像设备等）、直接或间接从思政课教学情境中通过观察学员课堂学习表现，并依据资料作相应评价的一种教育科学评价方法。课堂观察需要有明确观察目的、选择观察对象，确定观察行为、记录观察情况、处理观察数据、呈现观察结果等一系列不同阶段的不同行为。在具体的评价过程中，需要将思政课堂具体化为多个观察点，将课堂中连续性事件拆解为多个时间单元，将课堂中复杂性情境拆解为多个空间单元，透过观察点对每一个单元进行定格、扫描，搜集、描述与记录相关的详细信息，通过观察结果进行分析、推论，以此评价思政课话语体系的质效[①]。一般说来，课堂观察包括课前会议、课中观察与课后会议三个阶段。通过课前会议的讨论与确定、课堂中的观察与记录、课后会议的分析与反馈，构成确定问题—收集信息—评价话语质效的完整工作流程。从课堂观察的内容来看，主要是学员学习思政课中的具体行为。需要重点关注两个方面的问题，一是课堂学习氛围。考察学习氛围是否良好、学员反应是否积极、学习兴趣是否浓厚、课堂教学目标是否达到、有无学员自主探索和交流讨论等方面内容。二是观察学员的神态表情，包括学员的注意力、面部表情、形体动作等方面。

二是成长记录法。成长记录法是指根据思政课话语体系目标，收集能够反映学员学习与发展过程的各种数据与证明材料，全面记录学员学习过程的一种方法。该方法是对学员思政课学习效果的过程性评价方法，可以为每一名学员都设置一个成长记录袋收录反映学习成果的重要资料，有效记录学员思政课学习过程中节点性标志性成果，进而对学员学习质效进行综合评价[②]。建立健全学员学年综合考核制度机制，在具体操作实施过程中，成长记录袋可以收录学习过程性资料，如课程演讲、辩论活动的活动记录、视频作品、社会活动记录、实践教学表现、阶段学习成果、各类评价表等。

[①] 殷莎莎:《系统科学视域下高校思政课实践教学研究》，哈尔滨工程大学出版社，2016 年。

[②] 杨廷强:《思政课课堂教学评价研究——以学生课堂参与为中心》，《教育理论与实践》2021 年第 27 期。

也可以收录考察学员交流、合作、实践能力以及在学习过程中所表现出来的运用马克思主义基本原理分析解决问题、价值观成长发展、人格成熟完善的其他材料。如根据话语体系要求和学员特点，设计相关题目让学员撰写习近平新时代中国特色社会主义思想相关主题的感悟和理解、党的二十大有关精神与自身成长发展的关系讨论、学员在学习生活中参与集体管理、帮助他人成长进步的活动资料等。通过成长记录袋积累有关学员学习与发展的纪录，在课程结束或学员毕业时对相关要素给出量化打分，从而针对学员的学习效果对话语体系进行科学评价。

三是态度调查法。态度调查法是指通过对学员学习思政课相关课程后态度变化发展的调查了解来评价话语体系质效的方法。学员态度是决定学员行为的主要因素，它在很大程度上体现了学员个人对所在组织、社会和国家的感觉与情感，是学员价值观和行为的重要体现。同时，态度调查也为学员提供了表达个人对思政课话语体系想法、表达个人信仰和观念的机会。学员态度调查是对思政课话语质效进行评价的一种客观和经济的方法。需要对学员课程学习前的初始态度和课程学习后的态度变化进行综合调查，对比前后的变化作为话语质效评价的指标。在具体组织实施过程中，应该在专家的帮助指导下，针对思政课话语内容科学设计调查问卷，需要对学员态度变化进行多次调查了解，不要试图通过一次调查解决所有问题。对学员的初始态度的调查应该从开课第一天就进行，考察学员对思政课话语的基本态度，进一步了解学员学习中的态度变化，如对教员言行的反应、对相关学习的意愿、学习参与程度、学员的情感与价值观，甚至学员逻辑思维等方面。也有学者指出，可以邀请外部咨询顾问以第三方的形式进行态度评价，以便得出更为客观公正的评价。态度调查法时间周期长、组织实施难度大，同样也容易受到学员主观态度的影响，需要在具体组织实施过程中要树立科学评价思维，把握态度调查内在逻辑规律，科学严密的组织实施，为进一步改进思政课话语体系质效提供正向反馈[①]。

四是自我评价法。自我评价法是指学员根据自己学习思政课的情况进行自我总结的方法。采用这种方法进行评价，可以培养学员进行自我评价、自我教育和自我完善的能力，了解学员对思政课话语体系自我满意程度，同样也是思政课话语质效评价的重要方法。这种方法一般采用自我学习总结、学员互评、师生交谈等方式，需要重点解决的是如何科学量化的问题。以"军人思想道德与法治"课为例，为了解决学习过程、学习方法、学习态度等评价内容难以量化的问题，在学员自我评价量表的设计中可以设定基础分和加减分，加减分部分设计开放性的评价。首先，每位学员的基础分为60分，以此为基础个人根据自身实际情况进行加分或减分，并将分数填在表格中。其次，每班设立3—5名道德观察员，对学员自我评价的真实情况进行审核，审核结果记录在"小组认定的分数"一栏中。最后，教员根据学员自我评价及道德观察员审核结果进行综合评定。加分和减分项目通常将评价内容设计成开放性的问题。具体包含以下几个方面：一是理论知识的学习理解运用。你对相关理论知识和问题是否有了更深的理解和思考、取得了哪些进步、获得了何种肯定和赞扬？二是过程方法。你的学习方法在哪些方面有明显的进步而使你感到高兴或自豪？你在哪些方面或哪件事上做得不好使你感到失望？三是情感态度。你是否对"军人思想道德与法治"课程抱有积极态度、是否积极参与完成课堂教学任务、学习过程中你对党指挥枪是否有更坚定的信念？请学员根据上述问题列举出具体学习和生活中的具体项目，每个项目再根据其性质进行加分或减分，即正向项目每项加1—3分，负向项目的每项减1—3分。通过这样开放性问题的设计，帮助学员更好地认识和反省思政课学习中的收获、体会以及不足，引导学员学习与思考，促进学员的成长进步。同时，也可以将评价与教学融为一体，发挥评价导向的积极作用。

[①] 章秀英，朱坚，戴春林：《大学生思政课获得感测评指标研究》，《浙江工业大学学报》（社会科学版）2021年第2期。

四、新时代军队院校思想政治理论课
话语体系质效评价系统构建

在明确了军校思政课话语体系质效评价的内涵、原则、标准和方法后，还需要从系统论的视角，优化各个要素之间的关系，使之形成整体合力，有效地对思政课话语体系质效进行科学评价。

（一）系统健全优化话语体系质效评价机制

科学合理的评价机制是有效开展教学质效评估的保证。新时代军校思政课话语体系质效评价机制要重点从以下几个方面进行把握，不断推动话语质效评价的创新发展。

一是要完善组织制度体系。要在评价目标选取、评价内容完善、评价方法确定、评价过程监控、评价结果公正有效等各个环节形成制度体系。要构建系统完整的评价组织体系，全方位管理评价活动开展全过程。要形成完善的评价领导管理体制、评价组织运行体系机制，将思政课话语体系的实效性纳入办学质效考核、教学评价体系。

二是要构建综合性评价机制。以考察学员理论知识掌握情况为主的传统思政课教学评价模式，显然已无法适应新时代军校思政课"立德树人，为战育人"的培养目标需求。新时代军校思政课话语体系质效评估要改变以往单纯通过及格率考察教学质效的评价模式，形成综合性评价机制。要系统化考察思政课话语体系目标与教学培养目标、课程体系之间的关联，按照成果导向的教学模式，优化细化考核机制，从学员理论知识掌握情况、实践能力、思想品德表现等多个方面综合考察思政课话语体系质效。以学员毕业能力和岗位要求终端溯源，从思想政治教育为基础、专业教育为核心的课程体系出发，找准思政课程与专业课程的契合点，综合考察思政课在学员价值观引领中的核心地位，进而作为思政课话语体系质效的评价依据。

三是要注重评价结果的应用和反思。军校思政课话语体系要通过畅通评价信息反馈渠道，加强评价结果分析诊断、评价总结等，推动以评促改、以评促建、评建结合。要将评价结果有效应用于话语体系各个环节各个方面，形成有效的激励机制和奖惩制度，促进话语体系质效的不断提升和评价机制的不断改进完善。在定期进行话语质效评价后，要及时分析和把握质效评价过程中所遇到的困难、矛盾与问题，并针对实际情况制定具有可执行性的质效评价改进方案，形成话语质效评价"回头看"机制。

（二）合理构建话语质效评价指标体系权重

构建军校思政课话语体系质效评价全部指标体系，要以习近平总书记提出的"培养德才兼备的高素质、专业化新型军事人才"的新时代军事教育方针为评价标准导向。在明确评价指标体系导向的基础上，分化细化评价指标，合理确定不同指标的权重系数，使之成为一个完整系统的指标体系[①]。在具体操作实施过程中，可以使用层次分析法、回归分析法等具体方法计算权重，可以参照下述方法具体组织。

一是要合理确定指标体系。可以通过构建合理的层次表确定指标体系，层次分析表可以使指标体系层级分明、划分清晰，避免不必要的人工误差。如图1层次模型所示，需要对图中每一级指标给出明确的指标层级号，层级指标号后应加上对应的阿拉伯数字来区分层级内不同的具体指标。第一层次为大类评价目标，以字母 A 开头；第二层次通过对大类目标进行具体划分，以字母 B 开头，各个具体指标分别设置为 $B1$、$B2$、$B3$ 等等；第三层次进一步对第二层次目标进行细分，以字母 C 开头，该层次内各个具体指标设置为 $C1$、$C2$、$C3$ 等等；第四层次以字母 D 开头，是对第三层次目标

---

① 程仕波，倪圣著：《打造高校思政课"金课"的价值意蕴和实现理路》，《思想政治教育研究》2020 年第 6 期。

的具体细化，各个指标设置为 $D1$、$D2$、$D3$ 等等。依次类推，如表 1 所示，针对军校思政课话语体系质效评价指标体系综合构建分析层次框架模型。

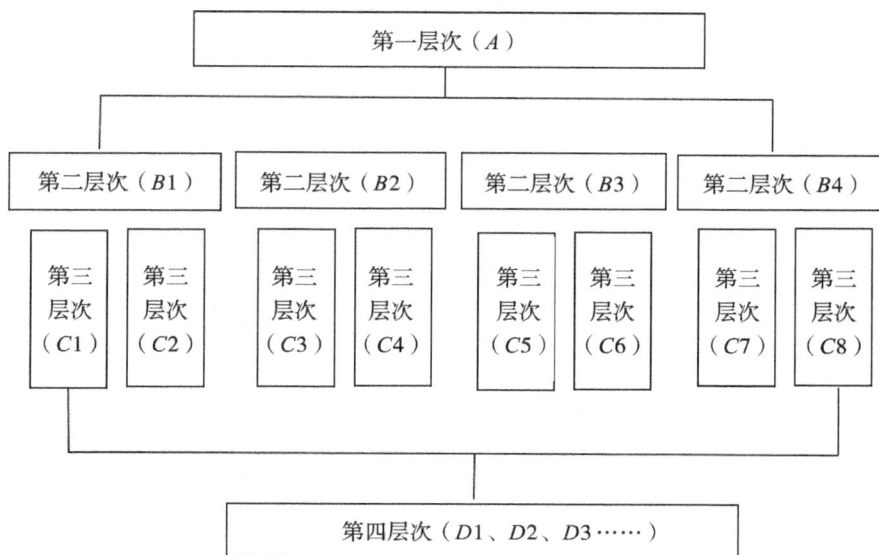

图 1　评价指标体系的指标模型

表 1　军队院校思想政治理论话语体系质效评估指标模型

	第二层次	第三层次	第四层次
军队院校思想政治理论课话语体系质效评价体系 A	教学准备 B1	教学环境 C1	教学设施设备先进 D1
			人文环境合理打造 D2
		教学目标 C2	教学目标清晰明确 D3
			教学目标适当科学的调整 D4
		教员水平 C3	教员学历层次 D5
			教员科研获奖情况 D6
			教员师德师风 D7
		教员备课 C4	教员集体备课 D8
			教案编写质效 D9
			教学助课制度 D10
	教学运行 B2	教学内容 C5	重点难点清晰 D11
			课程内容丰富性 D12
			内容与实际应用联系紧密 D13

续表

第二层次	第三层次	第四层次
军队院校思想政治理论课话语体系质效评价体系 A	教学运行 B2	教学方法 C6	采用多种教学方法 D14
			吸纳新建教学方法手段 D15
			往重方法的改良与创新 D16
		教学技能 C7	教学模式的选用 D17
			教员课堂驾驭情况 D18
			突发问题的处理 D19
		教学效果 C8	学员知识水平及能力提高 D20
			学员思想道德素质提升 D21
			学员政治信仰保证 D22
	教学管理 B3	决策机构 C9	教学决策机构建设情况 D23
			教学政策制定的时效性 D24
			教学政策制定的严谨性 D25
		政策运行机构 C10	层级职责明确 D26
			政策传达及时准确 D27
			党委直接负责 D28
		教学保障机构 C11	教学资源配置 D29
			教学技术中心建设 D30
			教学管理信息处理中心建设 D31
			教学研究机构 D32
		评价与监督 C12	内部评价与监督的有效性 D33
			外部评价与监督的实行 D34
			信息反馈的及时有效性 D35
	实践教学 B4	实践教学的指向性 C13	与理论教学联系紧密 D36
			指向学员实际应用需要 D37
			达到辅助理论教学目的 D38
		实践教学内容 C14	依托阶段性理论教学 D39
			密切联系实际 D40
			丰富性与多样性 D41
		实践教学效果 C15	达到辅助理论教学效果 D42
			提升学员的思想政治素养 D43
			增强学员实践能力 D44

二是要构建指标体系矩阵。可以通过编制判断矩阵表来实现。判断矩

阵是根据专家的意见判断每一层各元素的相对重要性，并将其用具体数值表示，写成矩阵的表现形式[①]。运用上述层次分析模型确定了各个不同指标的上下级隶属关系之后，通过对同一层次各个要素重要性的两两比较，区分确定层级内不同指标的重要性，其比较结果以标度法 1—9 表示。一般重要用 1 表示，比较重要用 3 表示，明显重要用 5 表示，特别重要用 7 表示，极端重要用 9 表示，介于上述重要性之间的用 2、4、6、8 来表示。这样，对于同一层次的不同指标，可以得到两两比较判断矩阵 $A=\{a_{ij}\}$。如表 2 所示，A 代表某指标体系层次，$B1$ 至 Bn 为 A 层次下所涉及的各个不同比较项，其他层次矩阵同理构建[②]。根据矩阵建构模型，最终绘制如下表所示的军校思政课话语体系质效评价指标体系所涉及的比较矩阵模型。

表 2　话语体系评价指标矩阵

A	$B1$	$B2$	$B3$	$B4$	…	Bn
$B1$	$B11$	$B12$	$B13$	$B14$	…	$B1n$
$B2$	$B21$	$B22$	$B23$	$B24$	…	$B2n$
$B3$	$B31$	$B32$	$B33$	$B34$	…	$B3n$
$B4$	$B41$	$B42$	$B43$	$B44$	…	$B4n$
…	…	…	…	…	…	…
Bn	$Bn1$	$Bn2$	$Bn3$	$Bn4$	Bn	Bn

三是进行权重计算。通过构建不同指标的矩阵形成了直观的不同指标之间的相对重要性后，再进一步完成矩阵的权重计算，计算等层次判断矩阵 A 的最大特征根 $\lambda\max$ 及其对应的经归一化后的特征向量 $W=[W1，W2，W3，\cdots，Wn]T$，$AW=\lambda\max W$。由此可以得到特征向量 $W=[W1，W2，W3，\cdots，Wn]T$，即为对应层级的特征向量。具体计算过程采用如下步骤：

首先，将判断矩阵中所得到的重要性比较数字元素按行进行相乘，采用公式计算：

[①] 娄本东：《思政课实践教学的评价研究——以"马克思主义基本原理概论"为例》，《教育理论与实践》2020 年第 24 期。

[②] 万雪黎：《高校思政课评价优化研究》，西南大学，2017 年。

$$\prod_{j=1}^{n} a_{ij}(i=1,2,3,1)$$

然后，采用采用下述公式对各行乘积所得到的值进行开方运算。

$$\overline{Wi} = n\sqrt{\prod_{j=1}^{n} ai_j}$$

最后，将进行归一化，即为所求向量。

$$\overline{W_i} = \frac{\overline{W_i}}{\sum_{j=1}^{n} \overline{W_j}} \quad Wi = \quad W=[W_1, \ W_2, \ W_3, \ \cdots Wn]$$

四是进行计算一致性评价。对等层次判断矩阵 A 的一致性评价可以按如下步骤进行。首先采用下述公式计算一致性指标 CI。

$$CI \quad \frac{\lambda \max \quad n}{n \quad 1} \quad （n 为判断矩阵阶数）$$

然后，计算平均数即可获得一致性指标 IR。

最后，采用下面公式计算 CR。

$$CR = \frac{CI}{IR}$$

当 CR 小于或等于 0.1 时，研究者认为判断矩阵的一致性是可以接受的。如果 CR 大于 0.1 时，说明判断矩阵偏离一致性程度相对比较大，需要对矩阵进行调整，直到达到满意的一致性指标为止。如表3所示，通过计算最终得出军校思政课话语体系质效评估层次单排序。

表3 话语体系评价层次单排序结果

矩阵	n	最大特征值	CI	RI	CR	归一化特征向量
$A1$	1	2.01	0.03	0.7	0.03	（0.2, 0.6, 0.2, 0.4）
$A2$	1	2.16	0.07	0.7	0.04	（0.2, 0.6, 0.2, 0.4）
$A3$	1	2.23	0.06	0.7	0.06	（0.2, 0.3, 0.3, 0.6）
$A4$	1	2.14	0.04	0.7	0.03	（0.5, 0.4, 0.3, 0.2）
$B1$	2	1.05	0.02	0.53	0.03	（0.2, 0.3, 0.8）

续表

矩阵	n	最大特征值	CI	RI	CR	归一化特征向量
$B2$	2	0.4	0.3	0.2	0.1	（0.9，0.3）
$B3$	2	2	1	0	0.2	（0.8，0.4）
$B4$	2	1	0	0.38	0.3	（0.5，0.3，0.5）
$C1$	3	1.05	0.01	0.38	0.04	（0.4，0.7，0.2）
$C2$	3	1	0.02	0.38	0.04	（0.4，0.2，0.7）
$C3$	3	1	0.01	0.38	0.1	（0.7，0.2，0.4）
$C4$	3	1.01	0.03	0.38	0	（0.4，0.6，0.3）
$D1$	4	1	0	0.38	0.01	（0.3，0.5，0.5）
$D2$	4	1.01	0.05	0.38	0.04	（0.3，0.6，0.4）
$D3$	4	1.06	0.03	0.38	0.01	（0.3，0.7，0.3）
$D4$	4	2.24	0.04	0.7	0.06	（0.7，0.3，0.2，0.2）
$E1$	5	1.04	0.02	0.38	0.05	（0.7，0.4，0.2）
$E2$	5	2.02	0.04	0.38	0.04	（0.4，0.7，0.2）
$E3$	5	1.05	0.05	0.38	0.07	（0.4，0.7，0.2）
$E4$	5	3.02	0.06	0.38	0.03	（0.2，0.4，0.7）

通过上述层次单排序结果可知，比较判断的一致性在可标准范围允许之内，据此可以得出完整的军校思政课话语体系质效评价指标体系及其权重系数，如下表所示。

表4　军队院校思想政治理论话语体系质效评估指标体系

军队院校思想改治理论课话语体系教学质效评价体系A	第二层次	第三层次	第四层次
	教学准备 $B1$（0.1）	教学环境 $C1$（0.1）	教学设施设备先进 $D1$（0.8）
			人文环境合理打造 $D2$（0.2）
		教学目标 $C2$（0.5）	教学目标清晰明确 $D3$（0.7）
			教学目标适当科学的调整 $D4$（0.3）
		教员水平 $C3$（0.3）	教员学历层次 $D5$（0.4）
			教员科研获奖情况 $D6$（0.2）
			教员师德师风 $D7$（0.4）
		教员备课 $C4$（0.1）	教员集体备课 $D8$（0.3）
			教案编写质效 $D9$（0.6）
			教学助课制度 $D10$（0.1）

续表

	第二层次	第三层次	第四层次
军队院校思想政治理论课话语体系教学质效评价体系 A	教学运行 B2（0.5）	教学内容 C5（0.1）	重点难点清晰 D11（0.3）
			课程内容丰富性 D12（0.1）
			内容与实际应用联系紧密 D13（0.6）
		教学方法 C6（0.2）	采用多种教学方法 D14（0.6）
			吸纳新建教学方法手段 D15（0.1）
			往重方法的改良与创新 D16（0.3）
		教学技能 C7（0.1）	教学模式的选用 D17（0.3）
			教员课堂驾驭情况 D18（0.5）
			突发问题的处理 D19（0.2）
		教学效果 C8（0.5）	学员知识水平及能力提高 D20（0.2）
			学员思想道德素质提升 D21（0.4）
			学员政治信仰保证 D22（0.1）
	教学管理 B3（0.1）	决策机构 C9（0.4）	救学决策机构建设情况 D23（0.2）
			教学政策制定的时效性 D24（0.5）
			教学政策制定的严谨性 D25（0.3）
		政策运行机构 C10（0.3）	层级职责明确 D26（0.2）
			政策传达及时准确 D27（0.6）
			党委直接负责 D28（0.2）
		教学保障机构 C11（0.2）	教学资源配置 D29（0.6）
			教学技术中心建设 D30（0.2）
			教学管理信息处理中心建设 D31（0.1）
			教学研究机构 D32（0.1）
		评价与监督 C12（0.1）	内部评价与监督的有效性 D33（0.6）
			外部评价与监督的实行 D34（0.3）
			信息反馈的及时有效性 D35（0.1）
	实践教学 B4（0.3）	实践教学的指向性 C13（0.1）	与理论教学联系紧密 D36（0.3）
			指向学员实际应用需要 D37（0.6）
			达到辅助理论教学目的 D38（0.1）
		实践教学内容 C14（0.2）	依托阶段性理论教学 D39（0.3）
			密切联系实际 D40（0.6）
			丰富性与多样性 D41（0.1）
		实践教学效果 C15（0.7）	达到辅助理论教学效果 D42（0.1）
			提升学员的思想政治素养 D43（0.3）
			增强学员实践能力 D44（0.6）

当然，在实际军校思政课话语体系质效教学评价中还应做到与时俱进、不断改进创新。军校要结合实际不断反思思政课评价标准和指标体系是否符合院校发展定位，是否切实坚持以学员为中心。按照"持续改进"的原则，加强"评价—反馈—改进"的良性循环持续改进话语质效评价，根据反馈的内容和军校发展需要不断开展思考与探索，形成主动应对策略，推动话语体系质效评价科学合理有效①。

（三）科学灵活选用话语体系质效评价方法

在确定了军校思政课话语体系评价指标体系及其权重后，还需要各种不同的评价方法在不同时空境遇下具有相对的可操作性，需要根据教学评价的时机、地点灵活选取科学有效的评价方法，以保证思政课话语体系的评价质效。

首先，应综合考虑各种指标体系的差异，科学量化评价方法，推进评价方式多样化。要充分考虑话语体系在理论教学、实践教学、教学管理和教学实施、教学准备和课堂教学在评价指标上存在的不同差异，设置相对应的质效评价标准和评价方法。同时，为使话语体系评价具有可操作性，应根据课程知识与能力、过程与方法、情感与价值观等不同维度的指标体系制定出细化的评价方法体系。在具体的思政课话语体系质效评价中，还应该综合考虑军校学员的特征、需要等因素，针对情境教学、项目学习、问题教学等不同方面的实际情况，采取不同的评价方法手段。

其次，在新时代军校思政课话语体系质效评价中要积极采取达成性评价、发展性评价等评价方法，让学员成为评价主体，强化学员自我评价方法的具体应用。传统评价侧重于通过比较不同班级学员之间在理论知识的掌握程度、情感态度的转变程度等方面的差异，以此作为不同教员或院校的思政课话语体系质效评价的重要指标。随着时代进步发展的需要，引导

---

① 李博豪，王海涛：《高校思政课学习过程评价及其优化》，《学校党建与思想教育》2019 年第 23 期。

学员自我参照，基于学员心理内驱力、激发学员内生学习动力，判断学员是否处于"善学、乐学"的良好状态的评价方法成为思政课话语体系质效评价的趋势导向。如发展性评价方式的应用，考察思政课话语体系是否具体指引学员每一阶段制定合理的目标，并激励完成所设定的目标；考察在思政课教学中是否通过不同阶段取得的学习发展成果，寻找提升思政课教学效率的路径。通过发展性评价方法能够使评价成为调动学员学习思政课的动力源，引导学员建立自信，内化学习成果。